2022年第一季度
First Quarter, 2022

中国货币政策执行报告
CHINA MONETARY POLICY REPORT

中国人民银行货币政策分析小组

Monetary Policy Analysis Group of
the People's Bank of China

中国金融出版社

责任编辑：童祎薇　白子彤
责任校对：孙　蕊
责任印制：程　颖

图书在版编目（CIP）数据

2022年第一季度中国货币政策执行报告/中国人民银行货币政策分析小组编. —北京：中国金融出版社，2022.10
ISBN 978-7-5220-1734-1

Ⅰ.①2…　Ⅱ.①中…　Ⅲ.①货币政策—研究报告—中国—2022　Ⅳ.①F822.0

中国版本图书馆CIP数据核字（2022）第157109号

2022年第一季度中国货币政策执行报告
2022 NIAN DI-YI JIDU ZHONGGUO HUOBI ZHENGCE ZHIXING BAOGAO

出版
发行　中国金融出版社

社址　北京市丰台区益泽路2号
市场开发部　（010）66024766，63805472，63439533（传真）
网 上 书 店　www.cfph.cn
（010）66024766，63372837（传真）
读者服务部　（010）66070833，62568380
邮编　100071
经销　新华书店
印刷　北京侨友印刷有限公司
装订　保利达印务有限公司
尺寸　210毫米×285毫米
印张　10.5
字数　219千
版次　2022年10月第1版
印次　2022年10月第1次印刷
定价　108.00元
ISBN 978-7-5220-1734-1
如出现印装错误本社负责调换　联系电话（010）63263947

本书执笔人

总　　纂：刘国强

审　　稿：吕　政　李　斌　邹　澜　孙天琦　阮健弘
朱　隽　张雪春　丁志杰

统　　稿：林振辉

执　　笔：

第一部分：邱潮斌　李　磊　曾冬青　张　玉　王海纳

第二部分：黄海涛　程艳芬　孙坤鑫　郑晓梅　王　娜
李　淼　文　雅　罗嗣源　王金明　付竞卉
林鑫璐　夏梓耀　张尔聪

第三部分：毛奇正　马　跃　刘　铮

第四部分：徐　昕　单敬雯　张倩妮　赵亚琪　马靖杰
蒋晓宇

第五部分：胡　婧　蔡春春　时昱旻

提供材料：黄明皓　徐　琨　李　航　李思佳　唐　柳
杨梦萍　王　昊　周　异　王　琦

英文总纂：张丽红

英文审稿：张　勤　陈苏燕　以及前述审稿人、执笔人
Nancy Hearst（美国哈佛大学费正清东亚研究中心）

英文翻译：陈　松　陈苏燕　何君玲　何亦周　金　怡
李旷然　刘翔宇　刘雪菲　刘孜群　吴玉南
翟　阳　张　勤　章　曦　郑朝亮　钟　文
周璐珍　周　萍

Contributors to This Report

CHIEF EDITORS:
LIU Guoqiang
READERS:
LÜ Zheng LI Bin ZOU Lan SUN Tianqi RUAN Jianhong ZHU Jun
ZHANG Xuechun DING Zhijie
EDITORS:
LIN Zhenhui
AUTHORS:
PART ONE: QIU Chaobin LI Lei ZENG Dongqing ZHANG Yu
WANG Haina
PART TWO: HUANG Haitao CHENG Yanfen SUN Kunxin ZHENG Xiaomei
WANG Na LI Miao WEN Ya LUO Siyuan WANG Jinming
FU Jinghui LIN Xinlu XIA Ziyao ZHANG Ercong
PART THREE: MAO Qizheng MA Yue LIU Zheng
PART FOUR: XU Xin SHAN Jingwen ZHANG Qianni ZHAO Yaqi MA Jingjie
JIANG Xiaoyu
PART FIVE: HU Jing CAI Chunchun SHI Yumin
OTHER CONTRIBUTORS: HUANG Minghao XU Kun LI Hang LI Sijia
TANG Liu YANG Mengping WANG Hao
ZHOU Yi WANG Qi
ENGLISH EDITION
CHIEF EDITORS: ZHANG Lihong
EDITORS: ZHANG Qin CHEN Suyan above-mentioned authors and readers
Nancy Hearst (Fairbank Center for East Asian Research, Harvard University)
TRANSLATORS: CHEN Song CHEN Suyan HE Junling HE Yizhou
JIN Yi LI Kuangran LIU Xiangyu LIU Xuefei LIU Ziqun
WU Yunan ZHAI Yang ZHANG Qin ZHANG Xi
ZHENG Zhaoliang ZHONG Wen ZHOU Luzhen ZHOU Ping

内容摘要

2022年以来，面对百年变局和世纪疫情相互叠加的复杂局面，在以习近平同志为核心的党中央坚强领导下，各地区各部门统筹疫情防控和经济社会发展，我国经济运行总体实现平稳开局，第一季度国内生产总值（GDP）同比增长4.8%，居民消费价格指数（CPI）同比上涨1.1%。中国人民银行坚持以习近平新时代中国特色社会主义思想为指导，坚决贯彻党中央、国务院的决策部署，稳字当头、稳中求进，稳健的货币政策灵活适度，政策发力适当靠前，促进稳定宏观经济大盘。

一是保持流动性合理充裕。4月15日宣布全面降准0.25个百分点，投放长期流动性约5 300亿元，2022年前4个月人民银行靠前发力向中央财政上缴结存利润6 000亿元，相当于投放6 000亿元基础货币，第一季度通过中期借贷便利（MLF）操作净投放长期流动性4 000亿元，引导金融机构合理投放贷款，增强信贷总量增长的稳定性。**二是**发挥好货币政策工具的总量和结构双重功能。用好普惠小微贷款支持工具，增加支农支小再贷款，实施好碳减排支持工具，设立2 000亿元科技创新再贷款和400亿元普惠养老专项再贷款，增加1 000亿元再贷款额度支持煤炭开发利用和增强储能，综合施策支持区域协调发展。**三是**促进企业综合融资成本稳中有降。1月，1年期MLF和7天期公开市场操作利率均下降10个基点，发挥贷款市场报价利率（LPR）改革效能，当月1年期和5年期以上LPR分别下行10个和5个基点，推动金融机构向实体经济让利。**四是**把握好内部均衡和外部均衡的平衡。深化汇率市场化改革，坚持以市场供求为基础、参考一篮子货币进行调节、有管理的浮动汇率制度，增强人民币汇率弹性，加强预期管理，发挥汇率调节宏观经济和国际收支自动稳定器功能。**五是**防范化解金融风险取得重要阶段性成果，坚持市场化法治化原则处置风险，金融风险总体收敛。

总体来看，2022年以来货币政策主动应对，靠前发力，增强前瞻性、精准性、自主性，金融服务实体经济质效不断提升。第一季度新增人民币贷款8.3万亿元，同比多增6 636亿元，3月末广义货币（M2）和社会融资规模存量同比分别增长9.7%和10.6%，较上年末分别上升0.7个和0.3个百分点。金融对科技创新、绿色发展、小微企业等重点领域和薄弱环节支持力度加大，3月末普惠小微贷款和制造业中长期贷款余额同比分别增长24.6%和29.5%。第一季度企业贷款加权平均利率为4.4%，较2021年下降0.21个百分点。人民币汇率双向浮动，在合理均衡水平上保持基本稳定。3月末，人民币对美元汇率中间价为6.3482元，较上年末升值0.4%。

近期，新冠肺炎疫情和乌克兰危机导致风险挑战增多，我国经济发展环境的复杂性、严峻性、不确定性上升。同时也要看到，我国发展有诸多战略性有利条件，经济体量大、回旋余地广，具有强大韧性和超大规模市场，长期向好的基本面没有改变。下一阶段，中国人民银行将坚持以习近平新时代中国特色社会主义思想为指导，贯彻落实党的十九大、十九届历次全会、中央经济工作会议精神和《政府工作报告》要求，按照党中央、国务院的决策部署，坚持稳字当头、稳中求进，完整、准确、全面贯彻新发展理念，加快构建新发展格局，深化供给侧结构性改革，支持稳增长、稳就业、稳物价，建设现代中央银行制度，健全现代货币政策框架，推动高质量发展，稳定宏观经济大盘。

稳健的货币政策加大对实体经济的支持力度，稳字当头，主动应对，提振信心，搞好跨周期调节，坚持不搞“大水漫灌”，发挥好货币政策工具的总量和结构双重功能，落实好稳企业保就业各项金融政策措施，聚焦支持小微企业和受疫情影响的困难行业、脆弱群体。用好各类货币政策工具，保持流动性合理充裕，增强信贷总量增长的稳定性，保持货币供应量和社会融资规模增速同名义经济增速基本匹配，保持宏观杠杆率基本稳定。结构性货币政策工具积极做好“加法”，引导金融机构合理投放贷款，促进金融资源向重点领域、薄弱环节和受疫情影响严重的企业、行业倾斜。适时增加支农支小再贷款额度，用好普惠小微贷款支持工具、科技创新再贷款和普惠养老专项再贷款，抓实碳减排支持工具和支持煤炭清洁高效利用专项再贷款运用。健全市场化利率形成和传导机制，优化央行政策利率体系，加强存款利率监管，发挥存款利率市场化调整机制重要作用，着力稳定银行负债成本，持续释放贷款市场报价利率改革效能，推动降低企业综合融资成本。密切关注物价走势变化，支持粮食、能源生产保供，保持物价总体稳定。坚持以市场供求为基础、参考一篮子货币进行调节、有管理的浮动汇率制度，加强跨境资金流动宏观审慎管理，强化预期管理，引导市场主体树立“风险中性”理念，保持外汇市场正常运行，保持人民币汇率在合理均衡水平上的基本稳定。密切关注主要发达经济体货币政策调整，以我为主兼顾内外平衡。坚持底线思维，增强系统观念，遵循市场化法治化原则，统筹做好重大金融风险防范化解工作，坚决守住不发生系统性金融风险的底线。着力稳定宏观经济大盘，保持经济运行在合理区间，以实际行动迎接党的二十大胜利召开。

Executive Summary

Since the beginning of 2022, under the strong leadership of the CPC Central Committee with Comrade Xi Jinping at its core, regions across China and all government departments and agencies coordinated COVID-19 containment and social and economic development amid profound changes unseen in a century, which were compounded by the pandemic. The national economy had a smooth start to the year with the GDP and the CPI registering year-on-year growth of 4.8 percent and 1.1 percent, respectively, in Q1. Following the guidance of Xi Jinping Thought on Socialism with Chinese Characteristics for a New Era, the People's Bank of China (PBC) resolutely implemented the decisions and arrangements of the CPC Central Committee and the State Council. Seeking progress while ensuring stability, with the latter as a top priority, the PBC pursued a sound monetary policy, which was flexible and appropriate, and it introduced policies in a proactive way, thereby helping to maintain the stability of the national economy.

First, liquidity was kept adequate at a reasonable level. On April 15, the PBC announced a required reserve ratio (RRR) cut by 0.25 percentage points for financial institutions, which released about RMB 530 billion of long-term liquidity. In the first four months, the PBC acted proactively and turned over its accumulated profits in the amount of RMB 600 billion to the central government, which could be equal to an injection of base money of the same amount. In Q1, the PBC injected RMB 400 billion of long-term liquidity in the market through the Medium-term Lending Facility (MLF) operations. Those moves were to guide financial institutions to make appropriate arrangements for loan issuances and enhance the stability of the aggregate credit growth. **Second,** monetary policy instruments were given full play in adjusting both the aggregate and the structure. The PBC made full use of the facilities supporting inclusive micro and small business (MSB) loans, increased central bank lending for agro-related businesses and MSBs, and ensured good use of the carbon emission reduction facility (CERF). In addition, it launched two new central bank lending facilities, one in the amount of RMB 200 billion for sci-tech innovation and the other in the amount of RMB 40 billion for inclusive elderly care services, and it provided an additional RMB 100 billion quota for the central bank lending supporting coal development and utilization as well as reserve capacity enhancement. Multiple measures were rolled out to support coordinated development across regions. **Third,** the overall financing costs for businesses were guided to remain stable with a slight decline. In January, with the rates on 1-year MLF operations and 7-day open market operations (OMOs) both dropping 10 basis points (bps), the 1-year and above-5-year loan prime rates (LPR) declined 10 bps and 5 bps, respectively, due to the effect of the LPR reform. Financial institutions were thus guided to forgo some profits to benefit the real economy. **Fourth,** attention was paid to maintaining a balance between internal and external equilibria. While deepening the market-oriented reform of the exchange rate and maintaining a managed floating exchange rate regime based on market supply and demand with reference to a basket of currencies, the PBC enhanced the flexibility of the RMB exchange rate and strengthened expectation management to give play to the role of the exchange rate in macroeconomic management and as an auto stabilizer for the balance of payments. **Fifth,** important achievements were made in forestalling and defusing financial risks. The PBC upheld market principles and the rule of law for risk resolution, and financial risks were generally contained.

Overall, since the beginning of 2022, the monetary policy has been more forward-looking, precise, and independent backed by proactive measures, and the financial sector has been improving the quality and efficiency of its services for the real economy. In Q1, new RMB loans reached RMB 8.3 trillion, RMB 663.6 billion more than the growth during the same period of last year. At end-March, broad money (M2) and outstanding aggregate financing to the real economy (AFRE) recorded year-on-year growth of 9.7 percent and 10.6 percent, respectively, an acceleration of 0.7 and 0.3 percentage points from end-2021. Key areas and weak links, such as sci-tech innovation, green development, and MSBs, received more support from the financial sector. At end-March, inclusive MSB loans and medium and long-term (MLT) loans to the manufacturing sector grew by 24.6 percent and 29.5 percent year on year, respectively. In Q1, the weighted average rate on corporate loans registered 4.4 percent, down 0.21 percentage points from 2021. The RMB exchange rate moved in both directions and remained basically stable at an adaptive and equilibrium level. The central parity of the RMB against the US dollar was 6.3482 at end-March, an appreciation of 0.4 percent from end-2021.

Recently, as risks and challenges rise due to COVID-19 and the Ukraine crisis, the environment for China's economic development has become more complex and severe, with greater uncertainties. However, it should also be noted that our development still enjoys a fairly large number of strategic advantages, such as a large-scale economy, ample room for policy adjustments, high resilience, and an enormous market. Therefore, the fundamentals for sound growth over the long run remain unchanged. In the next stage, under the guidance of Xi Jinping Thought on Socialism with Chinese Characteristics for a New Era, the PBC will follow the guidelines of the 19th CPC National Congress, the plenary sessions of the 19th CPC Central Committee, and the Central Economic Work Conference as well as the requirements set forth in the *Report on the Work of the Government*. Following the decisions and arrangements of the CPC Central Committee and the State Council, the PBC will pursue progress while ensuring stability and take stability as its top priority. Applying the new development philosophy fully, faithfully, and comprehensively, it will speed up the building of a new development paradigm. It will work to ensure stability of growth, employment, and prices while deepening the supply-side structural reform. Meanwhile, it will develop a modern central banking system and improve the modern monetary policy framework. With these efforts, it will contribute to high-quality development and maintain macroeconomic stability.

The sound monetary policy will provide more support to the real economy. Giving top priority to stability, the PBC will take proactive measures to boost market confidence. With proper intertemporal adjustments, it will give play to the role of monetary policy instruments in adjusting both the aggregate and the structure. It will resolutely refrain from launching a deluge of strong stimulus policies. Financial policies and measures will be implemented to stabilize businesses and secure employment, and support will be focused on MSBs and COVID-stricken industries and vulnerable populations. Using a mix of monetary policy instruments, the PBC will see to it that the liquidity is adequate at a reasonable level, the credit aggregate grows at a steadier pace, the growths of M2 and the AFRE are basically in line with that of nominal GDP, and the macro leverage ratio is basically stable. The structural monetary policy tools are expected to play a supportive role in guiding financial institutions toward proper loan making and channeling more financial resources to key areas, weak links, as well as those businesses and industries that have been hit hard by COVID-19. An additional quota will be provided for central bank lending supporting agro-related businesses and MSBs when appropriate. The facilities supporting inclusive MSB loans, the central bank lending for sci-tech innovation and the special central bank lending for inclusive elderly care services will play their due roles, as will the CERF and the special central bank lending targeted for clean and efficient coal use. The PBC will improve the market-oriented interest rate formation and transmission mechanism and optimize the central bank policy rate system. While enhancing regulation over deposit rates, the PBC will ensure that the mechanism for market-oriented deposit rate adjustments plays an important role and contributes to stabilizing the liability costs for banks. The overall financing costs for business are expected to be brought down with the LPR reform continuing to unleash its potential. The PBC will keep a close watch on price movements and will support the production and supply of grains and energies so as to maintain overall price stability. Pursuing a managed floating exchange rate regime based on market supply and demand with reference to a basket of currencies, the PBC will strengthen macro-prudential management for cross-border capital flows, enhance expectation management, and guide market entities to be risk-neutral. With the smooth operation of the foreign exchange market, the RMB exchange rate will be kept basically stable at an adaptive and equilibrium level. While paying close attention to monetary policy shifts in the major advanced economies, the PBC will focus on domestic issues while properly balancing the internal and external equilibria. It will coordinate the efforts to prevent and resolve major financial risks and firmly defend the bottom line whereby no systemic risk will occur by improving the holistic approach and following market principles and the rule of law. With great efforts to stabilize the macro economy and to keep economic performance within a reasonable range, the PBC will set the stage for the 20th CPC National Congress.

目 录

专栏

表

图

Contents

Figures

第一部分　货币信贷概况

2022年以来，中国人民银行以习近平新时代中国特色社会主义思想为指导，贯彻落实党的十九大、十九届历次全会、中央经济工作会议精神和《政府工作报告》要求，稳健的货币政策灵活适度，发挥好货币政策工具的总量和结构双重功能，货币信贷和社会融资规模合理增长，信贷结构不断优化，社会综合融资成本稳中有降，金融对实体经济的支持力度持续加大。

一、银行体系流动性合理充裕

2022年以来，货币政策稳字当头、稳中求进，根据宏观形势变化靠前发力，综合运用降准、上缴利润、中期借贷便利（MLF）、再贷款、再贴现、公开市场操作等多种方式投放流动性，灵活把握公开市场操作力度和节奏，保持银行体系流动性合理充裕。2022年1月，引导公开市场操作利率和MLF利率各下行10个基点。货币市场短期利率围绕公开市场操作利率运行，利率波动性进一步下降，为稳定宏观经济大盘、保持经济运行在合理区间提供了适宜的流动性环境。3月末，金融机构超额准备金率为1.7%，较上年同期高0.1个百分点。

二、金融机构贷款适度增长，贷款利率进一步降低

增强信贷总量增长的稳定性。为应对国内外形势的不确定性影响，人民银行主动作为，靠前发力，引导金融机构合理投放贷款，实现第一季度贷款同比多增，为稳定宏观经济大盘提供有力支撑。3月末，金融机构本外币贷款余额为207.0万亿元，同比增长11.0%，较年初增加8.5万亿元，同比多增

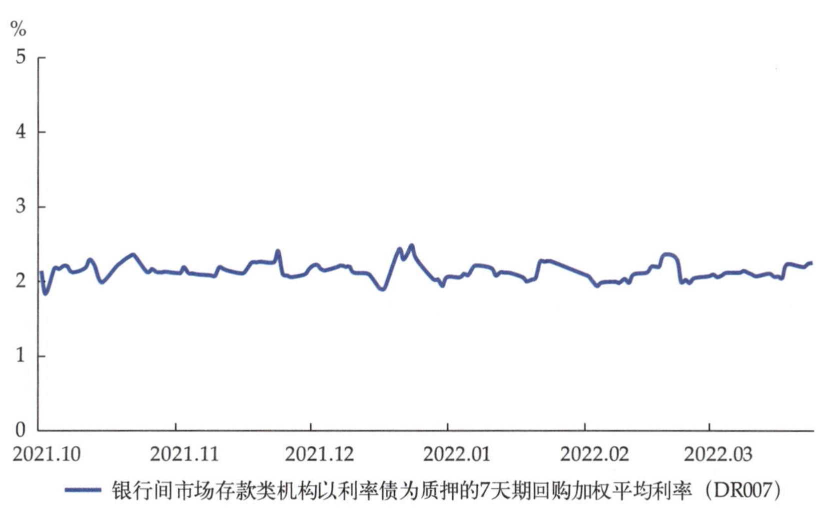

图1　货币市场利率走势

（数据来源：中国货币网）

表 1　2022 年第一季度人民币贷款结构

项目	3 月末余额（亿元）	同比增速（%）	当年新增额（亿元）	同比多增额（亿元）
人民币各项贷款	2 010 111	11.4	83 355	6 637
住户贷款	723 597	10.1	12 599	-13 020
企（事）业单位贷款[①]	1 275 123	12.1	70 797	17 267
非银行业金融机构贷款	4 194	38.0	-81	2 001
境外贷款	7 197	25.2	40	389

数据来源：中国人民银行。

注：① 企（事）业单位贷款是指非金融企业及机关团体贷款。

表 2　2022 年第一季度分机构新增人民币贷款情况

单位：亿元

机构类型	新增额	同比多增
中资大型银行[①]	43 401	11 341
中资中小型银行[②]	40 236	-1 018
小型农村金融机构[③]	11 904	-81
外资金融机构	405	-629

数据来源：中国人民银行。

注：①中资大型银行是指本外币资产总量大于等于2万亿元的银行（以2008年末各金融机构本外币资产总额为参考标准）。

②中资中小型银行是指本外币资产总量小于2万亿元的银行（以2008年末各金融机构本外币资产总额为参考标准）。

③小型农村金融机构包括农村商业银行、农村合作银行、农村信用社。

4 663亿元。人民币贷款余额为201.0万亿元，同比增长11.4%，较年初增加8.3万亿元，同比多增6 636亿元。

信贷结构持续优化。3月末，企（事）业单位中长期贷款较年初增加3.9万亿元，在全部企业贷款中占比为55.8%。制造业中长期贷款同比增长29.5%，较全部贷款增速高18.1个百分点。普惠小微贷款余额为20.8万亿元，同比增长24.6%；普惠小微授信户数为5 039万户，同比增长42.9%。

专栏 1　健全现代货币政策框架取得明显成效

健全现代货币政策框架是建设现代中央银行制度的重要内容，是实施好稳健货币政策、做好跨周期设计的制度基础，也是推动高质量发展的内在需要。近年来，人民银行按照党中央、国务院部署，完善货币供应调控机制，健全市场化利率形成和传导机制，创新和丰富货币政策工具体系，完善人民币汇率形成机制，推动健全现代货币政策框架取得明显成效。

一是完善货币供应调控机制。按照中央经济工作会议精神和《政府工作报告》要求，广义货币（M2）和社会融资规模增速同名义经济增速相匹配。人民银行抓准银行作为货币创造的直接主体，通过完善中央银行调节银行货币创造的流动性、资本和利率三大约束的长效机制来调控货币供应。综合运用多种货币政策工具，保持流动性合理充裕，缓解了流动性约束，2018—2021年我国M2平均增速为9%。以永续债为突破口推动银行多渠道补充资本，缓解了资本约束。2019年1月银行业成功发行首单永续债；截至2022年3月末，银行已累计发行永续债18 915亿元，撬动银行贷款近10万亿元。推动企业综合融资成本稳中有降，缓解了利率约束，企业贷款加权平均利率逐步下行，2022年3月为4.36%，是有统计以来的纪录低点。2018—2021年，我国M2平均增速与同期名义GDP8.3%的平均增速大致相当，支持实现了经济增长、物价稳定、充分就业的长期优化组合。

二是健全市场化利率形成和传导机制。按照党中央和国务院决策部署，2019年8月人民银行发布了改革完善贷款市场报价利率（LPR）形成机制的公告，改革后的LPR由报价行综合考虑市场利率走势并在参考中期借贷便利（MLF）利率的基础上市场化报价形成，既提升贷款利率市场化程度，又形成了“市场利率+央行引导→LPR→贷款利率”的传导机制，货币政策传导效率明显提高。目前新发生贷款利率已基本参考LPR定价，2020年8月存量浮动利率贷款定价基准转换也已顺利完成。同时，人民银行持续优化存款利率监管，2021年6月指导利率自律机制将存款利率自律上限改为在存款基准利率上加点确定，强化对不规范存款“创新”产品的管理，维护存款市场竞争秩序。2022年4月指导利率自律机制建立了存款利率市场化调整机制，引导银行根据市场利率变化合理调整存款利率，进一步推进存款利率市场化。从效果看，自2019年8月LPR改革以来，企业贷款加权平均利率从2019年7月的5.32%降至2022年3月的4.36%，累计降幅达0.96个百分点，超过同期LPR0.55个百分点的降幅，有力推动了实际贷款利率明显持续降低，在很大程度上缓解了长期困扰的小微企业融资难融资贵问题。

三是创新和完善结构性货币政策工具体系。适应高质量发展的内在需要，注重引入激励相容机制，创新和运用结构性货币政策工具，引导金融机构加大对符合新发展理念相关领域的支持力度。2018年以来，共下调存款准备金率13次，释放长期资金约10.8万亿元。截至2022年4月末，金融机构平均法定存款准备金率为8.1%，较2018年初降低6.8个百分点。用好再贷款再贴现工具，2021年初，对十个信贷增长缓慢省（自治区）增加再贷款额度2 000亿元，多措并举引导金融机构加大对信贷增长缓慢地区的信贷投放，促进区域协调发展。2021年11月，并行推出碳减排支持工具和支持煤炭清洁高效利用专项再贷款，精准促进绿色减碳。从2022年1月1日起，将两项直达实体经济的货币政策工具转换为支持小微企业的市场化工具，其中，“普惠小微企业贷款延期支持工具”转换为“普惠小微贷款支持工具”，人民银行对符合条件的地方法人银行发放的普惠小微贷款，按照余额增量的1%提供激励资金；“普惠小微企业信用贷款支持计划”并入“支农支小再贷款”管理，原来用于支持普惠小微信用贷款的4 000亿元再贷款额度可以滚动使用。2022年4月，又推动设立科技创新和普惠养老两项专项再贷款，激励金融机构加大对科技创新和普惠养老服务供给的支持力度。2022年3月末，我国普惠小微贷款余额为20.8万亿元，为2018年初的2.5倍；普惠小微贷款支持小微经营主体5 039万户，是2018年末的2.2倍。2021年新发放的普惠小微贷款加权平均利率为4.93%，较2020年下降0.22个百分点，较2018年下降1.38个百分点。

四是深化汇率市场化改革，保持人民币汇率在合理均衡水平上的基本稳定。人民银行退出外汇市场常态化干预，市场供求在人民币汇率形成中发挥决定性作用，在发挥汇率价格信号作用的同时，提高了资源配置效率。坚持市场化改革方向，增强人民币汇率弹性，发挥汇率调节宏观经济和国际收支自动稳定器作用，促进内部均衡和外部均衡的平衡。建立并不断完善跨境融资宏观审慎管理，运用外汇存款准备金率等工具，引导金融机构优化外汇资产管理。引导企业和金融机构树立“风险中性”理念，强化外汇市场预期管理，维护外汇市场平稳运行。2018年以来，人民币汇率经受住了各项重大外部冲击，汇率弹性增强，较好地发挥了调节宏观经济和国际收支自动稳定器作用。人民币汇率有升有贬、双向浮动，保持在合理均衡水平上的基本稳定。2018—2021年我国外汇市场973个交易日中，人民币对美元汇率中间价有485个交易日升值，有487个交易日贬值，有1个交易日持平。2022年3月末，人民币对美元汇率中间价为6.3482元，较上年末升值0.4%。

下一步，人民银行将继续健全现代货币政策框架，支持高质量发展，加快构建以国内大循环为主体、国内国际双循环相互促进的新发展格局。

贷款利率进一步降低。2022年以来，人民银行持续深化利率市场化改革，发挥贷款市场报价利率（LPR）改革效能和指导性作用，增强信贷市场竞争性，同时优化存款利率监管，推动实际贷款利率进一步下行，引导金融系统继续向实体经济让利。3月，1年期和5年期以上LPR分别为3.70%和4.60%，分别较上年12月下降0.10个和0.05个百分点。3月，贷款加权平均利率为4.65%，同比下降0.45个百分点。其中，一般贷款加权平均利率为4.98%，同比下降0.32个百分点；企业贷款加权平均利率为4.36%，同比下降0.27个百分点。

3月，一般贷款中利率高于LPR的贷款占比为66.95%，利率等于LPR的贷款占比为7.63%，利率低于LPR的贷款占比为25.42%。人民币贷款利率区间较2021年末整体下移。

外币存款利率和贷款利率均有所上升。3月，活期、3个月以内大额美元存款加权平均利率分别为0.12%和0.53%，分别较上年12

表 3　2022 年 3 月新发放贷款加权平均利率情况

单位：%

项目	3 月	较上年 12 月变化	同比变化
新发放贷款加权平均利率	4.65	−0.11	−0.45
一般贷款加权平均利率	4.98	−0.21	−0.32
其中：企业贷款加权平均利率	4.36	−0.21	−0.27
票据融资加权平均利率	2.40	0.22	−1.12
个人住房贷款加权平均利率	5.49	−0.14	0.12

数据来源：中国人民银行。

表 4　2022 年 1 ~ 3 月金融机构人民币贷款利率区间占比

单位：%

月份	减点	LPR	加点					
			小计	(LPR，LPR+0.5%)	[LPR+0.5%，LPR+1.5%)	[LPR+1.5%，LPR+3%)	[LPR+3%，LPR+5%)	LPR+5%及以上
1 月	24.15	6.72	69.14	18.20	23.88	12.90	7.74	6.41
2 月	27.19	6.79	66.02	16.55	21.39	11.76	7.72	8.61
3 月	25.42	7.63	66.95	17.18	22.95	13.24	7.40	6.18

数据来源：中国人民银行。

表 5　2022 年 1 ~ 3 月大额美元存款与美元贷款平均利率

单位：%

月份	大额存款						贷款				
	活期	3 个月以内	3（含）~6 个月	6（含）~12 个月	1 年	1 年以上	3 个月以内	3（含）~6 个月	6（含）~12 个月	1 年	1 年以上
1 月	0.12	0.31	0.59	0.91	1.01	1.28	1.04	1.11	1.04	1.14	2.09
2 月	0.11	0.31	0.67	0.97	1.31	1.62	1.17	1.29	1.37	1.47	2.10
3 月	0.12	0.53	1.00	1.41	1.52	1.44	1.40	1.54	1.70	1.60	2.20

数据来源：中国人民银行。

月提高0.02个和0.22个百分点；3个月以内、3（含）~6个月美元贷款加权平均利率分别为1.40%和1.54%，分别较上年12月提高0.29个和0.43个百分点。

存款平稳增长。3月末，金融机构本外币各项存款余额为249.7万亿元，同比增长9.9%，比年初增加11.1万亿元，同比多增2.3万亿元。人民币各项存款余额为243.1万亿元，同比增长10.0%，较年初增加10.9万亿元，同比多增2.5万亿元。外币存款余额为1.0万亿美元，较年初增加494亿美元，同比少增181亿美元。

表 6　2022 年第一季度人民币存款结构情况

项目	3 月末余额（亿元）	同比增速（%）	当年新增额（亿元）	同比多增额（亿元）
人民币各项存款	2 430 956	10.0	108 591	25 078
住户存款	1 103 202	11.1	78 187	11 419
非金融企业存款	709 618	7.2	13 931	11 357
机关团体存款	319 694	5.5	8 341	4 850
财政性存款	54 025	25.2	3 426	5 059
非银行业金融机构存款	230 122	17.9	5 744	-6 004
境外存款	14 296	6.0	-1 038	-1 603

数据来源：中国人民银行。

三、货币供应量与社会融资规模合理增长

货币信贷总量合理增长，有力支持实体经济。3月末，广义货币供应量（M2）余额为249.8万亿元，同比增长9.7%。狭义货币供应量（M1）余额为64.5万亿元，同比增长4.7%。流通中货币（M0）余额为9.5万亿元，同比增长9.9%。2022年第一季度现金净投放4 317亿元，同比多投放2 088亿元。

据初步统计，3月末社会融资规模存量为325.64万亿元，同比增长10.6%，增速较上年末高0.3个百分点。第一季度社会融资规模

表 7　2022 年第一季度社会融资规模

项目	2022 年 3 月末		2022 年第一季度	
	存量（万亿元）	同比增速（%）	增量（亿元）	同比增减（亿元）
社会融资规模	325.64	10.6	120 570	17 681
其中：人民币贷款	199.85	11.3	83 364	4 258
外币贷款（折合人民币）	2.33	0.7	1 750	-95
委托贷款	10.93	-1.0	460	510
信托贷款	4.18	-30.5	-1 690	1 879
未贴现银行承兑汇票	3.08	-19.5	791	-2 454
企业债券	31.06	10.2	13 131	4 050
政府债券	54.65	17.0	15 822	9 238
非金融企业境内股票融资	9.76	14.9	2 982	515
其他融资	9.59	16.3	1 578	-214
其中：存款类金融机构资产支持证券	2.14	11.1	-370	-642
贷款核销	6.52	19.4	2 041	310

数据来源：中国人民银行、中国银行保险监督管理委员会、中国证券监督管理委员会、中央国债登记结算有限责任公司、银行间市场交易商协会等部门。

注：①社会融资规模存量是指一定时期末实体经济从金融体系获得的资金余额。社会融资规模增量是指一定时期内实体经济从金融体系获得的资金额。

②从2019年12月起，人民银行进一步完善社会融资规模统计，将“国债”和“地方政府一般债券”纳入社会融资规模统计，与原有“地方政府专项债券”合并为“政府债券”指标，指标数值为托管机构的托管面值；从2019年9月起，人民银行完善“社会融资规模”中的“企业债券”统计，将“交易所企业资产支持证券”纳入“企业债券”指标；从2018年9月起，中国人民银行将“地方政府专项债券”纳入社会融资规模统计；从2018年7月起，人民银行完善社会融资规模统计方法，将“存款类金融机构资产支持证券”和“贷款核销”纳入社会融资规模统计，在“其他融资”项下单独列示。

③表中同比数据按可比口径计算。

增量累计为12.06万亿元，同比多增1.77万亿元。主要有以下特点：一是人民币贷款同比多增较多。第一季度对实体经济发放的人民币贷款增加8.34万亿元，同比多增4 258亿元。二是政府债券、企业债券和非金融企业境内股票融资同比多增，第一季度分别同比多增9 238亿元、4 050亿元、515亿元。三是信托贷款同比少减，未贴现银行承兑汇票同比少增。第一季度委托贷款同比多增510亿元，信托贷款同比少减1 879亿元，未贴现银行承兑汇票同比少增2 454亿元。四是存款类金融机构资产支持证券融资同比多减，贷款核销同比多增。

四、人民币汇率在合理均衡水平上保持基本稳定

2022年以来，跨境资本流动和外汇供求基本平衡，市场预期总体平稳。市场在人民币汇率形成中起决定性作用，人民币汇率双向波动，弹性增强，发挥了宏观经济和国际收支自动稳定器的功能。第一季度，人民币汇率以市场供求为基础，对一篮子货币汇率有所升值。3月末，中国外汇交易中心（CFETS）人民币汇率指数报104.28，较上年末升值1.8%；参考特别提款权（SDR）货币篮子的人民币汇率指数报102.11，较上年末升值1.8%。根据国际清算银行测算，2021年末至2022年3月末，人民币名义和实际有效汇率分别升值2.2%和0.6%；2005年人民币汇率形成机制改革以来至2022年3月末，人民币名义和实际有效汇率分别升值52.0%和升值59.1%。第一季度，人民币对美元汇率小幅升值。3月末，人民币对美元汇率中间价为6.3482元，较上年末升值0.4%，2005年人民币汇率形成机制改革以来累计升值30.4%。第一季度，人民币对美元汇率年化波动率为2.9%。

第一季度，跨境人民币收付金额合计9.7万亿元，同比增长8%，其中实收4.8万亿元，实付4.9万亿元。经常项目下跨境人民币收付金额合计2.1万亿元，同比增长23%，其中，货物贸易收付金额1.6万亿元，服务贸易及其他经常项目下收付金额4 783亿元；资本项目下跨境人民币收付金额合计7.6万亿元，同比增长5%。

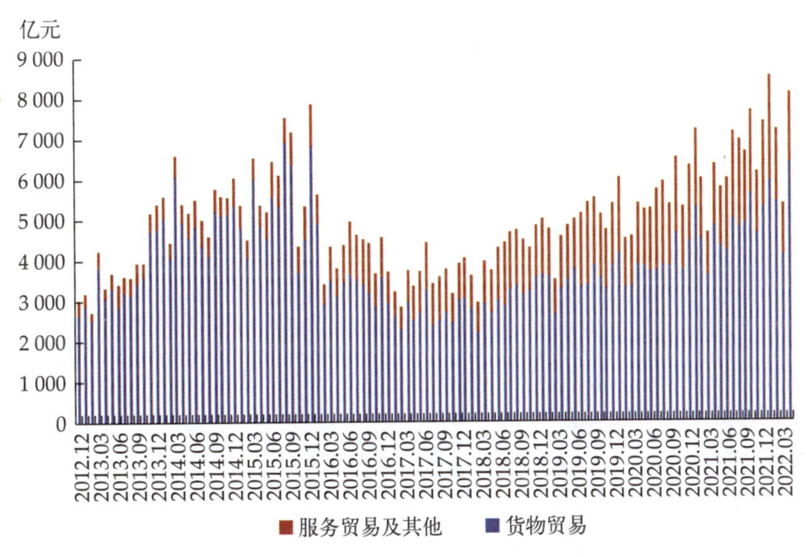

图2 经常项目人民币收付金额按月情况

（数据来源：中国人民银行）

第二部分　货币政策操作

2022年第一季度，人民银行坚决贯彻党中央、国务院决策部署，按照稳字当头、稳中求进的要求，靠前发力，稳健的货币政策灵活适度，加大跨周期调节力度，发挥好货币政策工具的总量和结构双重功能，保持流动性合理充裕，增强信贷总量增长的稳定性，推动实际贷款利率在较低水平上进一步下降，引导金融机构加大对实体经济特别是小微企业、科技创新、绿色发展的支持力度，有力支持稳定宏观经济大盘。

一、灵活开展公开市场操作

保持流动性合理充裕。第一季度，人民银行加强对春节现金投放、政府债券发行以及季末监管考核、疫情等多种流动性供求影响因素的监测分析，做好跨周期设计，灵活开展公开市场操作，保持流动性合理充裕。春节前适时启动14天期逆回购操作投放跨春节流动性，并灵活调整操作规模，在对冲现金投放高峰等短期扰动因素、满足机构跨节流动性需求的同时，安排春节后逆回购到期与现金回笼基本匹配，维护好资金供求平衡、不松不紧。春节后，坚持每日开展公开市场逆回购操作，综合考虑内外部市场环境和预期变化，以及疫情影响等因素，灵活把握逆回购操作的力度和节奏，及时熨平短期波动，保持流动性合理充裕和市场预期平稳。

引导市场利率围绕央行政策利率平稳运行。1月17日，1年期中期借贷便利（MLF）和7天期公开市场操作中标利率均下降10个基点至2.85%和2.10%，有利于提振市场信心，降低综合融资成本，体现了货币政策主动作为、靠前发力。第一季度以来，人民银行引导市场利率围绕降低后的公开市场操作利率和MLF利率平稳运行，较好实现了利率调控目标，春节前后以及第一季度末的货币市场

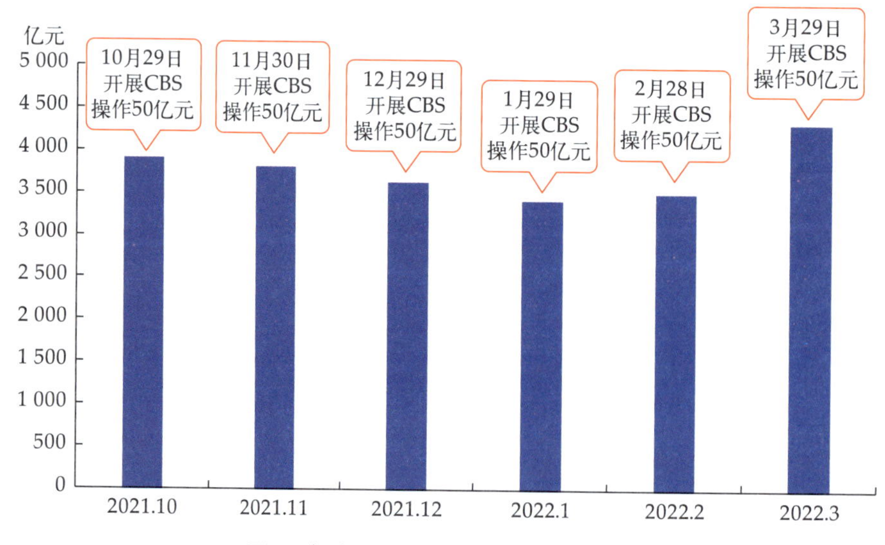

图3　银行永续债现券交易成交金额

利率均保持平稳。

连续开展央行票据互换（CBS）操作。2022年第一季度，人民银行开展了3次共150亿元CBS操作，期限均为3个月，费率均为0.10%。2022年以来，人民银行以每月一次的频率稳定开展CBS操作，对于持续提升银行永续债二级市场流动性、支持银行特别是中小银行发行永续债补充资本、增强中小银行信贷投放能力发挥了积极作用。

常态化在香港发行人民币央行票据。2022年第一季度，人民银行在香港发行3期共300亿元人民币央行票据。其中，3个月期、6个月期和1年期央票分别为100亿元、50亿元和150亿元。同时，香港人民币央票回购市场不断发展，参与机构范围持续扩大。香港央行票据常态化发行和央票回购市场发展，丰富了香港市场人民币投资产品系列和流动性管理工具，对于促进离岸人民币货币市场和债券市场健康发展、带动境内外市场主体在离岸市场发行人民币债券及开展人民币业务发挥了积极作用。

二、开展中期借贷便利和常备借贷便利操作

适时开展中期借贷便利（MLF）操作。保障中长期流动性合理供给，发挥中期政策利率信号作用和利率引导功能。第一季度累计开展中期借贷便利操作12 000亿元，期限均为1年，利率均为2.85%，较上年末下降0.1个百分点。3月末，中期借贷便利余额为49 500亿元，较年初增加4 000亿元。

继续推动常备借贷便利（SLF）操作电子化改革。有序实现SLF操作全流程电子化，提高操作效率。对地方法人金融机构按需足额提供短期流动性支持，稳定市场预期，增强银行体系流动性的稳定性，防范流动性风险。第一季度累计开展常备借贷便利操作共64.3亿元。3月末余额为12.6亿元。发挥常备借贷便利利率作为利率走廊上限的作用，维护货币市场平稳运行。3月末，隔夜、7天、1个月常备借贷便利利率分别为2.95%、3.10%、3.45%，较上年末均下降0.1个百分点。

三、调整金融机构存款准备金率

下调金融机构人民币存款准备金率，支持实体经济发展，促进综合融资成本稳中有降。自2022年4月25日起，全面下调金融机构人民币存款准备金率0.25个百分点（不含已执行5%存款准备金率的金融机构）。为加大对小微企业和“三农”的支持力度，对没有跨省经营的城商行和存款准备金率高于5%的农商行，在下调存款准备金率0.25个百分点的基础上，再额外多降0.25个百分点。此次降准释放长期资金约5 300亿元，降准后金融机构加权平均存款准备金率为8.1%。此次降准的目的，一是优化金融机构资金结构，增加金融机构长期稳定资金来源，增强资金配置能力，加大对实体经济的支持力度。二是引导金融机构积极运用降准资金支持受疫情严重影响行业和中小微企业。三是此次降准每年约降低金融机构资金成本65亿元，通过金融机构传导可促进降低社会综合融资成本。

下调金融机构外汇存款准备金率，提升金融机构外汇资金运用能力。自2022年5月15日起，下调金融机构外汇存款准备金率1个百分点，由9%下调至8%，释放外汇流动性约100亿美元。

四、继续完善宏观审慎管理框架

发挥好宏观审慎评估（MPA）在优化信

贷结构和促进金融供给侧结构性改革中的作用。2022年第一季度，人民银行进一步优化MPA考核框架，引导金融机构增强信贷总量增长的稳定性，加大对普惠小微贷款尤其是普惠小微信用贷款、制造业中长期融资和绿色发展的支持力度。

稳妥有序开展金融控股公司准入管理。2022年3月，人民银行批准了中国中信金融控股有限公司（筹）和北京金融控股集团有限公司的金融控股公司设立许可。设立金融控股公司，有利于推动非金融企业有效隔离金融与实业，防范风险交叉传染，促进规范可持续发展。下一步，人民银行将依法依规开展已受理企业的审批工作，继续稳妥有序推动其他符合条件的企业申设金融控股公司。

专栏2　从宏观审慎管理视角实施金融控股公司监管

近年来，一些非金融企业通过投资、新设等方式进入金融领域，其中部分企业控股多类金融机构，已具有金融控股公司特征，在提供金融服务、增强金融机构资金实力、服务实体经济等方面发挥了积极作用，但也有少部分企业控制并套取金融机构资金，形成产融风险交织。党中央、国务院多次提出要规范金融综合经营和产融结合，统筹监管金融控股公司，补齐监管短板。2020年9月，《国务院关于实施金融控股公司准入管理的决定》和《金融控股公司监督管理试行办法》先后发布，初步构建起金融控股公司监管的总体框架。随后，《金融控股公司董事、监事、高级管理人员任职备案管理暂行规定》等配套细则发布，金融控股公司监管制度体系不断完善。

金融控股公司往往体量较大、业务多元、组织架构复杂、风险外溢性比较强，需要从宏观、整体和系统关联的视角对其实施监管，由此成为宏观审慎管理的重要组成部分。通过加强宏观审慎管理，掌握金融控股集团总体经营和风险状况，推动其规范可持续发展，提升服务实体经济的能力。

基于上述理念，实施金融控股公司监管需要做好以下工作。一是坚持金融业是特许经营行业的理念，做好准入管理。非金融企业若实质控制两类及以上金融机构，且所控制金融机构的类型和资产规模符合规定情形，应当依法设立金融控股公司。企业将内部金融股权转至金融控股公司，由金融控股公司进行集中管理，具体金融业务由金融控股公司各附属金融机构分业经营，从组织架构上实现实业板块与金融板块的隔离。二是坚持穿透原则，对股东和股权结构实施监管。金融控股公司股权结构应简单、清晰，可穿透识别实际控制人和最终受益人。大股东有实力、经营规范，投资金融控股公司的资金来源真实、合法。三是实施并表管理，关注利益冲突、风险集中、风险传染等集团特有风险。推动集团整体及其附属金融机构保持充足的资本水平，完善各层级公司治理架构，规范关联交易管理。四是明确风险隔离要求，在金融控股公司大股东、金融控股公司及其附属机构以及各附属机构之间建立风险隔离机制，加强“防火墙”建设，有效防范风险跨行业、跨机构、跨市场传染。

目前，金融控股公司准入管理和监管工作正在稳步推进。2022年3月，人民银行已批准中国中信金融控股有限公司（筹）和北京金融控股集团有限公司的金融控股公司设立许可。还有多家具备设立情形的企业正在以申设金融控股公司为契机，摸清家底，推动金融与实业隔离，确保拟设金融控股公司的股东资质合规，确保组织结构、相关制度等符合设立条件。

下一步，人民银行将继续坚持市场化、法治化原则，坚持“两个毫不动摇”，加快完善金融控股公司监管配套细则，稳妥有序推动具备设立情形的企业申设金融控股公司，依法依规开展行政审批，并对经批准设立的金融控股公司实施持续监管，加强与相关部门的监管合作和信息共享，推动金融控股集团稳健经营，更好服务实体经济高质量发展，助力经济运行在合理区间。

发布《关于保障性租赁住房有关贷款不纳入房地产贷款集中度管理的通知》。2022年2月8日，中国人民银行、中国银行保险监督管理委员会发布通知，明确保障性租赁住房项目有关贷款不纳入房地产贷款集中度管理，鼓励银行业金融机构按照依法合规、风险可控、商业可持续的原则，加大对保障性租赁住房发展的支持力度，以支持我国住房保障体系建设，推动建立多主体供给、多渠道保障、租购并举的住房制度。

五、积极发挥结构性货币政策工具作用

积极运用支农支小再贷款、再贴现等工具，引导金融机构加大对国民经济重点领域、薄弱环节和区域协调发展的支持力度。继续发挥再贷款精准滴灌和正向激励作用，支持巩固脱贫攻坚成果同乡村振兴有效衔接。运用支农支小再贷款引导地方法人金融机构扩大对乡村振兴的信贷投放，扶贫再贷款按照现行规定进行展期，支持巩固脱贫攻坚成果。促进区域协调发展，引导10个省份地方法人金融机构运用好再贷款等工具增加对区域内涉农、小微和民营企业等经济发展薄弱环节的信贷投放。加大对小微企业纾困帮扶力度，引导地方法人金融机构运用支小再贷款等工具向受大宗商品涨价、疫情影响较大的小微企业和个体工商户发放贷款，降低融资成本。3月末，全国支农再贷款余额为5 161亿元，支小再贷款余额为13 315亿元，扶贫再贷款余额为1 713亿元，再贴现余额为6 247亿元。第一季度，人民银行对政策性银行和开发性银行净收回抵押补充贷款共654亿元，3月末余额为27 363亿元。

稳妥推进两项直达实体经济货币政策工具的接续转换工作，持续支持小微企业发展。按照国务院常务会议决定，将两项直达实体经济货币政策工具接续转换为市场化的政策工具，持续加大对小微企业的支持力度。自2022年起，将“普惠小微企业信用贷款支持计划”并入“支农支小再贷款”管理，原用于支持普惠小微信用贷款的4 000

亿元再贷款额度继续滚动使用，持续支持地方法人金融机构发放普惠小微信用贷款；将“普惠小微企业贷款延期支持工具”转换为“普惠小微贷款支持工具”，自2022年起到2023年6月末，人民银行按照地方法人金融机构普惠小微贷款余额增量的1%提供激励资金，按季度操作，鼓励持续增加普惠小微贷款。第一季度，人民银行向地方法人金融机构提供激励资金43.49亿元，支持其增加普惠小微贷款共计4 366亿元。

继续实施碳减排支持工具和支持煤炭清洁高效利用专项再贷款，支持经济向绿色低碳转型。碳减排支持工具支持清洁能源、节能环保、碳减排技术三个重点减碳领域，支持煤炭清洁高效利用专项再贷款支持煤的大规模清洁生产、清洁燃烧技术运用等七个煤炭清洁高效利用领域。增加1 000亿元支持煤炭清洁高效利用专项再贷款额度，专门用于支持煤炭开发利用和增强煤炭储备能力。并行实施好以上两个工具，支持金融机构向碳减排和煤炭清洁高效利用领域提供信贷支持，有利于在确保能源供应安全的同时支持经济向绿色低碳转型，助力科学有序实现碳达峰碳中和目标。第一季度，人民银行通过两个工具分别向相关金融机构发放资金530亿元、198亿元，合计728亿元。自实施以来，人民银行分别通过两个工具累计发放资金1 386亿元、225亿元，合计1 611亿元。

创设科技创新和普惠养老两项专项再贷款，支持科技强国和应对人口老龄化战略。落实国务院常务会议决定，人民银行按照精准滴灌、正向激励和市场化原则，创设科技创新和普惠养老两项专项再贷款。科技创新再贷款支持高新技术企业、“专精特新”中小企业、国家技术创新示范企业、制造业单项冠军企业等科技创新企业。普惠养老专项再贷款支持符合条件的普惠养老机构，初期选择浙江、江苏、河南、河北、江西五个省份开展试点。4月，人民银行联合科技部、工业和信息化部印发《关于设立科技创新再贷款的通知》（银发〔2022〕104号），联合发展改革委印发《关于开展普惠养老专项再贷款试点有关事宜的通知》（银发〔2022〕107号），明确两项专项再贷款采取“先贷后借”的直达机制，按季度发放，金融机构自主决策、自担风险，向相关领域内的企业发放贷款后，再向人民银行申请再贷款资金。对于符合要求的贷款，人民银行按贷款本金的一定比例予以低成本再贷款资金支持，科技创新和普惠养老专项再贷款的支持比例分别为60%和100%，利率均为1.75%。

六、发挥信贷政策的结构引导作用

持续提升小微企业金融服务质效。继续推进金融支持稳企业保就业工作，深入开展中小微企业金融服务能力提升工程，加快推动服务小微企业敢贷、愿贷、能贷、会贷长效机制建设，引导金融机构完善内部资源配置和政策安排，加强科技手段运用，持续提升小微企业金融服务水平。3月末，全国普惠小微贷款余额为20.8万亿元，同比增长24.6%；普惠小微贷款授信户数为5 039万户，同比增长42.9%。3月新发放的普惠小微企业贷款利率为4.93%，较上年12月低17个基点。2月，联合发展改革委等部门出台《关于促进服务业领域困难行业恢复发展的若干政策》，对服务业困难企业提供普惠性纾困扶持措施，加大对餐饮、零售、旅游、交通运输、民航5个特殊困难行业的倾斜支持。

持续推进乡村振兴金融服务。认真贯彻

全面推进乡村振兴战略部署，持续健全完善金融支持乡村振兴政策体系。印发《关于做好2022年金融支持全面推进乡村振兴重点工作的意见》，指导金融机构优化资源配置，加大对重要农产品、农村产业、乡村建设等重点领域的金融资源投入，促进涉农贷款稳定增长。持续推动金融支持巩固拓展脱贫攻坚成果，引导金融机构加大对国家乡村振兴重点帮扶县等脱贫地区的金融资源倾斜，保持对脱贫地区、脱贫人口信贷投放力度不减。2022年3月末，全国涉农贷款余额为45.63万亿元，同比增长12.2%。其中农户贷款余额为14.05万亿元，同比增长 12.9%。

七、深化利率市场化改革

持续释放贷款市场报价利率（LPR）改革红利，优化存款利率监管，推动实际贷款利率进一步降低。一是持续推进LPR改革，发挥LPR的指导性作用，带动企业贷款利率稳中有降，企业融资成本明显下降。二是加强存款利率监管，规范协议存款等存款产品的利率定价行为。2022年2月，指导市场利率定价自律机制发布《关于加强协议存款自律管理的倡议》，督促金融机构依法合规开办协议存款。4月，优化存款利率市场化调整机制，推动存款利率进一步市场化。三是积极推动境内Libor转换工作。从2022年1月1日起，部分Libor如期停止报价或失去代表性。第一季度，境内主要银行受Libor退出影响的业务均已做好定价基准转换安排，大部分境内新发生外币浮动利率业务的参考基准已由Libor转为替代基准利率。

专栏3　建立存款利率市场化调整机制

2015年10月，人民银行放开了对存款利率的行政性管制，市场利率定价自律机制（以下简称利率自律机制）成员在存款利率自律上限内自主确定存款利率水平。2021年6月，人民银行指导利率自律机制优化存款利率自律上限形成方式，由存款基准利率乘以一定倍数形成，改为加上一定基点确定。这既维护了银行存款利率的自主定价权，也有利于引导降低中长期定期存款利率，优化定期存款期限结构，促进市场有序竞争，提高金融支持实体经济的可持续性。2022年3月，新发生定期存款加权平均利率为2.37%，同比下降0.08个百分点，较存款利率自律上限优化前的2021年5月下降0.12个百分点。其中，中长期定期存款利率降幅更大，2年期、3年期和5年期定期存款利率较2021年5月分别下降0.18个、0.43个和0.45个百分点。

由于存款市场竞争激烈，实际执行中，很多银行的定期存款和大额存单利率接近自律上限。这在一定程度上阻碍了市场利率有效传导，存款利率难以跟随市场利率变化。2022年4月，人民银行指导利率自律机制建立了存款利率市场化调整机制，自律机制成员银行参考以10年期国债收益率为代表的债券市场利率和以1年期LPR为代表的贷款市场利率，合理调整存款利率水平。这一机制的建立，可促进银行跟踪市场利率变化，提升存款利率市场化定价能力，维护存款市场良性竞争秩序。

建立存款利率市场化调整机制重在推进存款利率进一步市场化，对银行的指导是柔性的。银行可根据自身情况，参考市场利率变化，自主确定其存款利率的实际调整幅度。对于存款利率市场化调整及时高效的金融机构，人民银行给予适当激励。新的机制建立后，银行的存款利率市场化程度更高，在当前市场利率总体有所下行的背景下，有利于银行稳定负债成本，促进实际贷款利率进一步下行。从实际情况看，工行、农行、中行、建行、交行、邮储银行等国有商业银行和大部分股份制商业银行均已于4月下旬下调了其1年期以上期限定期存款和大额存单利率，部分地方法人机构也相应作出下调。根据最新调研数据，4月最后一周（4月25日至5月1日），全国金融机构新发生存款加权平均利率为2.37%，较前一周下降10个基点。

下一阶段，人民银行将继续深化利率市场化改革，完善市场化利率形成和传导机制，优化央行政策利率体系，加强存款利率监管，着力稳定银行负债成本，发挥LPR改革效能，推动降低企业综合融资成本。

八、完善人民币汇率市场化形成机制

继续推进汇率市场化改革，完善以市场供求为基础、参考一篮子货币进行调节、有管理的浮动汇率制度，增强人民币汇率弹性，发挥汇率调节宏观经济和国际收支自动稳定器的作用。注重预期引导，保持人民币汇率在合理均衡水平上的基本稳定。

2022年第一季度，人民币对美元汇率中间价最高为6.3014元，最低为6.3800元，58个交易日中32个交易日升值、26个交易日贬值。最大单日升值幅度为0.6%（394点），最大单日贬值幅度为0.6%（364点）。人民币对国际主要货币汇率有所升值。3月末，

表8　2022年第一季度银行间外汇即期市场人民币对各币种交易量

单位：亿元人民币

币种	美元	欧元	日元	港元	英镑	澳大利亚元	新西兰元
交易量	117 475.72	3 759.06	625.06	336.99	144.82	64.70	22.18
币种	新加坡元	瑞士法郎	加拿大元	马来西亚林吉特	俄罗斯卢布	南非兰特	韩元
交易量	24.61	33.39	79.55	0.80	5.82	0.00	15.23
币种	阿联酋迪拉姆	沙特里亚尔	匈牙利福林	波兰兹罗提	丹麦克朗	瑞典克朗	挪威克朗
交易量	0.00	11.00	0.00	0.00	0.31	7.11	0.71
币种	土耳其里拉	墨西哥比索	泰铢	柬埔寨瑞尔	哈萨克斯坦坚戈	蒙古图格里克	印度尼西亚卢比
交易量	1.05	0.00	4.90	0	0	0	5.21

数据来源：中国外汇交易中心。

人民币对美元、欧元、英镑和日元汇率中间价分别较2021年末升值0.4%、1.9%、3.2%和6.6%。2005年人民币汇率形成机制改革以来至2022年3月末，人民币对美元汇率累计升值30.4%，对欧元汇率累计升值41.4%，对日元汇率累计升值40.6%。银行间外汇市场人民币直接交易成交较为活跃，流动性平稳，降低了微观经济主体的汇兑成本，促进了双边贸易和投资。

3月末，在人民银行与境外货币当局签署的双边本币互换协议下，境外货币当局动用人民币余额为603.75亿元，人民银行动用外币余额折合4.96亿美元，对促进双边贸易投资发挥了积极作用。

九、防范化解金融风险，深化金融机构改革

防范化解金融风险取得新成效。坚持市场化、法治化处置风险，金融风险总体收敛。稳妥处置高风险集团风险，有序压降重点区域、重点领域金融风险。推动存量高风险机构持续压降，高风险机构数量明显减少。对4 000多家银行业金融机构开展压力测试。完成2021年第四季度央行金融机构评级工作，对全国4 398家银行业金融机构开展评级。评级结果显示，大部分机构在安全边界内（1~7级），高风险机构（8~D级）连续6个季度下降，较峰值压降过半，截至2021年末，全国11个省（自治区、直辖市）已无高风险机构。

建立维护金融稳定的长效机制。为贯彻党中央、国务院关于防范化解金融风险、健全金融法治的决策部署，建立维护金融稳定的长效机制，人民银行起草了《中华人民共和国金融稳定法（草案征求意见稿）》，并于4月向社会公开征求意见。

专栏4　加快推进金融稳定立法建设

近年来，在党中央、国务院的坚强领导下，国务院金融稳定发展委员会统筹协调、靠前指挥，各部门、各地区协作联动，防范化解重大金融风险攻坚战取得重要阶段性成果，长期积累的风险点得到有效处置，金融风险整体收敛、总体可控，金融稳定基础更加牢靠，金融业总体平稳健康发展。

当前我国正向实现第二个百年奋斗目标迈进，立足“两个大局”，有必要制度先行、未雨绸缪。为此，人民银行会同有关部门起草了《中华人民共和国金融稳定法（草案征求意见稿）》（以下简称《金融稳定法》草案征求意见稿），并于2022年4月6日公开征求意见。金融稳定立法意义重大、十分必要。一是贯彻落实党中央、国务院关于防范化解金融风险、健全金融法治的决策部署，切实维护国家经济金融安全和社会稳定。二是总结重大金融风险攻坚战中行之有效的经验做法，建立维护金融稳定的长效机制。三是建立金融稳定的法律制度整体设计和跨行业跨部门的统筹安排，整合原有分散性条款和原则性规定，对一些重要问题进行制度规范。

《金融稳定法》草案征求意见稿共六章四十八条，分为总则、金融风险防范、

金融风险化解、金融风险处置、法律责任、附则，重点内容包括：

一是健全金融稳定工作机制。坚持党对金融工作的集中统一领导，国家金融稳定发展统筹协调机制（国务院金融委）统筹金融稳定和改革发展，指挥开展重大金融风险防范、化解和处置工作，重大事项按程序报批。有关金融管理部门和地方按照职责分工和金融委要求，依法履行金融监管和金融风险防范化解处置职责，存款保险基金和各行业保障基金管理机构履行行业风险监测和处置职责，共同形成维护金融稳定的合力。

二是压实各方金融风险防范化解和处置责任。压实金融机构及其主要股东、实际控制人的主体责任，强化金融机构审慎经营义务，加强对主要股东、实际控制人的准入和监管要求。压实地方政府的属地和维稳责任，及时主动化解区域金融风险。压实金融监管部门的监管责任，切实履行本行业本领域金融风险防控职责，严密防范、早期纠正并及时处置风险。人民银行发挥最后贷款人作用，守住不发生系统性金融风险的底线。

三是明确权责利匹配、公平有序的处置资金安排。规定金融风险处置的资金使用顺序，先由金融机构自救纾困后采取外部救助，减少对公共资金的依赖。被处置机构应积极自救化险，主要股东和实际控制人按照恢复与处置计划或者监管承诺补充资本，对金融风险负有责任的股东、实际控制人依法履行自救义务。同时，调动市场化资金参与被处置机构的并购重组，存款保险基金、行业保障基金依法出资。危及区域稳定，且穷尽市场化手段、严格落实追赃挽损仍难以化解风险的，依法动用地方公共资源。重大金融风险危及金融稳定的，按照规定使用金融稳定保障基金，以切实防范道德风险，严肃市场纪律。

四是设立金融稳定保障基金。金融稳定保障基金定位为国家重大金融风险处置后备资金，用于具有系统性影响的重大金融风险处置。该基金由向金融机构、金融基础设施等主体筹集的资金以及国务院规定的其他资金组成，由国务院金融委统筹管理。同时，明确由国务院规定金融稳定保障基金筹集、管理和使用的具体办法。金融稳定保障基金与既有的存款保险基金和行业保障基金双层运行、协同配合，进一步筑牢我国金融安全网。

五是建立市场化法治化的风险处置机制。根据处置实际需要，借鉴国际经验，规定了行使经营管理权、转移资产和负债、设立过桥银行和特殊目的载体、暂停终止净额结算、更换责任人员并追回薪酬、实施股权债权减记和债转股、中止境外汇款和调回境外资产、要求系统重要性金融机构所属集团支持等多种处置措施。同时，明确股权、债权的减记顺位，规定债权人和相关利益主体通过风险处置所得原则上不低于破产清算所得。此外，完善处置配套制度安排，与司法程序保持衔接。

六是对违法违规行为强化责任追究。明确对导致金融风险发生、蔓延的违法违规行为予以问责，依法追究法律责任。规定金融机构及其主要股东、实际控制人在金融风险形成和处置中的违法违规行为及其相应处罚。对公职人员的失职渎职行为，依法给予处理处分，构成犯罪的，依法追究刑事责任。

下一步，人民银行将会同有关部门充分吸收社会各界反馈的意见建议，进一步修改完善《金融稳定法》草案征求意见稿，按照立法程序配合立法机关高质量推进后续工作，推动《金融稳定法》早日出台。

持续深化开发性、政策性金融机构改革。推动全面落实开发性、政策性金融机构改革方案，厘清职能定位，明确业务边界，落实分类核算，完善公司治理，强化约束机制，防范金融风险，引导开发性、政策性金融机构坚守定位、聚焦主业，在加强风险防控的基础上，发挥好在支持经济结构转型和高质量发展中的作用。

十、深化外汇管理体制改革

促进优质企业贸易外汇收支便利化政策扩面提质。稳步有序扩大政策覆盖面，完善相关便利化政策措施，拓展业务范围，优化银行和企业备案条件。2022年1月至3月，新增6个地区开展优质企业贸易便利化工作。截至3月底，优质企业贸易外汇收支便利化政策扩大至32个地区、146家银行及1 828家企业。

推进重点区域高水平开放试点落地。密切跟踪跨境贸易投资高水平开放试点政策实施情况，减少企业业务办理手续，降低外汇资金结算成本，提高资金周转效率。截至2022年3月底，上海自由贸易试验区临港新片区等四地共备案试点银行19家，惠及制造业、能源化工、高新技术等多行业的经常项目试点业务。

支持和规范境内银行开展境外贷款业务。2022年1月，人民银行、国家外汇管理局发布《关于银行业金融机构境外贷款业务有关事宜的通知》（银发〔2022〕27号），加强银行境外贷款资金与跨境担保、对外直接投资等业务联动管理。

第三部分　金融市场运行

2022年第一季度金融市场整体平稳运行。货币市场利率围绕公开市场操作利率运行，中枢总体下行，市场交易活跃。债券市场发行量增加，地方政府债券发行增长较多，现券交易活跃，债券利率较为平稳，期限利差有所扩大。股票市场指数下行，成交量增加，筹资额减少。

一、金融市场运行概况

（一）货币市场利率总体下行，市场交易活跃

2022年3月，同业拆借月加权平均利率为2.07%，质押式回购月加权平均利率为2.08%，较上年12月水平分别上升5个和下降1个基点。银行业存款类金融机构间利率债质押式回购月加权平均利率为1.96%，低于质押式回购月加权平均利率12个基点。3月末，隔夜和7天期Shibor分别为2.01%和2.20%，较上年末分别下降12个和7个基点。

货币市场交易活跃。2022年第一季度，银行间市场债券回购累计成交287.9万亿元，日均成交4.8万亿元，同比增长29%；同业拆借累计成交30.4万亿元，日均成交5 067亿元，同比增长4.4%。从期限结构看，隔夜回购成交量占回购总量的85.4%，占比较上年同期上升2个百分点；隔夜拆借成交量占拆借总量的87.7%，占比较上年同期下降1.3个百分

表9　2022年第一季度金融机构回购和同业拆借资金净融出、净融入情况①

单位：亿元

机构类型	回购市场		同业拆借	
	2022年第一季度	2021年第一季度	2022年第一季度	2021年第一季度
中资大型银行②	−817 054	−458 527	−82 755	−71 853
中资中型银行③	−365 252	−360 253	−20 852	−25 082
中资小型银行④	−46 373	3 076	20 499	27 961
证券业机构⑤	367 101	268 204	66 452	49 169
保险业机构⑥	39 034	19 196	93	0
外资银行	20 756	15 918	−3 549	−7 502
其他金融机构及产品⑦	801 787	512 387	20 113	27 307

数据来源：中国外汇交易中心。

注：①负号表示净融出，正号表示净融入。

②中资大型银行包括工商银行、农业银行、中国银行、建设银行、国家开发银行、交通银行、邮政储蓄银行。

③中资中型银行包括政策性银行，招商银行等9家股份制商业银行，北京银行、上海银行、江苏银行。

④中资小型银行包括恒丰银行、浙商银行、渤海银行、其他城市商业银行、农村商业银行和合作银行、民营银行、村镇银行。

⑤证券业机构包括证券公司、基金公司和期货公司。

⑥保险业机构包括保险公司和企业年金。

⑦其他金融机构及产品包括城市信用社、农村信用社、财务公司、信托投资公司、金融租赁公司、资产管理公司、社保基金、基金、理财产品、信托计划、其他投资产品等，其中部分金融机构和产品未参与同业拆借市场。

点。交易所债券回购累计成交96.6万亿元，同比增长27.3%。

同业存单和大额存单业务有序发展。2022年第一季度，银行间市场发行同业存单6 866期，发行总量为5.4万亿元，二级市场交易量为47.9万亿元，3月末同业存单余额为14.7万亿元。3个月期同业存单发行加权平均利率为2.40%，较同期限Shibor低2个基点。第一季度，金融机构发行大额存单1.7万期，发行总量为4.5万亿元，同比增加0.7万亿元。

利率互换市场成交缩量。2022年第一季度，人民币利率互换市场达成交易5.5万笔，同比减少27.4%；名义本金总额为4.4万亿元，同比下降18.3%。从期限结构来看，1年期及1年期以下交易最为活跃，名义本金总额达2.8万亿元，占总量的64.4%。人民币利率互换交易的浮动端参考利率主要包括7天期回购定盘利率和Shibor，与之挂钩的利率互换交易名义本金占比分别为87.8%和10.9%。第一季度，以LPR为标的的利率互换成交302笔，同比增加4.1%；名义本金为503.6亿元，同比增加74.5%。

利率期权业务平稳发展。银行间市场于2020年3月正式推出挂钩LPR的利率期权业务，2021年3月29日新增挂钩回购定盘利率（FDR）的利率期权品种。2022年第一季度共计成交利率期权交易141笔、199.94亿元，均为挂钩LPR的利率上/下限期权。

（二）债券利率较为平稳，发行量增加，现券交易活跃

债券发行利率下降。2022年3月，财政部发行的10年期国债收益率为2.81%，较上年12月下降1个基点；国家开发银行发行的

表 10　2022 年第一季度利率互换交易情况

时间	交易笔数（笔）	交易量（亿元）
2022 年第一季度	54 795	43 812.8
2021 年第一季度	75 460	53 620.9

数据来源：中国外汇交易中心。

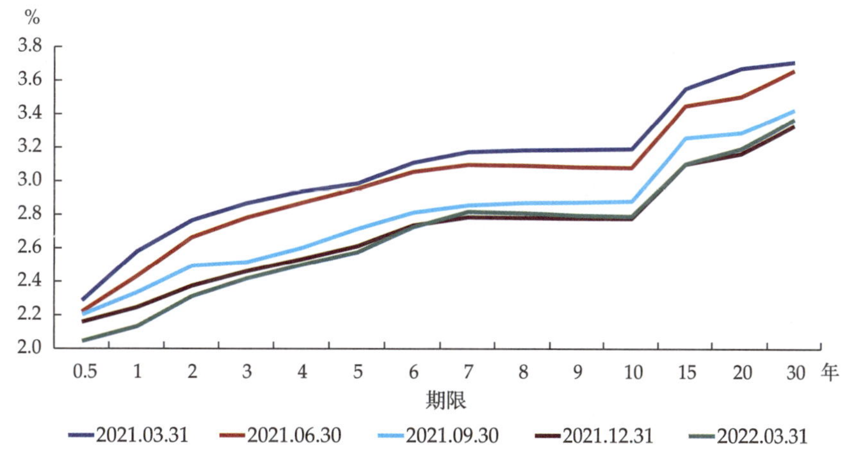

图4　银行间市场国债收益率曲线变化情况

（数据来源：中央国债登记结算有限责任公司）

10年期金融债收益率为2.99%，较上年12月下降3个基点；当月发行的主体评级AAA、债券评级A-1的1年期短期融资券有1只，利率为2.06%，较上年12月平均水平下降101个基点。

国债收益率先扬后抑，期限利差走扩。3月末，1年期、3年期、5年期国债收益率分别为2.13%、2.42%、2.57%，较上年末分别下行11个、4个、4个基点；7年期和10年期国债收益率分别为2.82%、2.79%，较上年末分别上行3个、1个基点；1年期和10年期国债利差为66个基点，较上年末扩大13个基点。

债券发行增加。第一季度累计发行各类债券15.0万亿元，同比增长6.1%，较上年同期增加8 696亿元，主要是政府债券和非金融企业债务融资工具增加较多。3月末，国内各类债券余额为137.8万亿元，同比增长14.8%。

现券交易量增长较多。第一季度债券市场现券总成交69.7万亿元，同比增长35.8%，其中银行间债券市场现券交易61.7万亿元，同比增长33.9%。交易所债券现券成交8万亿元，同比增长51.8%。

（三）票据融资稳定增长，票据市场利率总体平稳

票据承兑业务稳定增长。第一季度，企业累计签发商业汇票7.0万亿元，同比上升13.8%；期末商业汇票未到期金额为15.8万亿元，同比上升11.8%。票据承兑余额稳定增长，3月末余额较年初增加7 746亿元。由中小微企业签发的银行承兑汇票占比为67.8%。

票据融资稳中有增，利率总体平稳。第一季度，金融机构累计贴现13.4万亿元，同比上升18.2%。3月末，票据融资余额为10.7万亿元，同比上升35.3%，占各项贷款的比重为

表 11　2022 年第一季度各类债券发行情况

单位：亿元

债券品种	发行额	较上年增减
国债	16 059	1 701
地方政府债券	18 246	9 295
中央银行票据	0	0
金融债券①	78 685	−3 095
其中：国家开发银行及政策性金融债	13 725	−2 277
同业存单	53 845	−1 559
公司信用类债券②	37 194	744
其中：非金融企业债务融资工具	26 404	1 653
企业债券	1 381	197
公司债	6 824	−978
国际机构债券	240	50
合计	150 425	8 696

数据来源：中国人民银行、中国证券监督管理委员会、中央国债登记结算有限责任公司，根据提供方最新数据更新。

注：①金融债券包括国家开发银行金融债、政策性金融债、商业银行普通债、商业银行次级债、商业银行资本混合债、证券公司债券、同业存单等。

②公司信用类债券包括非金融企业债务融资工具、企业债券以及公司债、可转债、可分离债、中小企业私募债，非金融企业发行的交易所资产支持证券等。

5.3%，同比增加0.9个百分点。票据市场利率总体平稳，呈先升后降趋势。

（四）股票市场指数下行，成交量同比增加，筹资额减少

股票市场指数下行。2022年3月末，上证综合指数收于3 252点，较上年末下降10.6%；深证成份指数收于12 118点，较上年末下降18.4%。股票市场成交量同比增加。第一季度，沪、深股市累计成交58.5万亿元，日均成交1万亿元，同比增长6.5%。股票市场筹资额同比减少。第一季度累计筹资3 337亿元，同比减少1.9%。

（五）保险业保费收入同比减少，资产增速减缓

2022年第一季度，保险业累计实现保费收入1.8万亿元，同比减少1%，较2021年末增速低0.2个百分点；累计赔款、给付4 513亿元，同比增加14.2%，其中，财产险赔付同比增加4.8%，人身险赔付同比增加21.3%。

保险业资产增速减缓。2022年第一季度末，保险业总资产为25.7万亿元，同比增长5.8%，增速较上年末低1个百分点。其中，银行存款同比增长2.7%，投资类资产同比增长4%。

（六）外汇即期、掉期交易量增长较快

第一季度，人民币外汇即期交易累计成交金额折合1.9万亿美元，同比减少17.7%；人民币外汇掉期交易累计成交金额折合5.4万亿美元，同比增长19.9%，其中隔夜美元掉期交易累计成交金额3.4万亿美元，占总成交金额的62.8%；人民币外汇远期交易累计成交金额折合274亿美元，同比增长6.3%。“外币对”累计成交金额折合3 800亿美元，同比增长21.5%，其中成交最多的产品为欧元对美元，占市场比重为61.9%。

（七）黄金市场价格上涨，成交量同比增加

3月末，国际黄金价格收于1 942.15美元/盎司，较2021年末上涨8.3%；上海黄金交易所Au99.99收于394.14元/克，较2021年末上涨5.4%。第一季度，上海黄金交易所黄金成交量为9 579.04吨，同比增长2.6%；成交额为3.69万亿元，同比增长5.2%。

二、金融市场制度建设

（一）债券市场制度建设

完善债券借贷管理制度。2022年2月，人民银行制定《银行间债券市场债券借贷业务管理办法》（中国人民银行公告〔2022〕第1号），从统一协议文本、推出集中债券借贷、完善违约处置机制等方面完善银行间债券市场债券借贷制度，同时明确了大额借贷

表 12　2022 年 3 月末主要保险资金运用余额及占比情况

项目	余额（亿元）		占资产总额比重（%）	
	2022 年 3 月末	2021 年 3 月末	2022 年 3 月末	2021 年 3 月末
资产总额	256 723	242 584	100.0	100.0
其中：银行存款	28 370	27 615	11.1	11.4
投资	206 988	197 266	80.6	81.3

数据来源：中国银行保险监督管理委员会。

报告及披露、风险监测、自律管理等有关风险防范要求，保护市场参与者合法权益，提高债券市场流动性，促进金融市场功能深化和健康发展。

（二）证券市场改革和制度建设

强化资本市场法治建设。2022年1月，最高人民法院发布《最高人民法院关于审理证券市场虚假陈述侵权民事赔偿案件的若干规定》，提高资本市场违法违规成本，畅通投资者权利救济渠道，夯实市场参与各方归位尽责的制度基础。1月，证监会发布《证券期货行政执法当事人承诺制度实施规定》，充分发挥行政执法当事人承诺制度特色，为投资者提供及时有效救济的新途径，提高行政执法质效。

提高资本市场信息披露质量。2022年1月，证监会发布《关于注册制下提高招股说明书信息披露质量的指导意见》，督促发行人及中介机构归位尽责，提高招股说明书可读性、投资决策相关性和信息披露针对性。

推进资本市场开放。2022年2月，证监会发布《境内外证券交易所互联互通存托凭证业务监管规定》，拓宽双向融资渠道，促进要素资源的全球化配置，提高中国资本市场服务实体经济的能力和国际竞争力。

（三）保险市场制度建设

规范保险机构关联交易行为。2022年1月，银保监会发布《银行保险机构关联交易管理办法》，要求控制关联交易的数量和规模，按照实质重于形式和穿透监管原则，优化关联方和关联交易识别，重点防范向股东及其关联方进行利益输送风险。压实机构在关联交易管理方面的主体责任，明确对机构及董事、监事、高级管理人员违规行为的处理措施。

规范农业保险承保理赔管理。2022年2月，银保监会发布《农业保险承保理赔管理办法》。在《农业保险承保理赔管理暂行办法》基础上，吸收近年来农业保险改革发展和监管实践成果，更加突出以“服务‘三农’”为中心，新增森林保险作为调整对象，进一步明确投保信息内容和要求，将承保标的查验内容区分不同险种予以规定，统一定损时限规定，强调不得套取保费补贴，并突出保险科技等相关内容。

完善非寿险业务准备金监管制度。2022年3月，银保监会发布《保险公司非寿险业务准备金管理办法实施细则（1—7号）》，针对保险公司存在的人为调整分支机构准备金、通过准备金调节利润等新情况和新问题，明确准备金评估的原则和方法，在准备金风险边际和折现处理、分支机构准备金管理、准备金回溯分析等方面进行规范，补齐制度短板。

第四部分　宏观经济分析

一、世界经济金融形势

受疫情脉冲式反弹、地缘政治冲突加剧、主要发达经济体加快收紧货币政策等影响，第一季度全球经济增长放缓，海外通胀压力持续走高，能源、金属、农产品价格明显上涨，金融市场震荡加剧，全球经济复苏前景的复杂性和不确定性加大。

（一）主要经济体经济和金融市场概况

全球经济下行压力显现。全球新冠肺炎疫情在2022年初大幅反弹，1月全球单日新增确诊病例一度接近400万例，3月至4月虽明显回落但未来演进不确定性仍存在。2月，地缘政治冲突升级进一步拖累经济复苏进程。3月，美国、欧元区和日本的消费者信心指数分别较2021年12月下降11.2个、10.3个和6.3个百分点；制造业PMI分别从2021年12月的58.8、58.0和54.3，降至57.1、56.5和54.1。4月国际货币基金组织（IMF）和世界银行均下调2022年全球经济增速预测，普遍表达了对经济增长放缓的担忧。

发达经济体劳动力供给恢复缓慢，通胀水平持续上升。美国职位空缺数2022年2月达到1 126.6万人，连续8个月超过1 000万人。美国平均时薪3月同比上涨5.6%，英国平均周薪2月同比上涨5.4%，均明显高于疫情前三年两国不足3%的年均涨幅。受此影响，发达经济体“工资—物价”螺旋上涨的现象更加明显，通胀持续攀升。3月，美国和英国CPI同比涨幅分别达到8.5%和7.0%，分别创40年和30年新高；4月欧元区HICP同比上涨7.5%，再创公布统计数据以来新高。部分新兴市场经济体通胀同样继续升温，3月巴西IPCA、印度CPI分别同比上涨11.3%和7.0%。

国际金融市场大幅波动。一是受地缘政治冲突影响，能源、金属等大宗商品价格剧烈震荡。布伦特原油价格第一季度上涨36%，盘中一度接近140美元/桶，创2008年以来新高。镍价巨幅波动使伦敦金属交易所一度停止期货交易并修改交易规则。二是全球主要股指普遍下跌。美国道琼斯工业平均指数、欧元区STOXX50指数、日经225指数第一季度分别下跌4.6%、9.2%、3.4%，波动明显加大。三是主要发达经济体加快加码收紧货币政策，国债收益率明显上行。第一季度，美国、德国、英国10年期国债收益率上升幅度达到60~80个基点，3月末美国10年期国债收益率升至2.3%，5月6日突破3.1%，创2018年11月以来新高。

（二）主要经济体货币政策

主要发达经济体货币政策加快收紧。美联储3月和5月议息会议分别上调联邦基金利率目标区间25个和50个基点，两次上调后升至0.75%~1%，进入2018年12月以来的新一轮加息周期。3月议息会议后发布的点阵图显示，与会委员对2022年底联邦基金利率目标区间的预测中值为1.75%~2%，对应全年加息175个基点，16名委员中有7名认为加息幅度还应更大。此外，美联储3月已结束资产购买，5月的议息会议上宣布自6月1日起开始减

表 13　主要发达经济体宏观经济金融指标

经济体	指标	2021 年第一季度			2021 年第二季度			2021 年第三季度			2021 年第四季度			2022 年第一季度		
		1 月	2 月	3 月	4 月	5 月	6 月	7 月	8 月	9 月	10 月	11 月	12 月	1 月	2 月	3 月
美国	实际 GDP 增速（环比折年率，%）	6.3			6.7			2.3			6.9			−1.4		
	失业率（%）	6.4	6.2	6.0	6.0	5.8	5.9	5.4	5.2	4.7	4.6	4.2	3.9	4.0	3.8	3.6
	CPI（同比，%）	1.4	1.7	2.6	4.2	5.0	5.4	5.4	5.3	5.4	6.2	6.8	7.0	7.5	7.9	8.5
	DJ 工业平均指数（期末）	29 983	30 932	32 982	33 875	34 529	34 503	34 935	35 361	33 844	35 820	34 484	36 338	35 132	33 893	34 678
欧元区	实际 GDP 增速（同比，%）	−0.9			14.6			4.1			4.7			5.0		
	失业率（%）	8.3	8.2	8.2	8.2	8.1	7.9	7.6	7.5	7.3	7.2	7.1	7.0	6.9	6.8	—
	HICP 综合物价指数（同比，%）	0.9	0.9	1.3	1.6	2.0	1.9	2.2	3.0	3.4	4.1	4.9	5.0	5.1	5.9	7.4
	EURO STOXX 50（期末）	3 481	3 636	3 919	3 975	4 039	4 064	4 089	4 196	4 048	4 251	4 063	4 298	4 175	3 924	3 903
英国	实际 GDP 增速（同比，%）	−5.0			24.5			6.9			6.6			—		
	失业率（%）	5.1	5.0	4.9	4.8	4.8	4.7	4.6	4.5	4.3	4.2	4.1	4.1	3.9	3.8	—
	CPI（同比，%）	0.7	0.4	0.7	1.5	2.1	2.5	2.0	3.2	3.1	4.2	5.1	5.4	5.5	6.2	7.0
	富时 100 指数（期末）	6 407	6 483	6 714	6 970	7 023	7 037	7 032	7 120	7 086	7 238	7 059	7 385	7 464	7 458	7 516
日本	实际 GDP 增速（环比折年率，%）	−2.2			2.4			−2.8			4.6			—		
	失业率（%）	3.0	2.9	2.7	2.8	2.9	2.9	2.8	2.8	2.8	2.7	2.8	2.7	2.8	2.7	2.6
	CPI（同比，%）	−0.7	−0.5	−0.4	−1.1	−0.8	−0.5	−0.3	−0.4	0.2	0.1	0.6	0.8	0.5	0.9	1.2
	日经 225 指数（期末）	27 663	28 966	29 179	28 813	28 860	28 792	27 284	28 090	29 453	28 893	27 822	28 792	27 002	26 527	27 821

数据来源：各经济体相关统计部门及中央银行。

持国债和抵押贷款支持证券（MBS）规模，初始缩表速度为每月300亿美元国债、175亿美元MBS，3个月后加快至每月600亿美元国债、350亿美元MBS。欧央行维持主要政策利率不变，在3月底停止抗疫紧急购债计划（PEPP）下的资产净购买，同时加快结束资产购买计划（APP），第二季度每月购债速度分别为400亿、300亿、200亿欧元，较原计划每月400亿欧元缩量，第三季度可能结束净购买。英格兰银行继2021年12月启动加息后，2022年2月、3月和5月又分别加息25个基点至1%，同时在2月会议上宣布缩表，在5月会议上表示考虑出售英国国债。日本央行维持宽松货币政策。此外，加拿大、新西兰、韩国央行在第一季度均加息1次，幅度均为25个基点，4月又各加息1次，幅度分别为50个、50个和25个基点。

部分新兴市场经济体继续加息。为应对国内通胀压力和资本外流风险，部分新兴市场经济体继续加息。第一季度，巴西、墨西哥、南非央行均加息2次，累计幅度分别为250个、100个和50个基点。此外，印度、印度尼西亚、土耳其等央行维持基准利率不变。

（三）值得关注的问题和趋势

地缘局势紧张影响全球经济复苏。地缘冲突加剧导致能源、金属等大宗商品价格上涨，贸易往来及供应链运转阻滞加大，可能继续推高全球通胀水平，影响经济复苏，给本就恢复不平衡不充分的全球经济引入了新的不确定性，在较大程度上导致供给和需求双重冲击，使全球经济增长势头受挫、海外高通胀持续时间延长，同时显著放大金融市场波动。

主要发达经济体货币政策加速收紧的影响正在显现。2022年以来，主要发达经济体货币政策转向加快，在此背景下全球股市、债市、汇市波动明显加大，跨境资本流动更不稳定，溢出效应已在显现。而发达经济体货币政策收紧进程目前尚在起步阶段，未来演进及影响值得高度关注。

全球复苏分化依然较大，发展中国家面临挑战。一方面，生产原材料和基本农产品的供应收紧可能给全球粮食、能源安全带来系统性冲击，对外依存度高的发展中国家压力更大。另一方面，疫情防控能力有限、经济复苏放缓、债务积压较重、全球流动性收敛等多重压力叠加，发展中国家偿债能力面临考验，跨境资本流动、金融市场调整等金融安全问题同样不容忽视。国际货币基金组织的数据显示，半数的低收入国家已经陷入债务危机或处在高风险状态。

二、中国宏观经济形势

2022年第一季度，面对国际环境更趋复杂严峻和国内疫情频发带来的多重考验，我国国民经济延续恢复发展态势，发展质量不断提升，开局总体平稳。据初步核算，第一季度国内生产总值为270 178亿元，按不变价格计算，同比增长4.8%，增速较上年第四季度加快0.8个百分点。

（一）投资消费平稳，进出口增长较快

居民收入与经济增长基本同步，消费保持增长。第一季度，全国居民人均可支配收入为10 345元，同比名义增长6.3%，扣除价格因素实际增长5.1%。收入分配结构持续改善，城乡居民人均收入比缩小。第一季度中国人民银行城镇储户问卷调查显示，倾向于“更多消费”的居民占23.7%，较上季度减少1.0个百分点，较上年同期增加1.4个百分点。第一季度，社会消费品零售总额同比增长3.3%。

投资稳步增长，结构调整优化。第一季度，全国固定资产投资（不含农户）同比增长9.3%。分领域看，制造业投资增长15.6%，高于全部投资6.3个百分点；基础设施投资增长8.5%，房地产开发投资增长0.7%，均低于全部投资增速。从产业行业看，高技术产业投资增长27.0%，高于全部投资17.7个百分点；卫生、教育投资分别增长23.8%、17.2%。

货物进出口较快增长。第一季度，进出口总额同比增长10.7%。其中，出口增长13.4%，进口增长7.5%，贸易顺差10 369亿元。贸易结构持续优化，一般贸易比重较上年同期提高1.8个百分点。机电产品、高新技术产品出口分别增长9.8%、10.6%，占出口总额的58.4%、29.2%。贸易伙伴更趋多元化，对“一带一路”沿线国家、RCEP贸易伙伴进出口分别增长16.7%、6.9%。

外商直接投资延续向高技术产业聚集的态势。第一季度，全国实际使用外资金额为

3 798.7亿元，同比增长25.6%（折合590.9亿美元，同比增长31.7%；不含银行、证券、保险领域）。从产业分布看，高技术产业和服务业使用外资增长较快。第一季度，高技术产业实际使用外资增长52.9%，其中高技术服务业增长57.8%，高技术制造业增长35.7%；服务业实际使用外资增长17.1%。

（二）农业生产稳中向好，工业生产增长较快，服务业持续恢复

第一季度，国民经济三次产业同比增速分别为6.0%、5.8%、4.0%，占GDP比重分别为4.1%、39.3%和56.6%。

农业生产形势稳定，畜牧业平稳增长。春耕备耕平稳有序推进，全国小麦、稻谷意向播种面积总体稳定，大豆意向播种面积增加较多。我国粮食产量已连续7年稳定在1.3万亿斤以上，粮食供给总量充足、库存充裕。生猪出栏继续增长，牛羊生产稳定发展。第一季度，农业增加值同比增长4.8%，生猪出栏同比增长14.1%，猪牛羊禽肉产量同比增长8.8%。

工业生产较快增长，高技术制造业持续发挥引领作用。第一季度，全国规模以上工业增加值同比增长6.5%。从三大门类看，采矿业增加值同比增长10.7%，制造业增长6.2%，电力、热力、燃气及水生产和供应业增长6.1%。工业结构持续优化，高技术制造业、装备制造业增加值分别增长14.2%、8.1%，增速分别较规模以上工业快7.7个、1.6个百分点。新能源汽车、太阳能电池、工业机器人产量分别增长140.8%、24.3%、10.2%。工业企业利润平稳增长，1月至3月全国规模以上工业企业利润同比增长8.5%。

服务业总体延续恢复性增长。第一季度，服务业增加值同比增长4.0%，全国服务业生产指数同比增长2.5%。近期疫情对接触型消费冲击较大，部分地区商场、餐厅和娱乐性场所歇业，3月商品零售额同比下降2.1%，餐饮收入同比下降16.4%。同时，物流运输不畅、客运低位运行，3月营业性货运量同比下降1.9%，客运量同比下降43.5%。现代服务业增势较好，电信广播电视及卫星传输服务、货币金融服务、保险业等仍处于较高景气区间，第一季度信息传输、软件和信息技术服务业，金融业增加值同比分别增长10.8%、5.1%。

（三）居民消费价格温和上涨，生产价格涨幅高位回落

居民消费价格温和上涨。第一季度，居民消费价格指数（CPI）同比上涨1.1%，其中1月、2月同比均上涨0.9%，3月上涨1.5%。国际能源价格上涨带动国内燃料价格上涨加快，非食品价格同比上涨2.1%。受猪肉价格下降带动，食品价格同比下降3.1%。

生产价格同比涨幅高位回落。第一季度，工业生产者出厂价格指数（PPI）同比上涨8.7%，其中1月至3月分别为9.1%、8.8%和8.3%，总体趋于回落。保供稳价政策效果持续显现，煤炭、钢材等行业价格涨幅较前期有所降低。工业生产者购进价格（PPIRM）累计同比上涨11.3%，涨幅较上年全年扩大0.3个百分点。

（四）财政收入平稳增长，支出进度加快

第一季度，全国一般公共预算收入62 037.1亿元，同比增长8.6%。其中，税收收入52 451.6亿元，同比增长7.7%；非税收入9 585.5亿元，同比增长14.2%。主要税种中，

国内增值税因制造业中小微企业缓税政策延续实施增幅放缓，同比增长3.6%；国内消费税、企业所得税、个人所得税分别同比增长15.8%、9.8%、16.5%。

第一季度，全国一般公共预算支出63 586.8亿元，同比增长8.3%，增速较上年同期高2.1个百分点。从支出结构上看，灾害防治及应急管理支出、科学技术支出、交通运输支出增长较快，同比分别增长35.4%、22.4%、10.9%。民生等重点领域支出保障有力，教育、农林水、社会保障和就业、卫生健康支出同比分别增长8.5%、8.4%、6.8%、6.2%。

（五）就业形势总体稳定

城镇新增就业扩大，调查失业率有所上升。第一季度，全国城镇新增就业人员285万人，城镇调查失业率均值为5.5%，同比提高0.1个百分点。其中，主要就业群体25~59岁人口调查失业率均值为4.9%，本地户籍人口失业率均值为5.5%，均与上年同期持平。受疫情影响部分群体就业压力加大，3月外来农业户籍人口失业率升至5.9%，连续两个月高于城镇失业率总体水平。

（六）国际收支及外债

我国国际收支保持基本平衡。据初步统计，2022年第一季度，我国经常账户实现顺差895亿美元，与GDP之比为2.1%，继续处于合理均衡区间。其中，国际收支口径的货物贸易顺差1 450亿美元，同比增长18%；服务贸易逆差182亿美元，同比下降30%。跨境资本流动保持基本均衡，其中直接投资顺差650亿美元。截至2022年第一季度末，外汇储备余额为31 880亿美元，较2021年末下降622亿美元，主要受非美货币相对美元贬值和全球资产价格下跌等因素影响。外债风险总体可控，截至2021年末，我国全口径（含本外币）外债余额为27 466亿美元，其中中长期外债占比为47%。外债负债率（外债余额与当年国内生产总值之比）为15.5%，债务率（外债余额与当年贸易出口收入之比）为77.3%，偿债率（外债还本付息额与当年贸易出口收入之比）为5.9%，短期外债占外汇储备的比例为44.5%，均在国际公认的安全线以内。

（七）行业分析

1. 房地产行业

3月，70个大中城市新建商品住宅和二手住宅价格同比分别上涨0.7%、下跌0.9%，涨幅较上年末分别低1.3个、1.9个百分点。第一季度，商品房销售面积同比下降13.8%，商品房销售额同比下降22.7%。房地产开发投资同比增长0.7%，其中，住宅开发投资同比增长0.7%，占房地产开发投资的比重为74.8%。

3月末，全国主要金融机构（含外资）房

表14　2022年第一季度全国房屋新开工、施工、竣工面积情况

项目	数量（亿平方米）	同比增速（%）	增速较上半年变动（个百分点）
房屋新开工面积	3.0	-17.5	-6.1
房屋施工面积	80.6	1.0	-4.2
房屋竣工面积	1.7	-11.5	-22.7

数据来源：国家统计局。

地产贷款余额为53.2万亿元，同比增长6%，增速较上年末低1.9个百分点。其中，个人住房贷款余额为38.8万亿元，同比增长8.9%，增速较上年末低2.4个百分点；住房开发贷款余额为9.5万亿元，同比下降1.3%，增速较上年末低1.8个百分点。

2. 碳达峰、碳中和目标下转型发展的建筑业

建筑业包括房屋建筑业、土木工程建筑业、建筑安装业、建筑装饰装修和其他建筑业，是国民经济的支柱产业，2021年占国内生产总值比重达7%，从业人数超5 000万人。近年来，我国建筑行业积极应对疫情冲击等挑战，运行态势总体平稳。2022年第一季度，全国建筑业总产值同比增长9.2%，建筑业房屋施工面积同比增长3%，支柱产业地位依然稳固。

同时，建筑行业全过程（包括建材生产、建筑施工和建筑运行）碳排放占我国碳排放总量的50.6%①，是实现碳达峰、碳中和目标的关键一环，未来转型发展仍面临诸多挑战。一是建材生产碳排放高，我国建筑领域全过程碳排放达50亿吨，其中水泥、钢铁等建材生产碳排放占比达55%。二是既有建筑与新建建筑规模大，建筑本身排放压力较大。我国是世界上既有建筑和每年新建建筑量最大的国家，现有城镇总建筑存量约650亿平方米，2021年房屋新开工面积近20亿平方米。三是建筑设计理念和建造技术仍需提升，绿色建造政策、技术、实施体系也需进一步完善。此外，房地产发展模式转型、原材料及劳动力成本上升也给建筑行业带来一定经营压力。2021年，建筑业企业利润同比增速仅为1.3%，行业产值利润率②降至2.9%，建筑业从业人数同比下降1.6%。

下一步，宜根据《“十四五”建筑业发展规划》和《“十四五”建筑节能与绿色建筑发展规划》，持续提升建筑效能，大力推动建筑业绿色低碳转型，加快智能建造与新型建筑工业化协同发展。一是倡导建筑绿色低碳设计理念，加强基础共性和关键核心技术研发，提升绿色建筑发展质量和节能水平。二是加强建筑节能绿色改造，推动绿色建筑规模化发展。提高既有居住建筑节能水平，严格管控高耗能公共建筑建设，推动零碳建筑建设试点。三是健全建筑市场运行机制，完善企业资质管理制度，加强关键核心技术研发，构建先进适用的智能建造标准体系和新型建筑市场监管机制。

① 数据来自国际能源研究中心中国建筑节能协会能耗专委会《中国建筑能耗研究报告（2021）》。
② 产值利润率为利润总额与总产值之比。

第五部分　货币政策趋势

一、中国宏观经济展望

2022年第一季度，我国GDP同比增长4.8%，开局总体平稳。农业生产形势稳定，春耕备耕有序推进；工业生产较快增长，创新发展态势持续，产业升级带动明显，高技术制造业、装备制造业增加值增速明显快于全部规模以上工业；民生改善继续加强，居民收入持续提高；制造业投资保持较快增长势头，基础设施投资有力回升；绿色转型稳步推进，单位GDP能耗继续下降；外资外贸继续实现两位数增长，国际收支保持平衡，外汇储备稳定在3.1万亿美元以上。宏观政策靠前发力，稳健的货币政策加大跨周期调节力度，金融总量稳定增长，加大对实体经济支持力度；积极的财政政策提质增效，有效投资明显加快。

物价形势总体稳定。受国内猪肉价格持续回落等因素带动，第一季度CPI涨幅保持在相对低位，累计同比上涨1.1%，其中3月同比上涨1.5%。未来CPI运行中枢可能较上年温和抬升，仍继续在合理区间运行。与此同时，第一季度各月PPI同比涨幅趋于收敛，其中3月同比上涨8.3%，较上年高点收窄5.2个百分点，未来PPI可能延续总体回落态势，同时也要谨防国际大宗商品价格上涨带来的输入性通胀压力。总的来看，我国经济运行保持在合理区间，工农业产品和服务供给总体充裕，消费、投资需求仍处在恢复之中，货币政策保持稳健取向，有利于物价走势中长期保持稳定。

近期，新冠肺炎疫情和乌克兰危机导致风险挑战增多，我国经济发展环境的复杂性、严峻性、不确定性上升。从外部看，一是国际地缘政治局势紧张，不仅扰动全球粮食、能源供给，造成大宗商品价格大幅波动，而且导致供应链和国际贸易受阻，全球化进程面临挫折。二是主要发达经济体通胀屡创数十年新高，正在加快加码收紧货币政策，可能带来新的扰动和溢出效应。三是全球疫情还在蔓延，给世界经济复苏带来波折和挑战。世界银行、国际货币基金组织4月分别下调2022年全球经济增速预测0.9个、0.8个百分点至3.2%、3.6%。从国内看，经济发展面临的需求收缩、供给冲击、预期转弱三重压力依然存在。突出表现为近期疫情点多、面广、频发，对经济运行的冲击影响加大。一是餐饮、零售、旅游等接触型消费转弱，部分领域投资仍在探底；二是一些企业出现停产减产，市场主体困难明显增加；三是货运物流和产业链供应链运转出现摩擦，经济循环畅通遇到制约。

同时要看到，当前我国发展有诸多战略性有利条件，经济体量大、回旋余地广，具有强大的韧性和活力，又有超大规模市场，长期向好的基本面没有改变，完全有能力、有条件战胜困难挑战，实现经济持续健康发展。要正视困难，更要坚定信心，主动果断作为、积极应变克难，统筹疫情防控和经济社会发展，深化改革开放，保障基本民生，着力稳定宏观经济大盘。

二、下一阶段主要政策思路

下一阶段，中国人民银行将坚持以习近平新时代中国特色社会主义思想为指导，贯彻落实党的十九大、十九届历次全会、中央经济工作会议精神和《政府工作报告》要求，按照党中央、国务院的决策部署，坚持稳字当头、稳中求进，完整、准确、全面贯彻新发展理念，加快构建新发展格局，深化供给侧结构性改革，支持稳增长、稳就业、稳物价，建设现代中央银行制度，健全现代货币政策框架，推动高质量发展，着力稳定宏观经济大盘，保持经济运行在合理区间，以实际行动迎接党的二十大胜利召开。

稳健的货币政策加大对实体经济的支持力度，稳字当头，主动应对，提振信心，搞好跨周期调节，坚持不搞“大水漫灌”，发挥好货币政策工具的总量和结构双重功能，落实好稳企业保就业各项金融政策措施，聚焦支持小微企业和受疫情影响的困难行业、脆弱群体。用好各类货币政策工具，保持流动性合理充裕，增强信贷总量增长的稳定性，保持货币供应量和社会融资规模增速同名义经济增速基本匹配，保持宏观杠杆率基本稳定。结构性货币政策工具积极做好“加法”，引导金融机构合理投放贷款，促进金融资源向重点领域、薄弱环节和受疫情影响严重的企业、行业倾斜。适时增加支农支小再贷款额度，用好普惠小微贷款支持工具、科技创新再贷款和普惠养老专项再贷款，抓实碳减排支持工具和支持煤炭清洁高效利用专项再贷款运用。健全市场化利率形成和传导机制，优化央行政策利率体系，加强存款利率监管，发挥存款利率市场化调整机制重要作用，着力稳定银行负债成本，持续释放贷款市场报价利率改革效能，推动降低企业综合融资成本。密切关注物价走势变化，支持粮食、能源生产保供，保持物价总体稳定。坚持以市场供求为基础、参考一篮子货币进行调节、有管理的浮动汇率制度，加强跨境资金流动宏观审慎管理，强化预期管理，引导市场主体树立“风险中性”理念，保持外汇市场正常运行，保持人民币汇率在合理均衡水平上的基本稳定。密切关注主要发达经济体货币政策调整，以我为主兼顾内外平衡。坚持底线思维，增强系统观念，遵循市场化法治化原则，统筹做好重大金融风险防范化解工作，坚决守住不发生系统性金融风险的底线。

一是保持货币信贷和社会融资规模稳定增长。密切关注国际国内多种不确定因素变化，深入研判流动性供求形势，综合运用多种货币政策工具保持流动性合理充裕，进一步提高操作的前瞻性、灵活性和有效性，稳定好市场预期。完善货币供应调控机制，持续缓解银行信贷供给的流动性、资本和利率三大约束，培育和激发实体经济信贷需求，引导金融机构合理投放贷款，增强信贷总量增长的稳定性，保持货币供应量和社会融资规模增速同名义经济增速基本匹配。健全可持续的资本补充机制，多渠道补充商业银行资本，加大对中小银行发行永续债等资本补充工具的支持力度，提升银行服务实体经济和防范化解金融风险的能力。

二是继续发挥好结构性货币政策工具的牵引带动作用。用好支农支小再贷款、再贴现政策，适时增加支农支小再贷款额度，发挥好普惠小微贷款支持工具作用，加大对涉农主体、受疫情影响较大的住宿餐饮、批发零售、文化旅游等接触型服务业及其他有前景但受疫情影响暂遇困难的行业的支持力度。实施好支持煤炭清洁高效利用专项再贷款，合理满足煤炭安全生产建设、发电企业购买煤炭、煤炭储备等领域需求，保障电力煤炭等能源稳定供应。抓实碳减排支持工具落地，加大对大型风电光伏基地及周边煤电改造升级的支持力度，在确保能源供应安全的同时支持经济向绿色低碳转型。加快推动科技创新和普惠养老两项专项再贷款落地生效，对符合条件的科技创新贷款和普惠养老贷款提供再贷款支持，引导金融机构加大对企业科技开发、技术改造和普惠养老机构等的金融支持力度。

三是构建金融有效支持实体经济的体制机制。进一步抓好已有金融纾困政策落实，督促指导金融机构主动作为，精准发力，合理投放贷款，全力支持小微企业纾困发展，为受疫情影响较大的行业提供差异化金融服务，强化产业链供应链核心企业金融支持，积极支持民营企业健康发展。全力做好粮食安全和重要农产品产销的金融保障，做好煤炭等能源供应的金融服务，加大对物流航运循环畅通的金融支持，加大对有效投资等金融支持。抓好金融支持全面推进乡村振兴重点工作意见落地落实，指导金融机构优化资源配置，精准发力、靠前发力，切实加大对“三农”领域金融支持，接续全面推进乡村振兴。牢牢坚持房子是用来住的、不是用来炒的定位，坚持不将房地产作为短期刺激经济的手段，坚持稳地价、稳房价、稳预期，稳妥实施房地产金融审慎管理制度，支持各地从当地实际出发完善房地产政策，支持刚性和改善性住房需求，加大住房租赁金融支持力度，维护住房消费者合法权益，促进房地产市场健康发展和良性循环。

四是深化利率、汇率市场化改革，畅通货币政策传导渠道。完善市场化利率形成和传导机制，优化中央银行政策利率体系，引导市场利率围绕政策利率波动。加强存款利率监管，发挥存款利率市场化调整机制重要作用，着力稳定银行负债成本，持续释放贷款市场报价利率改革效能，推动降低企业综合融资成本。稳步深化汇率市场化改革，完善以市场供求为基础、参考一篮子货币进行调节、有管理的浮动汇率制度，增强人民币汇率弹性，发挥汇率调节宏观经济和国际收支自动稳定器功能。加强预期管理，保持人民币汇率在合理均衡水平上的基本稳定。发展外汇市场，引导企业和金融机构树立“风险中性”理念，完善企业汇率风险管理服务，指导金融机构基于实需原则和风险中性原则积极为中小微企业提供汇率避险服务，降低企业避险保值成本，加强自身外汇业务风险管理，维护外汇市场平稳健康发展。持续稳慎推进人民币国际化，进一步扩大人民币在跨境贸易和投资中的使用，深化对外货币合作，发展离岸人民币市场。开展跨境贸易投资高水平开放试点，提升跨境贸易投资自由化、便利化程度，稳步推进人民币资本项目可兑换。

五是不断深化金融改革，加快推进金融市场制度建设。坚持以强化公司治理为核心，深化大型商业银行改革，建立中国特色现代金融企业制度。继续推进开发性、政策性金融机构改革，实现业务分类管理分账核算，强化资本约束，加强风险管理，健全激励机制，压实机构主体责任，更好地发挥其在服务实体经济、服务国家战略方面的重要作用。优化金融债券发行管理框架，稳步推动债券市场更高水平对外开放，健全高效联通的多层次市场体系，培育多元化的合格投资者队伍，加大债券市场对重点领域和薄弱环节的创新支持。进一步完善债券市场法制，强化信息披露要求和对中介机构监管。加强债券市场风险监测和处置工作，及时防范和化解债券市场风险。加大债券市场统一执法力度，严厉打击债券市场违法违规行为。

六是健全金融风险预防、预警、处置、问责制度体系，构建防范化解金融风险长效机制。进一步完善宏观审慎政策框架，提高系统性风险监测、评估与预警能力，丰富宏观审慎政策工具箱。完善系统重要性金融机构监管，推动系统重要性银行按时满足附加监管要求，加快推动我国全球系统重要性银行建立健全总损失吸收能力，切实提高风险抵御能力。统筹监管金融控股公司，稳妥推进具备设立情形的非金融企业依法申设金融控股公司，不断完善相关监管制度体系，推动金融控股公司规范可持续发展。加强金融法治建设，以制定金融稳定法和设立金融稳定保障基金为契机，进一步固化和健全金融风险防范、化解、处置长效机制，推动处置机制市场化、法治化、常态化。继续按照“稳定大局、统筹协调、分类施策、精准拆弹”的方针，突出重点抓好防范化解金融风险工作。分类处置，压降存量风险、严控增量风险，密切关注重点领域风险，提高风险识别的前瞻性、及时性和有效性，不断丰富完善早期纠正措施，统筹监管资源和处置资源，强化横向协同和纵向协同。压实金融机构及其股东的主体责任、地方属地责任和金融管理部门的监管责任，形成风险处置合力，确保处置措施有效执行和落地。健全金融风险问责机制，对重大金融风险严肃追责问责，有效防范道德风险，坚决守住不发生系统性金融风险的底线。

Part 1 Money and Credit Analysis

Since the beginning of 2022, the PBC has followed the guidance of Xi Jinping Thought on Socialism with Chinese Characteristics for a New Era and has implemented the guidelines of the 19th National Congress of the Communist Party of China (CPC), all plenary sessions of the 19th CPC Central Committee and the Central Economic Work Conference, and the requirements set forth in the *Report on the Work of the Government*. It has kept its sound monetary policy flexible and appropriate, and given full play to both aggregate and structural monetary policy instruments. Money, credit, and aggregate financing to the real economy (AFRE) have grown reasonably, the credit structure has improved continuously, and overall financing costs have steadily declined, with financial support for the real economy continuously enhanced.

I. Liquidity in the banking system was adequate at a reasonable level

Since the beginning of 2022, the PBC has given top priority to the stability of monetary policy, made progress while maintaining stability, and taken quick measures at an early stage based on developments of the macro situations. It has adopted a mix of tools, such as the required reserve ratio (RRR) cut, turning over profits, the Medium-term Lending Facility (MLF), central bank lending and discounts, and open market operations (OMOs) to provide liquidity. It has also managed the intensity and pace of OMOs in a flexible manner and has kept liquidity in

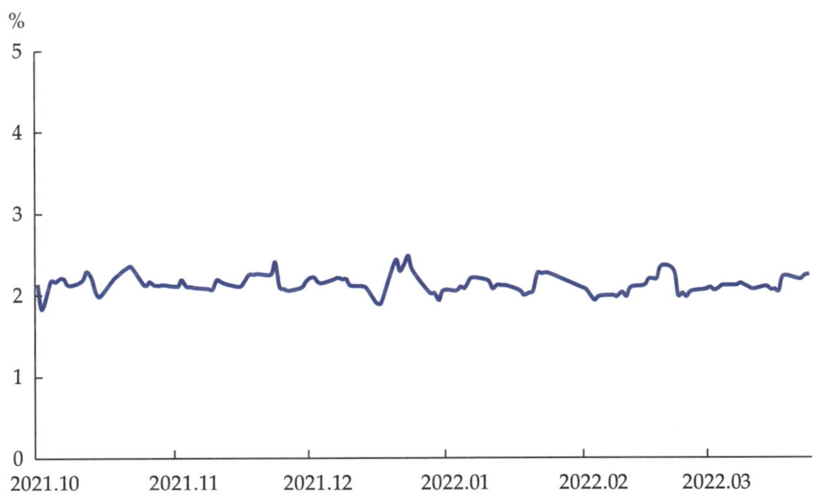

Figure 1 Movement of Money Market Interest Rates

(Source: www.chinamoney.com.cn)

the banking system adequate at a reasonable level. In January 2022, the PBC guided both OMO rates and MLF rates to go down by 10 basis points (bps). Short-term interest rates in the money market floated around the OMO rates with a further decline in its volatility, which provided proper liquidity for stabilizing the macro economy and keeping the economic indicators within a reasonable range. At end-March 2022, the excess reserve ratio of financial institutions registered 1.7 percent, up 0.1 percentage point year on year.

II. Lending by financial institutions grew moderately, and loan interest rates decreased further

Stability of total credit growth was enhanced. In response to the implications of uncertainties at home and abroad, the PBC took proactive and quick measures at an early stage. It guided financial institutions to grant loans in a reasonable manner, facilitating a year-on-year acceleration of loans in Q1 2022 and thereby providing a robust back for stabilizing the macro economy. At end-March, outstanding loans issued by financial institutions in domestic and foreign currencies grew 11.0 percent year on year to RMB 207.0 trillion, an increase of RMB 8.5 trillion from the beginning of 2022, or a year-on-year acceleration of RMB 466.3 billion. Outstanding RMB-denominated loans grew 11.4 percent year on year to RMB 201.0 trillion, up RMB 8.3 trillion from the beginning of 2022, or a year-on-year acceleration of RMB 663.6 billion.

The credit structure improved continuously. At end-March, medium and long-term loans to enterprises and public entities grew by RMB 3.9 trillion from the beginning of the year, accounting for 55.8 percent of total corporate loans. The year-on-year (YOY) growth of medium and long-term loans to the manufacturing sector registered 29.5 percent, 18.1 percentage points higher than the growth of total loans. Outstanding inclusive loans to micro and small businesses (MSBs) grew by 24.6 percent year on year to RMB 20.8 trillion. These loans supported 50.39 million MSBs, a rise of 42.9 percent year on year.

Table 1 The Structure of RMB Loans in Q1 2022

Item	Outstanding amount at end-March (RMB 100 million)	YOY growth (%)	Increase from the beginning of the year (RMB 100 million)	YOY acceleration (RMB 100 million)
RMB loans to	2,010,111	11.4	83,355	6,637
Households	723,597	10.1	12,599	-13,020
Enterprises and public entities[1]	1,275,123	12.1	70,797	17,267
Non-banking financial institutions	4,194	38.0	-81	2,001
Overseas	7,197	25.2	40	389

Source: The People's Bank of China.

Note: 1. Loans to enterprises and public entities refer to loans to non-financial enterprises, government departments, and organizations.

Table 2 New RMB Loans by Financial Institutions in Q1 2022

Unit: RMB 100 million

Institutional category	Increase from the beginning of the year	YOY acceleration
Chinese-funded large-sized banks[1]	43,401	11,341
Chinese-funded small and medium-sized banks[2]	40,236	–1,018
Small-sized rural financial institutions[3]	11,904	–81
Foreign-funded financial institutions	405	–629

Source: The People's Bank of China.

Notes: 1. Chinese-funded large-sized banks refer to banks with assets (in both domestic and foreign currencies) of RMB 2 trillion or more (according to the amount of total assets in both domestic and foreign currencies at end-2008).

2. Chinese-funded small and medium-sized banks refer to banks with total assets (both in domestic and foreign currencies) of less than RMB 2 trillion (according to the amount of total assets in both domestic and foreign currencies at end-2008).

3. Small-sized rural financial institutions include rural commercial banks, rural cooperative banks, and rural credit cooperatives.

Box 1 Remarkable Progress in Improving the Modern Monetary Policy Framework

Improving the modern monetary policy framework is an important part of building a modern central banking system. It serves as an institutional base for implementing the sound monetary policy well and for conducting an intertemporal policy design, and it also satisfies the intrinsic need to promote high-quality development. In recent years, improvements in the modern monetary policy framework have made remarkable progress. According to the arrangements of the CPC Central Committee and the State Council, the PBC has improved the mechanism for money supply management, enhanced the market-oriented interest rate formation and transmission mechanism, innovated and expanded the system of monetary policy instruments, and optimized the RMB exchange rate formation mechanism.

First, the mechanism for money supply management has been improved. *According to the guidelines of the Central Economic Work Conference and the requirements set forth in the Report on the Work of the Government, growth of broad money (M2) and outstanding AFRE should match the nominal economic growth. The PBC has precisely identified banks as the direct subject of money supply, and it has improved the mechanism for money supply management by bringing into shape long-term mechanisms for liquidity, capital, and interest rate constraints. It comprehensively utilizes a wide array of monetary policy instruments to keep liquidity adequate at a reasonable level and to alleviate liquidity constraints. From 2018 to 2021, the average growth of M2 in China was 9 percent. The PBC has seen perpetual bonds as a breakthrough in motivating banks to replenish capital via multiple channels so as to ease capital constraints. In January 2019, the first perpetual bond of the banking sector was issued. As of end-March 2022, banks have cumulatively issued RMB 1.8915 trillion worth of perpetual bonds, motivating banks to issue loans of approximately RMB 10 trillion. Overall corporate financing costs have dropped steadily, which has eased interest rate constraints. The weighted average interest rate on loans to enterprises gradually declined to 4.36 percent in March 2022, a record low since statistics became available. From 2018 to 2021, the average growth of M2 was virtually on par with the nominal GDP growth of 8.3 percent over the same period. This has contributed to the long-term optimized combination of economic growth, price stability, and full employment.*

Second, the market-oriented interest rate formation and transmission mechanism has been enhanced. *In line with the arrangements of the CPC Central Committee and the State Council, in August 2019 the PBC released a notice on the reform and improvement of the loan prime rate (LPR) formation mechanism. The reformed LPR is based on market-oriented quotes by panel banks that take into account the trend in market rates with reference to the MLF rate. This has not only made loan rates more market-based but it has also developed a transmission mechanism featuring "market rates+central bank's guidance → LPR → loan rates," making monetary policy transmission much more efficient. At present, the pricing of new loans basically uses the LPR as the benchmark, and the shift to the LPR as the pricing benchmark was completed in August 2020 for outstanding floating-rate loans. Meanwhile, the PBC continues to optimize regulation of deposit rates. In June 2021, it guided the self-regulatory mechanism for interest rates to modify the self-regulated ceiling of deposit rates by adding a margin to the benchmark interest rates. The PBC has strengthened regulation of non-standard deposit "innovation" products and has maintained orderly competition in the deposit market. In April 2022, it guided the self-regulatory mechanism for interest rates to establish a market-oriented adjustment mechanism of deposit rates, and it motivated banks to reasonably adjust deposit rates in accordance with the changes in market rates, which made deposit rates more market-oriented. In terms of effectiveness, since the LPR reform in August 2019, the weighted average rates on enterprise loans has declined from 5.32 percent in July 2019 to 4.36 percent in March 2022, or a cumulative drop of 0.96 percentage points, higher than the 0.55 percentage-point drop in the LPR over the same period. This has effectively promoted an ongoing notable drop in the real loan rates and has largely eased the financing difficulties long faced by the MSBs and has lowered their financing costs.*

Third, the system of monetary policy instruments has been innovated and improved. *The PBC has accommodated the intrinsic need for high-quality development, attached importance to introducing an incentive compatibility mechanism, innovated and applied structural monetary policy instruments, and guided financial institutions to step up support for relevant areas in line with the new development concept. Since 2018, it has cut the reserve requirement ratio (RRR) for 13 times, releasing long-term funding worth approximately RMB 10.8 trillion. At end-April 2022, the average RRR for financial institutions stood at 8.1 percent, 6.8 percentage points lower than that at the beginning of 2018. Instruments such as central bank lending and discounts have been adopted. At the beginning of 2021, an additional RMB200 billion of central bank lending was made available to ten provinces (autonomous regions) with slow credit growth. To promote coordinated regional development, the PBC adopted a multi-pronged approach when guiding financial institutions to provide more credit to regions with slow credit growth. In November 2021, the Carbon Emission Reduction Facility and the special central bank lending for the clean and efficient use of coal were launched in parallel to precisely promote green and low-carbon development. Since January 1, 2022, two monetary policy instruments that directly support the real economy have been converted into market-oriented policy instruments in support of MSBs. In particular, the instrument supporting deferred repayments on inclusive MSB loans was converted into an instrument supporting inclusive MSB loans. For inclusive MSB loans issued by eligible locally incorporated banks, the PBC offers incentive funds, which are 1 percent of the increment in the MSB loan balance. The support plan for inclusive unsecured MSB loans was incorporated into management of central bank lending that supports rural development and MSBs. The RMB 400 billion central bank lending originally arranged to support inclusive unsecured MSB loans can be rolled over. In April 2022, special central bank lending for sci-tech innovation and inclusive elderly care has been launched to motivate financial institutions to step up support for these two areas. At end-March 2022, outstanding inclusive loans to MSBs was RMB 20.8 trillion, 2.5 times that at the beginning of 2018. These loans supported 50.39 million MSBs, 2.2 times that at end-2018. The weighted average interest rate on new inclusive loans to MSBs posted 4.93 percent in 2021, a drop of 0.22 percentage points from 2020 and of 1.38 percentage points from 2018.*

Fourth, the market-oriented reform of the RMB exchange rate has been advanced so as to keep the RMB exchange rate basically stable at an adaptive and equilibrium level. *The PBC has exited from regular interventions in the foreign exchange market, and market supply and demand now play a decisive role in the formation of the RMB exchange rate. While giving play to the exchange rate as a pricing signal, it has enhanced the efficiency of resource allocation. The PBC has stuck to the market-oriented reform, enhanced the RMB exchange rate flexibility, given play to the exchange rate as an automatic stabilizer for the macro economy and the balance of payments, and promoted a balance between internal and external equilibria. The PBC has established and has continuously improved macro-prudential management for cross-border financing, employed instruments such as the RRR for foreign currency deposits, and guided financial institutions to optimize management of foreign exchange assets. It has guided enterprises and financial institutions to be risk-neutral, enhanced expectation management, and maintained the smooth operation of the foreign exchange market. Since 2018, the RMB exchange rate has withstood a variety of major external shocks with enhanced flexibility and it has played its role as an automatic stabilizer for the macro economy and the balance of payments. The RMB exchange rate has witnessed appreciations and depreciations, moving in both directions and remaining basically stable at an adaptive and equilibrium level. From 2018 to 2021, there were 973 trading days on China's foreign exchange market, during which the central parity of the RMB exchange rate against the US dollar appreciated on 485 days, depreciated on 487 days, and remained unchanged on 1 day. At end-March 2022, the central parity RMB exchange rate against the US dollar was 6.3482, appreciating 0.4 percent compared with the end of the previous year.*

Going forward, the PBC will continue to improve the framework for a modern monetary policy, promote high-quality development, and accelerate the building of a new development paradigm with domestic circulation as the mainstay and domestic and international circulation reinforcing each other.

Loan interest rates decreased further. Since the beginning of 2022, the PBC has continuously deepened the market-oriented reform of interest rates. It has tapped into the effects of the LPR reform and given play to its role in guiding interest rates, thereby enhancing competition in the credit market. In the meantime, the PBC has improved regulation of deposit rates, promoted a further drop in actual loan rates, and guided financial institutions to cut profits in favor of the real economy. In March, the 1-year LPR and the over-5-year LPR stood at 3.70 percent and 4.60 percent, respectively, down 0.10 percentage points and 0.05 percentage point from December 2021, respectively. In March, the weighted average lending rate recorded 4.65 percent, down 0.45 percentage points year on year. In particular, the weighted average interest rate on ordinary loans registered 4.98 percent, down 0.32 percentage points year on year, while that on corporate lending fell by 0.27 percentage points year on year to 4.36 percent.

In March, the share of ordinary loans with rates above, at, or below the LPR registered 66.95 percent, 7.63 percent, and 25.42 percent,

Table 3 Weighted Average Interest Rates on New Loans Issued in March 2022

Unit: %

Item	March (%)	Change from last December (percentage point)	YOY Change (percentage point)
Weighted average interest rate on new loans	4.65	−0.11	−0.45
On ordinary loans	4.98	−0.21	−0.32
Of which: on corporate loans	4.36	−0.21	−0.27
On bill financing	2.40	0.22	−1.12
On mortgage loans	5.49	−0.14	0.12

Source: The People's Bank of China.

respectively. Compared with end-2021, as a whole, the floating range of RMB loan rates around the LPR moved downward.

Interest rates on foreign-currency deposits and loans edged up. In March, the weighted average interest rates on demand large-value USD-denominated deposits and on large-value USD-denominated deposits with maturities within 3 months registered 0.12 percent and 0.53 percent, respectively, up 0.02 and 0.22 percentage points from December 2021, respectively. The weighted average interest rates on USD-denominated loans with maturities within 3 months and with maturities between 3 months (including 3 months) and 6 months registered 1.40 percent and 1.54 percent, respectively, up 0.29 percentage points and 0.43 percentage points from December 2021, respectively.

Deposits grew steadily. At end-March, outstanding deposits in domestic and foreign currencies of all financial institutions increased 9.9 percent year on year to RMB 249.7 trillion, up RMB 11.1 trillion from the beginning of 2022 and an acceleration of RMB 2.3 trillion year on year. Outstanding RMB deposits grew 10.0 percent year on year to RMB 243.1 trillion, an increase of RMB 10.9 trillion from the beginning of 2022 and an acceleration of RMB 2.5 trillion year on year. Outstanding deposits in foreign currencies stood at USD 1.0 trillion, an increase of USD

Table 4 Shares of RMB Lending Rates at Different Levels from January to March 2022

Unit: %

Month	LPR–bps	LPR	LPR+bps					
			Subtotal	(LPR, LPR+0.5%)	[LPR+0.5%, LPR+1.5%)	[LPR+1.5%, LPR+3%)	[LPR+3%, LPR+5%)	LPR+5% and above
January	24.15	6.72	69.14	18.20	23.88	12.90	7.74	6.41
February	27.19	6.79	66.02	16.55	21.39	11.76	7.72	8.61
March	25.42	7.63	66.95	17.18	22.95	13.24	7.40	6.18

Source: The People's Bank of China.

Table 5 Average Interest Rates on Large-value USD-denominated Deposits and Loans from January to March 2022

Unit: %

Month	Large-value deposits						Loans				
	Demand deposits	Within 3 months	3~6 months (including 3 months)	6~12 months (including 6 months)	1 year	Over 1 year	Within 3 months	3~6 months (including 3 months)	6~12 months (including 6 months)	1 year	Over 1 year
January	0.12	0.31	0.59	0.91	1.01	1.28	1.04	1.11	1.04	1.14	2.09
February	0.11	0.31	0.67	0.97	1.31	1.62	1.17	1.29	1.37	1.47	2.10
March	0.12	0.53	1.00	1.41	1.52	1.44	1.40	1.54	1.70	1.60	2.20

Source: The People's Bank of China.

Table 6 The Structure of RMB Deposits in Q1 2022

Item	Outstanding deposits at end-March (RMB 100 million)	YOY growth (%)	Increase from the beginning of the year (RMB 100 million)	YOY acceleration (RMB 100 million)
RMB deposits	2,430,956	10.0	108,591	25,078
Households	1,103,202	11.1	78,187	11,419
Non-financial enterprises	709,618	7.2	13,931	11,357
Public entities	319,694	5.5	8,341	4,850
Fiscal entities	54,025	25.2	3,426	5,059
Non-banking financial institutions	230,122	17.9	5,744	−6,004
Overseas	14,296	6.0	−1,038	−1,603

Source: The People's Bank of China.

49.4 billion from the beginning of 2022 and a deceleration of USD 18.1 billion.

III. Money supply and aggregate financing to the real economy grew at a reasonable pace

Money and credit aggregates maintained reasonable growth, providing strong support for the real economy. Outstanding M2 recorded RMB 249.8 trillion at end-March, increasing 9.7 percent year on year. Outstanding M1 and M0 registered RMB 64.5 trillion and RMB 9.5 trillion, respectively, increasing 4.7 percent and 9.9 percent year on year. The first quarter of 2022 witnessed a net cash injection of RMB 431.7 billion, which was RMB 208.8 billion more than that in the same period of the previous year.

According to preliminary statistics, the outstanding AFRE reached RMB 325.64 trillion at end-March. Year-on-year growth registered 10.6 percent, up 0.3 percentage points compared with the growth recorded at end-2021. The AFRE increment in Q1 2022 totaled RMB 12.06 trillion, an increase of RMB 1.77 trillion year on year. Growth of money supply and the AFRE featured the following: first, RMB loans witnessed a significantly larger year-on-year increase. In Q1, RMB loans issued to the real economy increased by RMB 8.34 trillion, RMB 425.8 billion more as compared to the same period of 2021. Second, government bonds, corporate bonds, and domestic equity financing by non-financial enterprises exhibited a larger year-on-year increase, RMB 923.8 billion, RMB 405.0 billion, and RMB 51.5 billion more than those in the corresponding period of the previous year, respectively. Third, trust loans recorded a smaller year-on-year decrease, while undiscounted bankers' acceptances registered a smaller year-on-year increase. In Q1, the year-on-year increase of entrusted loans was RMB 51 billion more than that in Q1 2021; the year-on-year decrease of trust loans was RMB 187.9 billion less than that in Q1 2021; and the year-on-year increase of undiscounted bankers' acceptances was RMB 245.4 billion less than that in Q1 2021. Fourth, asset-backed

Table 7 Aggregate Financing to the Real Economy in Q1 2022

Item	End-March 2022		Q1 2022	
	Stock (RMB 1 trillion)	YOY growth (%)	Flow (RMB 100 million)	YOY change (RMB 100 million)
AFRE	325.64	10.6	120,570	17,681
Of which: RMB loans	199.85	11.3	83,364	4,258
Foreign currency loans (RMB equivalents)	2.33	0.7	1,750	-95
Entrusted loans	10.93	-1.0	460	510
Trust loans	4.18	-30.5	-1,690	1,879
Undiscounted bankers' acceptance bills	3.08	-19.5	791	-2,454
Corporate bonds	31.06	10.2	13,131	4,050
Government bonds	54.65	17.0	15,822	9,238
Domestic equity financing by non-financial enterprises	9.76	14.9	2,982	515
Other financing	9.59	16.3	1,578	-214
Of which: Asset-backed securities of depository institutions	2.14	11.1	-370	-642
Loans written off	6.52	19.4	2,041	310

Sources: The People's Bank of China, China Banking and Insurance Regulatory Commission, China Securities Regulatory Commission, China Central Depository & Clearing Co., Ltd., National Association of Financial Market Institutional Investors, etc.

Notes: 1. AFRE (stock) refers to outstanding financing provided by the financial system to the real economy at the end of a period. AFRE (flow) refers to the volume of financing provided by the financial system to the real economy within a certain period of time.

2. Since December 2019, the PBC has further improved AFRE statistics by incorporating "central government bonds" and "local government general bonds" into the AFRE and combining them with the existing "local government special bonds" under the "government bonds" item. The value of this indicator is the face value of bonds under custody. Since September 2019, the PBC has further improved the "corporate bonds" statistics contained in the AFRE by incorporating "exchange-traded asset-backed corporate securities" into the "corporate bonds" item. To improve the AFRE statistical methodology, the PBC has incorporated "local government special bonds" into the AFRE since September 2018 and has incorporated "asset-backed securities by depository financial institutions" and "loans written off" into the AFRE statistics under the item of "other financing" since July 2018.

3. Year-on-year statistics in the table are on a comparable basis.

securities of depository institutions witnessed a larger year-on-year decrease, while loans written off exhibited a larger year-on-year increase.

IV. The RMB exchange rate remained basically stable at an adaptive and equilibrium level

Since the beginning of 2022, cross-border capital flows and foreign exchange supply and demand have been basically in equilibrium, and market expectations have been generally stable. The market has played a decisive role in the formation of the RMB exchange rate, and the RMB exchange rate has moved in both directions with enhanced flexibility, playing its role as an automatic stabilizer in adjusting the macro economy and the balance of payments. In Q1, based on market supply and demand, the RMB exchange rate appreciated modestly against a basket of currencies. At end-March, the China

Foreign Exchange Trade System (CFETS) RMB exchange rate index and the RMB exchange rate index based on the special drawing rights (SDRs) basket closed at 104.28 and 102.11, respectively, both up 1.8 percent from end-2021. According to calculations by the Bank for International Settlements (BIS), from end-2021 to end-March 2022, the nominal effective exchange rate (NEER) and the real effective exchange rate (REER) of the RMB appreciated 2.2 percent and 0.6 percent, respectively, and from 2005 when reform of the exchange rate formation mechanism began to end-March 2022, appreciation of the NEER and the REER of the RMB registered 52.0 percent and 59.1 percent, respectively. In Q1, the RMB exchange rate against the US dollar witnessed a slight appreciation. At end-March, the central parity of the RMB against the US dollar was 6.3482, appreciating 0.4 percent from end-2021 and 30.4 percent on a cumulative basis since the reform of the exchange rate formation mechanism in 2005. In Q1, the annualized volatility rate of the RMB against the US dollar was 2.9 percent.

In Q1, cross-border RMB settlements increased 8 percent year on year to RMB 9.7 trillion, with RMB receipts and payments posting RMB 4.8 trillion and RMB 4.9 trillion, respectively. Cross-border RMB settlements under the current account grew by 23 percent year on year to RMB 2.1 trillion, among which RMB settlements of trade in goods registered RMB 1.6 trillion, whereas RMB settlements of trade in services and under other items registered RMB 478.3 billion. Cross-border RMB settlements under the capital account registered RMB 7.6 trillion, increasing 5 percent year on year.

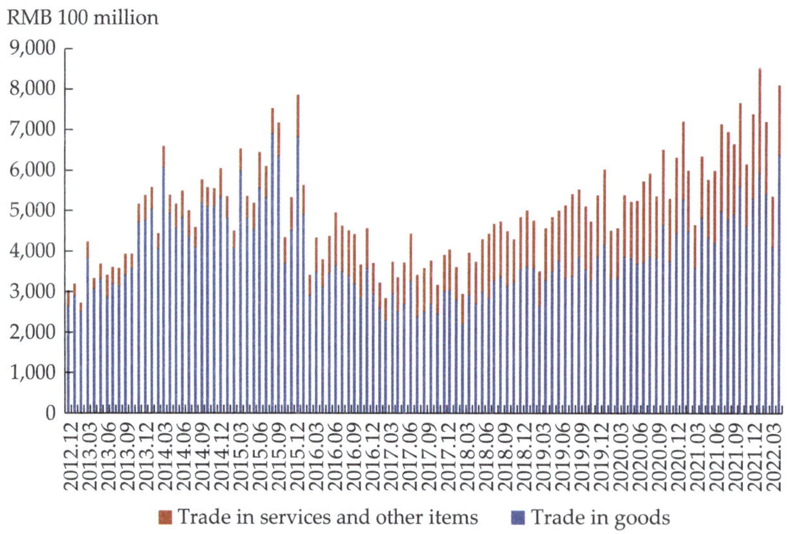

Figure 2 Monthly RMB Settlements under the Current Account

(Source: The People's Bank of China)

Part 2 Monetary Policy Operations

In Q1 2022, with resolute implementation of the decisions and arrangements made by the CPC Central Committee and the State Council, and in line with the requirements for pursuing stability as the top priority and seeking progress while ensuring stability, the PBC placed emphasis on the foresightedness of policy measures, kept the sound monetary policy flexible and appropriate, enhanced intertemporal adjustments, gave full play to the dual functions of monetary policy tools in adjusting the credit aggregate and structure, kept liquidity adequate at a reasonable level, strengthened stability of aggregate credit growth, further brought down actual lending rates from a relatively low basis, and guided financial institutions to ramp up support for the real economy, especially micro and small businesses (MSBs), tech innovation, and green development, thereby forcefully contributing to stabilizing the entire macro economy.

I. Conducting open market operations in a flexible manner

Keeping liquidity adequate at a reasonable level. In Q1, the PBC strengthened the monitoring and analysis of factors affecting liquidity supply and demand, such as cash injections during the Spring Festival, government bond issuances, and quarter-end regulatory assessments as well as development of COVID-19. The central bank made intertemporal arrangements, conducted open market operations in a flexible manner, and kept liquidity adequate at a reasonable level. Before the Spring Festival, it launched 14-day reverse repos in time to release cross-festival liquidity, and it managed the operation volume in a flexible manner so as to offset short-term disruptions, such as a cash injection peak, and to meet the institutions' cross-festival demand for liquidity. Meanwhile, by basically aligning the matured reverse repos with cash flowing back to the banking system after the Spring Festival, the PBC sought a balance of fund supply and demand, which was neither tight nor loose. After the Spring Festival, with comprehensive considerations of changes in market circumstances and expectations at home and abroad as well as with respect to COVID-19 and other factors, the central bank conducted reverse repo operations on a daily basis in the open market, and it managed the intensity and pace of these operations in a flexible manner so as to iron out short-term fluctuations, keep liquidity adequate at a reasonable level, and stabilize market expectations.

Guiding market rates to move stably around central bank policy rates. On January 17, the rates paid on the 1-year medium-term lending facility (MLF) and the 7-day open-market operations both declined by 10 bps to 2.85 percent and 2.10 percent, respectively, which was conducive to uplifting market confidence and to promoting a decline in overall financing costs. This demonstrated that the monetary policy measures were being taken in a proactive and foresighted manner. In Q1, the PBC guided market rates to stably move around the lowered open market operation rates and the MLF rates, and it realized the interest rate management goals. Money market rates remained stable during the Spring Festival season and at end-March.

Continuously conducting central bank bill swap (CBS) operations. In Q1 2022, the PBC conducted CBS operations on 3 occasions, with the total amount registering RMB 15 billion. The maturity of each operation was 3 months, at a fixed rate of 0.10 percent. Since the beginning of 2022, the PBC has conducted CBS operations regularly on a monthly basis, and these operations have played a positive role in boosting liquidity in the secondary market of bank-issued perpetual bonds, in supporting the issuance of perpetual bonds to replenish capital by banks, especially by small and medium-sized banks, and in strengthening the credit supply capacities of small and medium-sized banks.

Issuing central bank bills in Hong Kong on a regular basis. In Q1 2022, the PBC issued 3 batches of RMB-denominated central bank bills in Hong Kong, totaling RMB 30 billion. Specifically, the 3-month, 6-month, and 1-year bills registered RMB 10 billion, RMB 5 billion, and RMB 15 billion, respectively. Meanwhile, in Hong Kong, the RMB-denominated central bank bill repos market developed further, with the scope of the institutional participants continuously expanding. The regular issuance of central bank bills and the development of the central bank bill repos market in Hong Kong enriched the scope of RMB investment products and RMB liquidity management tools in Hong Kong, which played an active role in promoting the sound development of the offshore RMB money market and bond market and in propelling both domestic and overseas market entities to issue RMB-denominated bonds and to conduct RMB business in the offshore market.

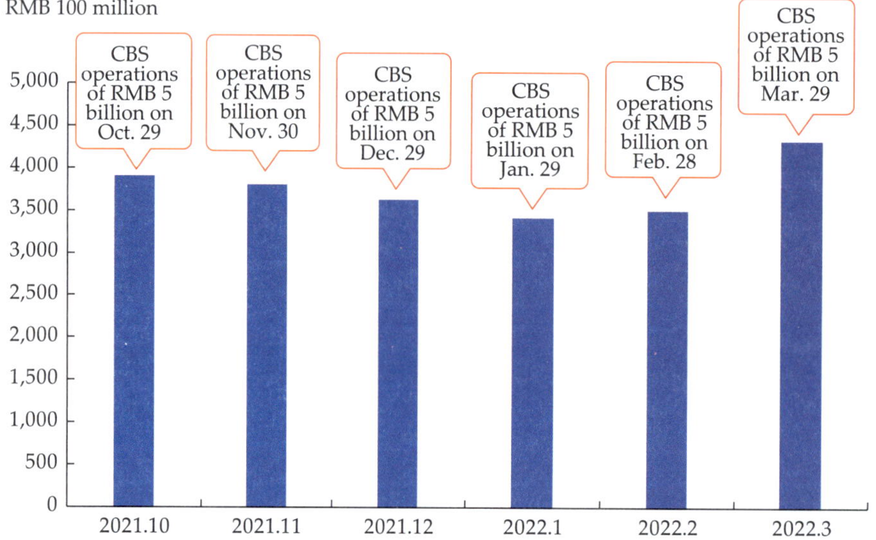

Figure 3 Volume of Spot Transactions of Bank-issued Perpetual Bonds

II. Conducting Medium-term Lending Facility and Standing Lending Facility operations in a timely manner

Conducting MLF operations in a timely manner. In order to ensure an appropriate supply of medium and long-term liquidity and to give play to the signaling and interest rate guiding functions of medium-term policy rates, the PBC conducted a total of RMB 1.20 trillion of MLF operations in Q1 2022, all with a maturity of 1 year and an interest rate of 2.85 percent, 0.1 percentage point lower than that at end-2021. At end-March, the outstanding MLF registered RMB 4.95 trillion, RMB 400 billion more than that at the beginning of 2022.

Further advancing the reforms of electronic SLF operations. The entire process of conducting SLF operations became electronic in an orderly manner, which boosted operational efficiency. Locally incorporated financial institutions were provided with a sufficient amount of short-term liquidity support as needed so as to stabilize market expectations, strengthen the stability of liquidity in the banking system, and forestall liquidity risks. In Q1, the PBC conducted a total of RMB 6.43 billion SLF operations. At end-March, the balance of SLF operations registered RMB 1.26 billion. The SLF rate played a role as the ceiling of the interest rate corridor, and it promoted smooth operation of the money market. At end-March, the overnight, 7-day, and 1-month SLF rates stood at 2.95 percent, 3.10 percent, and 3.45 percent, respectively, with the rates 0.1 percentage point lower those at end-2021.

III. Adjusting the required reserve ratio for financial institutions

The required reserve ratio for financial institutions was lowered in an attempt to support the real economy and to promote the steady decline of overall financing costs. The PBC reduced the required reserve ratio by 0.25 percentage points, effective on April 25, 2022 [not applicable to financial institutions that had already implemented a required reserve ratio (RRR) of 5 percent]. In order to ramp up support for MSBs as well as agriculture, rural areas, and farmers, urban commercial banks operating businesses within the province of registration and rural commercial banks implementing an RRR of over 5 percent enjoyed an additional RRR cut of 0.25 percentage points. The RRR reduction released about RMB 530 billion of long-term funds, and after the RRR cut, the weighted average RRR for financial institutions stood at 8.1 percent. The purposes of the RRR cut were as follows. First, it aimed to optimize the funding structure of financial institutions, expand their sources of long-term stable funding, enhance their capabilities to allocate funds, and ramp up support for the real economy. Second, it aimed to guide financial institutions to make good use of the funds released from the RRR cut to support industries as well as micro, small, and medium-sized enterprises (MSMEs) that were hard hit by COVID-19. Third, the RRR cut lowered the funding costs for financial institutions by approximately RMB 6.5 billion per year, which would promote a reduction in overall financing costs through the transmission of financial institutions.

The foreign exchange required reserve ratio was lowered for financial institutions, and their foreign exchange allocation capabilities were enhanced. The PBC lowered the foreign exchange required reserve ratio by 1 percentage point, from 9 percent to 8 percent, effective on May 15, 2022, which would release around USD 10 billion of foreign exchange liquidity.

IV. Further improving the macro prudential management framework

The role of the macro prudential assessment (MPA) was given full play to optimize the credit structure and to promote the supply-side structural reform of the financial sector. In Q1 2022, the PBC further optimized the MPA assessment framework and guided financial institutions to enhance the stability of growth of credit aggregates and to ramp up support for inclusive MSB loans, especially unsecured inclusive MSB loans, for medium and long-term loans to the manufacturing sector and for green development.

Administration on access of financial holding companies (FHCs) proceeded in a prudent and orderly manner. In March 2022, the PBC approved the establishment of China CITIC Financial Holdings (in preparation) and Beijing Financial Holdings Group. For a non-financial enterprise, establishing an FHC serves to effectively isolate the financial and non-financial business, prevent risk contagion, and facilitate well-regulated and sustainable development. Going forward, the PBC will, in accordance with the laws and regulations, proceed with the approval procedures for those FHCs whose applications have been accepted, and it will continue to promote other eligible enterprises to apply for FHC establishments in a prudent and orderly manner.

Box 2 Regulating Financial Holding Companies from a Macro Prudential Perspective

In recent years, some non-financial firms have entered the financial sector through investments or by establishing new companies. Some of them control various types of financial institutions and have features of financial holding companies (FHCs). Among them, some firms have been playing positive roles in providing financial services, enhancing the capital strength of financial institutions, and serving the real economy. But a small number of firms have controlled and extracted funds from financial institutions, resulting in an interplay of risks between financial and non-financial sectors. The CPC Central Committee and the State Council have reiterated the need to regulate cross-sector financial activities and the integration between industry and finance. In particular, FHCs should be subject to coordinated regulation to address regulatory shortfalls. In September 2020, with the release of the Decisions of the State Council on Implementing Access Management of Financial

Holding Companies and the Trial Measures on Regulation of Financial Holding Companies, a general regulatory framework for FHCs was preliminarily established. It has been further improved with the release of detailed rules, such as the Interim Regulations on Filing-based Management of Directors, Supervisors, and Senior Executives of Financial Holding Companies.

Given the fact that FHCs are usually large in scale and have diversified business lines, a complex organizational structure, and strong risk spillover effects, it is necessary to regulate them from a macro, holistic and systemic regulatory perspective, which comprises an important part of macro prudential management. By enhancing macro prudential management on FHCs, we can get hold of the overall status of operation and the comprehensive risk profiles of financial holding groups, promoting the well-regulated and sustainable development of FHCs and enhancing their capacity to serve the real economy.

Based on the above considerations, efforts should be made to implement regulation of FHCs in the following respects. First, upholding the principle that finance is a franchise industry and ensuring good access management. If a non-financial firm has de facto control of two or more types of financial institutions, and asset scale of the financial institutions that are actually controlled reach a certain threshold, the firm should apply for approval to establish an FHC. The enterprise should place all its financial shares under unified management at the FHC, and all financial activities should be conducted by the corresponding financial institutions affiliated with the FHC, thereby effectively separating industrial and financial activities. Second, upholding the look-through principle to enforce regulation of shareholders and the shareholder structure. FHCs should have a simple and clear ownership structure, in which the actual controllers and ultimate beneficiaries are transparent and identifiable. Major shareholders should have strong capital strength and well-regulated business operations, and the source of funds they invest in the FHC shall be real and legitimate. Third, enforcing consolidated regulation and focusing on the risks of groups, such as conflicts of interest, risk concentration, and risk contagion. FHCs and their affiliated financial institutions should be guided to maintain adequate capital, improve the governance structure at all corporate levels, and enforce the management of related party transactions. Fourth, specifying risk isolation requirements. FHCs should establish a risk isolation mechanism among the major shareholders, the FHC and its affiliated institutions, and among the affiliated institutions, and build a stronger "firewall" to prevent cross-sector, cross-institution, and cross-market risk contagions.

Currently, work on access management and regulation of FHCs is making steady progress. In March 2022, the People's Bank of China (PBC) approved the establishment of China CITIC Financial Holdings Company (in preparation) and the Beijing Financial Holdings Group. In addition, a number of eligible enterprises are applying for becoming FHCs, whereby they can ascertain their business lines and facilitate the separation of financial and non-financial activities. In particular, they shall ensure that the shareholders are eligible, and the organizational structure and relevant management meet the requirements for establishment.

Going forward, the PBC will continue to uphold market-oriented and law-based principles, as well as the "Two Unwavering Commitments". The PBC will speed up the formulation of supplementary rules for FHC regulation, take sound and orderly steps to promote eligible enterprises to submit applications to set up FHCs, proceed with the approval of FHCs in accordance with laws and regulations, and carry out continuous regulation of approved FHCs. The PBC will enhance regulatory cooperation and information sharing with the relevant authorities to promote sound operation of FHCs so as to better serve high-quality development of the real economy and help keep the major economic indicators within a reasonable range.

The ***Notice on the Exclusion of Loans for Government-subsidized Rental Housing from Real Estate Loan Concentration Management*** was released. The PBC and the China Banking and Insurance Regulatory Commission (CBIRC) released the *Notice* on February 8, 2022, which clarifies that loans for government-subsidized rental housing projects shall be excluded from real estate loan concentration management. Banking institutions were encouraged to scale up support for government-subsidized rental housing in accordance with the laws and regulations, while pursuing sound risk management and commercial sustainability, so as to underpin the construction of a housing support system and the establishment of a housing system with diversified suppliers, multiple supporting channels, and a dual emphasis on both housing purchases and housing rentals.

V. Actively giving play to the role of structural monetary policy instruments

Actively using central bank lending that supports rural development, central bank lending for MSBs, and central bank discounts to guide financial institutions to enhance support for key areas and vulnerable spots in the national economy and for coordinated regional development. The PBC continued to leverage the role of central bank lending in providing targeted liquidity and as a positive incentive. It contributed to connecting the consolidation of achievements in poverty eradication with rural revitalization. Central bank lending for supporting rural development and MSBs was utilized to guide locally incorporated financial institutions to expand credit supply for rural revitalization. Central bank lending for poverty alleviation was rolled over according to the current regulations so as to support consolidation of the achievements in poverty alleviation. The PBC promoted coordinated regional development by guiding locally incorporated financial institutions in 10 provinces with slow credit growth to make good use of central bank lending and expand credit supply for vulnerable parts of the economy within the region, including rural development, MSBs, and private businesses. More relief and assistance were provided for MSBs as the PBC guided locally incorporated financial institutions to utilize central bank lending for MSBs and to issue loans to MSBs and self-employed businesses heavily hit by mounting commodity prices and COVID-19, so as to reduce their financing costs. At end-March, outstanding central bank lending to support rural development posted RMB 516.1 billion. Outstanding central bank lending for MSBs and for poverty alleviation posted RMB 1.3315 trillion and RMB 171.3 billion, respectively. Outstanding central bank discounts registered RMB 624.7 billion. In Q1 2022, the PBC made net withdrawals of Pledged Supplementary Lending (PSLs) in the amount of RMB 65.4 billion from development and policy banks, with outstanding PSLs registering RMB 2.7363 trillion at end-March.

Steadily advancing conversion of the two monetary policy instruments that directly support the real economy to bolster the development of MSBs. According to the decisions of the executive meetings of the State Council, the PBC converted the two instruments that provide direct support to the real economy into market-oriented instruments to strengthen support for MSBs. First, from 2022, the support plan for inclusive unsecured MSB loans was incorporated into the management of central bank lending that supports rural development and MSBs. The quota of RMB 400 billion central bank lending originally arranged to support inclusive unsecured MSB loans will be rolled over, and locally incorporated banks will be encouraged to issue these loans. Second, the instrument supporting deferred repayments on inclusive MSB loans has been converted into the instrument supporting inclusive MSB loans. From the beginning of 2022 to end-June 2023, for inclusive MSB loans issued by locally incorporated banks, the PBC will provide funding on a quarterly basis in the amount of 1 percent of the incremental balance of these loans so as to encourage banks to extend inclusive MSB loans. In Q1, the PBC provided RMB 4.349 billion of funding to locally incorporated financial institutions, facilitating an increase of RMB 436.6 billion in inclusive MSB loans.

Continue implementing the carbon emission reduction facility (CERF) and special central bank lending facility for the clean and efficient use of coal, so as to support the green, low-carbon transition of the economy. Specifically, the CERF supports three major areas of carbon reduction: clean energy, energy conservation and environmental protection, and carbon reduction technology. The special central bank lending for the clean and efficient use of coal provides support in seven relevant areas, such as mass clean coal production and application of clean combustion technology. The quota of the special central bank lending was increased by

RMB 100 billion to support coal development and to use and boost the coal reserve capacity. Ensuring effective implementation of these two instruments and encouraging financial institutions to provide credit support for carbon emissions reductions and for the clean and efficient use of coal facilitate the transition to a green and low-carbon economy while ensuring security of the energy supply so as to contribute to the goal of carbon peaking and carbon neutrality in a scientific and orderly way. In Q1, through these two instruments, the PBC provided RMB 53 billion and RMB 19.8 billion, respectively, to relevant institutions, with a total of RMB 72.8 billion. Since implementation of these instruments, the PBC has provided RMB 138.6 billion and RMB 22.5 billion, respectively, up to a total of RMB 161.1 billion.

Establishing special central bank lending facilities for sci-tech innovation and inclusive elderly care to help build a robust country through sci-tech development and to help address population aging. To implement the decisions made at the State Council's executive meetings, with the aim of providing targeted liquidity and positive incentives and in line with market-oriented principles, the PBC established two special central bank lending facilities for sci-tech innovation and for inclusive elderly care. The facility for sci-tech innovation supports new- and high-tech enterprises, small and medium-sized enterprises with technical know-how, sophisticated operations, unique products, and innovative capabilities, national model enterprises for technological innovation, and champion enterprises in particular areas of the manufacturing sector. The facility for inclusive elderly care supports eligible institutions providing inclusive elderly care services. A pilot program has been carried out in five provinces including Zhejiang, Jiangsu, Henan, Hebei, and Jiangxi. In April, the PBC, the Ministry of Science and Technology, and the Ministry of Industry and Information Technology jointly issued the *Notice on Establishing Special Central Bank Lending for Sci-Tech Innovation* (Yinfa No.104〔2022〕). The PBC and the National Development and Reform Commission (NDRC) jointly issued the *Notice on Establishing Special Central Bank Lending for Inclusive Elderly Care* (Yinfa No.107〔2022〕). Both facilities adopt a "reimbursement" mechanism whereby financial institutions are "reimbursed" on a quarterly basis. Specifically, financial institutions are subject to their own decision-making at their own risk, and they can apply for funding support under the special central bank lending facilities after they grant loans to eligible enterprises in relevant industries. For qualified loans, the PBC provides low-cost funding for a certain proportion of the principal through central bank lending facilities. The "reimbursement" proportions of central bank lending for sci-tech innovation and for inclusive elderly care are 60 percent and 100 percent, respectively. The interest rate is 1.75 percent for both.

VI. Bringing into play the role of credit policy in guiding structural reforms

The quality and efficiency of financial services to MSMEs have been improving. Financial support to stabilize businesses and secure employment was further stepped up, the Project for Enhancing Capacity to Provide Financial Services for MSMEs was further advanced, while the establishment of a long-term mechanism whereby banks will have the confidence, willingness, ability, and professionalism to provide loans to MSMEs was further accelerated, aiming to guide financial institutions to improve their internal resource allocations and policy arrangements and to strengthen employment of sci-tech tools so as to sustainably improve financial services to MSMEs. As of end-March, outstanding inclusive loans to MSBs grew by 24.6 percent year on year to RMB 20.8 trillion. These loans supported 50.39 million MSBs, up 42.9 percent year on year. The interest rate on new inclusive loans to MSBs posted 4.93 percent in March, dropping by 17 bps from December 2021. In February, the PBC, NDRC, and other related departments jointly released the *Policies on Promoting the Recovery and Development of Industries with Difficulties in the Services Sector*, which provide inclusive relief and assistance measures to businesses with difficulties in the services sector and increase preferential support for 5 industries in extreme difficulties, including catering, retail, tourism, transportation, and civil aviation.

Financial services for rural revitalization were further promoted. The PBC conscientiously implemented the decisions and arrangements for promoting the rural revitalization strategy on all fronts and continuously enhanced the policy system of financial support for rural revitalization. The *Opinions on Efforts to Ensure Key Financial Support for Promoting Rural Revitalization on All Fronts in the Year 2022* were issued, aiming to guide financial institutions to optimize resource allocations, enhance financial resource inputs to vital agricultural products, rural industries, rural construction, and other key areas, and promote the steady growth of agro-related loan issuances. The PBC continued to promote financial support to consolidate and expand the achievements of poverty eradication through efforts to guide financial institutions to provide preferential financial resources for regions that had been lifted out of poverty, such as key counties that receive assistance to pursue rural revitalization so as to maintain a stable pace of loan issuances to regions and populations that had shaken off poverty. As of end-March 2022, outstanding agro-related loans nationwide increased 12.2 percent year on year to RMB 45.63 trillion. In particular, outstanding rural household loans increased by 12.9 percent year on year to RMB 14.05 trillion.

VII. Deepening the market-oriented interest rate reform

The benefits of the loan prime rate (LPR) reform were continuously unleashed, while the regulations over deposit interest rates were improved, further bringing down actual loan rates. First, the LPR reform was further promoted, and the guiding role of the LPR was brought into play. As a result, actual corporate loan rates remained stable with a slight decline, and corporate financing costs were lowered significantly. Second, the regulations over deposit rates were further strengthened, with deposit rate pricing behavior for agreement deposits and other deposit products further regulated. In February 2022, the PBC guided the Self-regulatory Mechanism for Market Rate Pricing to release the *Initiatives on Reinforcing Self-regulatory Management for Agreement Deposits*, urging and guiding financial institutions to conduct agreement deposit businesses in compliance with the laws and regulations. In April, the deposit rate market-oriented adjustment mechanism was improved, further promoting the pricing of deposit rates in a more market-oriented manner. Third, conversion of the financial market benchmark rate from the Libor in domestic markets was actively promoted. From January 1, 2022, some of the Libor businesses stopped quotations or lost their representative nature as scheduled. In Q1, major domestic banks have already arranged conversion of the pricing benchmark for all businesses affected by the Libor expiration, while most of the new foreign-currency-denominated floating rate businesses in the domestic market have switched their benchmark from the Libor to other alternative benchmark rates.

Box 3 Establishing a Market-oriented Adjustment Mechanism for Deposit Interest Rates

In October 2015, the PBC removed administrative control over deposit interest rates, and members of the Interest Rate Self-regulatory Mechanism (IRSRM) could autonomously set deposit rates within the self-regulatory ceiling of deposit interest rates. In June 2021, the PBC guided the IRSRM to optimize the formation mechanism of the self-regulatory ceiling of deposit interest rates, shifting from multiplying the benchmark deposit rates by a designated multiplier to adding basis points to the benchmark interest rates. This move not only has protected the autonomy of banks in pricing their deposit rates but also has been conducive to lowering the medium and long-term deposit interest rates, improving the maturity structure of time deposits, promoting orderly market competition, as well as enhancing the sustainability of the financial sector's support to the real economy. In March 2022, the weighted average interest rate for new time deposits stood at 2.37 percent, decreasing 0.08 percentage points year on year and 0.12 percentage points from May 2021 before the optimization. In particular, the interest rates for medium to long-term time deposits enjoyed a much larger decrease, with 2-year, 3-year, and 5-year time deposit rates falling by 0.18, 0.43, and 0.45 percentage points from May 2021, respectively.

Due to the fierce competitions in the deposit market, many banks in practice set their time deposit rates and certificate deposit (CD) rates close to the self-regulatory ceiling. This, to some extent, has hampered the effective transmission of market interest rates, making it very difficult for deposit rates to follow the changes in market rates. In April 2022, the PBC guided the IRSRM to establish a market-oriented adjustment mechanism for deposit interest rates, whereby member banks of the IRSRM can adjust their deposit rates according to the bond market rates (represented by the 10-year government bond yield) and the loan market rates (represented by the 1-year LPR). Establishment of this new mechanism will help banks closely follow changes in market rates and enhance their market-based pricing ability for deposit rates, while preserving a benign competition order in the deposit market.

The key to setting up the market-oriented adjustment mechanism for deposit rates is to promote the market-based nature of deposit rate pricing, with flexible guidance to banks. Banks can autonomously determine the actual adjustment ranges to their deposit rates, according to their own circumstances and changes in market rates. For those financial institutions with timely and highly-efficient market-oriented adjustments for deposit rates, the PBC will offer appropriate incentive measures. After establishment of the new mechanism, the deposit rates of banks are priced in a more market-oriented manner, which, against the current backdrop of overall falling market rates, can help the banks maintain stable liability costs and thus further bring down actual loan rates. In practice, the ICBC, ABC, BOC, CCB, BCM, PSBC, and most of the joint stock banks, in late April had already lowered the rates for time deposits and CDs with maturities of over 1 year, and some locally-incorporated financial institutions also made corresponding adjustments. According to the latest survey data, in the last week of April (from April 25 to May 1), the weighted average interest rate for new time deposits posted 2.37 percent, 10 bps lower than that in the previous week.

Going forward, the PBC will continue to deepen the market-oriented interest rate reform, improve the formation and transmission mechanism for market-oriented interest rates, optimize the central bank policy rate system, strengthen regulations over deposit rates, strive to stabilize the liability costs of banks, unleash the benefits of the LPR reform, and thus bring down overall corporate financing costs.

VIII. Improving the market-based RMB exchange rate formation mechanism

The PBC continued to advance the market-based reform of the RMB exchange rate and to improve the managed floating exchange rate regime based on market supply and demand with reference to a basket of currencies. It enhanced the flexibility of the RMB exchange rate and gave play to the role of the exchange rate as an automatic stabilizer in adjusting the macro economy and the balance of payments. The PBC attached importance to guiding expectations and kept the RMB exchange rate basically stable at an adaptive and equilibrium level.

In Q1 2022, the highest and lowest RMB central parities against the USD were 6.3014

Table 8 Trading Volume of the RMB against Other Currencies in the Interbank Foreign Exchange Spot Market in Q1 2022

Unit: RMB 100 million

Currency	USD	EUR	JPY	HKD	GBP	AUD	NZD
Trading volume	117,475.72	3,759.06	625.06	336.99	144.82	64.70	22.18
Currency	SGD	CHF	CAD	MYR	RUB	ZAR	KRW
Trading volume	24.61	33.39	79.55	0.80	5.82	0.00	15.23
Currency	AED	SAR	HUF	PLN	DKK	SEK	NOK
Trading volume	0.00	11.00	0.00	0.00	0.31	7.11	0.71
Currency	TRY	MXN	THB	KHR	KZT	MNT	IDR
Trading volume	1.05	0.00	4.90	0	0	0	5.21

Source: China Foreign Exchange Trade System.

and 6.3800, respectively. During the 58 trading days, the RMB appreciated on 32 days and depreciated on 26 days. The biggest intraday appreciation and depreciation was 0.6 percent (394 bps) and 0.6 percent (364 bps), respectively. The RMB exchange rate appreciated against other major international currencies. At end-March, the central parities of the RMB against the dollar, the euro, the pound, and the Japanese yen appreciated 0.4 percent, 1.9 percent, 3.2 percent, and 6.6 percent, respectively, from end-2021. Since the reform of the RMB exchange rate formation mechanism that commenced in 2005 to end-March 2022, the RMB appreciated by a cumulative total of 30.4 percent, 41.4 percent, and 40.6 percent, respectively, against the dollar, the euro, and the Japanese yen. Meanwhile, direct RMB trading was rather buoyant in the interbank foreign exchange market with stable liquidity, which helped lower the exchange costs of microeconomic entities and facilitated bilateral trade and investment.

As of end-March, under the bilateral currency swap agreements between the PBC and the foreign monetary authorities, the foreign monetary authorities utilized a total of RMB 60.375 billion and the PBC utilized foreign currencies equivalent to USD 496 million. These operations played an active role in promoting bilateral trade and investment.

IX. Forestalling and defusing financial risks and deepening the reform of financial institutions

New achievements were made to forestall and defuse financial risks. The PBC remained committed to addressing risks in a market- and law-based manner, with total financial risks decreasing. Addressing the risks of high-risk groups was steadily advanced, and financial risks in key regions and areas were orderly mitigated. The reduction of high-risk institutions was continuously advanced, with the number decreasing notably. The PBC conducted stress tests on over 4,000 banking financial institutions. The central bank rating of financial institutions in Q4 2021 was completed, with 4,398 banking financial institutions being rated throughout the nation. The rating results indicate that most institutions fell within the safety boundary (level 1 to level 7), and high-risk institutions (level 8 to D) dropped successively for 6 quarters, decreasing by more than half from the peak level. As of end-2021, there were no high-risk institutions in 11 provinces (municipalities or autonomous regions).

A long-term mechanism to safeguard financial stability was established. To implement the decisions and arrangements made by the CPC Central Committee and the State Council on forestalling and defusing financial risks and on improving the rule of law in the financial sector, and to establish a long-term mechanism to safeguard financial stability, the PBC drafted the *Law of the People's Republic of China on Financial Stability (Exposure Draft)*, which solicited public opinions in April.

Box 4 Accelerating Legislation on Financial Stability

In recent years, under the strong leadership of the CPC Central Committee and the State Council, the Financial Stability Development Committee (FSDC) under the State Council has coordinated and directed work at the forefront, and government departments and local authorities have made concerted efforts in fighting the tough battle of forestalling and defusing major financial risks and secured significant achievements. With long-accumulated risks effectively resolved, financial risks have been contained and on the whole have remained under control, thus reinforcing the foundation for financial stability and boosting the overall stable and sound development of the financial sector.

At present, China is striding toward its second centenary goal. Based on the "two overall situations", it is necessary to plan ahead by drafting the Law of the People's Republic of China on Financial Stability (Exposure Draft), which began soliciting public opinions from April 6. The legislation on financial stability is essential and bears great significance. First, it implements the decisions and arrangements made by the CPC Central Committee and the State Council on forestalling and defusing financial risks and on improving the rule of law in the financial sector, thus effectively safeguarding China's economic and financial safety and social stability. Second, it summarizes experiences and practices proved effective in the tough battle against major financial risks and it establishes a long-term mechanism for safeguarding financial stability. Third, it establishes a legal system concerning financial stability with a holistic design and cross-departmental and cross-sectoral coordination, harmonizes scattered articles and principles, and sets regulatory standards for some important issues.

The Law on Financial Stability (Exposure Draft) has 48 articles in six chapters, which are General Provisions, Financial Risk Prevention, Financial Risk Defusing, Financial Risk Resolution, Legal Liabilities, and Supplementary Provisions. The following are the priorities:

First, improving the working mechanism for financial stability. Upholding the Party's centralized and unified leadership, the mechanism for coordinating national financial stability and reform (the FSDC under the State Council) coordinates financial stability and reform and development, takes the lead in forestalling, defusing, and addressing major financial risks, and reports and reviews major issues according to procedures. Related financial regulatory departments and local authorities follow the division of work and the requirements of the FSDC and fulfill their duties on financial supervision and on forestalling, defusing and addressing financial risks. The Deposit Insurance Fund and industry protection funds perform their duties in monitoring and addressing risks to forge a bigger synergy to safeguard financial stability.

Second, ensuring that related parties fulfill their responsibilities in forestalling, defusing. and addressing financial risks. Ensure that financial institutions, their main shareholders, and the actual controllers fulfill their primary responsibilities. Strengthen prudential management obligations of financial institutions, and intensify market access and regulatory requirements for the main shareholders and the actual controllers. Ensure that local governments fulfill their responsibilities within their jurisdictions to maintain financial stability and promptly take proactive actions to defuse regional financial risks. Ensure that financial regulatory departments tighten regulation and fulfill their responsibilities for risk prevention and control in the respective industries and areas by rigorously preventing, correcting, and addressing risks at an early stage. The PBC will act as the lender of last resort to ensure that no systemic financial risks arise.

Third, specifying the arrangements of funds for addressing risks, which are fair and well-regulated, and featuring matched rights, responsibilities, and interests. The sequence of funds usage for resolving financial risks is outlined. Bail-outs are provided after the financial institutions' bail-in arrangements to reduce reliance on public funds. Failed institutions should conduct active bail-ins as the main shareholders and the actual controllers commit themselves to replenishing capital in line with the recovery and resolution plan or regulatory commitments, and the shareholders and actual controllers accountable for financial risks should fulfill their bail-in obligations in accordance with the law. Meanwhile, market-oriented funds are mobilized and channeled to the merger and restructuring of failed institutions, and the Deposit Insurance Fund and industry protection funds provide funding in accordance with the law. Local public resources are legally employed when financial risks endanger regional stability, and such risks are difficult to defuse after the exhaustion of market-oriented measures and the strict implementation of retrieving illegal gains and losses. When major financial risks that put financial stability in jeopardy, the Financial Stability Protection Fund provides funding support in line with the requirements to guard against moral hazards and to strictly enforce market discipline.

Fourth, establishing the Financial Stability Protection Fund. The Fund is positioned to provide back-up funds to address China's major financial risks that bear systemic significance. The Fund, coordinated and managed by the FSDC under the State Council, will be financed by financial institutions and financial infrastructure operators. It will also encompass funds from other sources as stipulated by the State Council. It is specified that the State Council will stipulate measures for the fundraising, management, and use of the Fund. The Fund, along with the Deposit Insurance Fund and industry protection funds comprise a "two-tier" system, and their coordination will buttress China's financial safety net.

Fifth, establishing a market- and law-based mechanism to resolve risks. Based on the actual resolution needs, a variety of measures are set with reference to international experience. These measures include but not limited to the execution of the right of operation and management, the transfer of assets and liabilities, the establishment of bridge banks and special purpose vehicles (SPVs), the suspension of close-out netting, the change of persons liable and claw-back of remunerations, the implementation of debt write-downs, equity write-downs, and debt-for-equity swaps, the suspension of overseas remittances and the repatriation of overseas assets, and the requirement to solicit support from parent groups by systemically important financial institutions (SIFIs). Meanwhile, the sequence of equity write-downs and debt write-downs is specified, and in principle the gains of creditors and interest-related parties through risk resolution will not be lower than the gains through bankruptcy liquidation. Moreover, supporting arrangements for resolution are linked with the judicial process.

Sixth, those who violate the laws and rules will be held accountable. It is specified that those who violate laws and regulations that lead to the outbreak and spread of financial risks will be held accountable in accordance with the law. It sets out the punishment for activities in violation of the laws and regulations amid the rise and resolution of financial risks by financial institutions, their major shareholders, and their actual controllers. Public officials who fail to perform their duties will be held accountable in accordance with the law. If they commit crimes, they will be held criminally responsible.

In the next step, the PBC will work with the relevant authorities to fully incorporate public feedback into the revision of the draft law, and it will cooperate with the legislature on subsequent work in accordance with legislative procedures so as to release the Law on Financial Stability in due course.

Reform of development and policy financial institutions was continuously deepened. The PBC worked to comprehensively implement reform plans for development and policy financial institutions to redefine their responsibilities and business scope, apply classified accounting, improve corporate governance, strengthen restraint mechanisms, and prevent financial risks. The PBC guided development and policy financial institutions to fulfill their responsibilities, focus on their main business, and give full play to their role in supporting economic restructuring and high-quality development on the basis of strengthened risk prevention and control.

X. Deepening reform of foreign exchange arrangements

The coverage and quality of policies to facilitate trade-related foreign exchange payments and receipts of quality enterprises were enhanced. The policies were steadily expanded to cover more firms. These policies and measures were improved to expand the business scope and to enhance the filing requirements of banks and firms. During the first 3 months of 2022, 6 regions were newly added for such firms to conduct facilitated foreign exchange payments and receipts. By end-March, these facilitation policies were expanded to cover 32 regions, 146 banks, and 1,828 firms.

The solid implementation of a pilot high-level opening up was advanced in key regions. Implementation of pilot policies on a high-level opening up of cross-border trade and investment was closely monitored in an attempt to streamline procedures in business operations, to lower the settlement costs of foreign exchange funds, and to boost the turnover of capital. By end-March 2022, 19 pilot banks had filed relevant materials in four regions, including Lin-gang Special Area of China (Shanghai) Pilot Free Trade Zone, benefiting the pilot current account business in manufacturing, energy and chemical, high-tech industries and other industries.

The overseas lending business by domestic banks was supported and regulated. In January 2022, the PBC and the SAFE released the *Notice on the Overseas Lending Business by Banking Institutions* (Yinfa No.27〔2022〕) to boost the coordinated management of banks' overseas loans with cross-border guarantees and outbound direct investments.

Part 3 Financial Market Conditions

In Q1 2022, performance of the financial market was generally stable. Money market interest rates fluctuated around the interest rates of open market operations, featuring an overall downward movement and active market transactions. Bond issuances increased with a surge in local government bonds. The bond market witnessed active transactions, stable rates, and expanded term spreads. The stock market index went down, with increased turnover and decreased funds raised.

I. Financial market overview

1. Money market interest rates generally declined with active market transactions

In March 2022, the monthly weighted average interest rate for interbank lending was 2.07 percent, and the monthly weighted average interest rate of pledged repos posted 2.08 percent, 5 bps higher and 1 bps lower than those in December 2021, respectively. The monthly weighted average interest rate of government-backed bond pledged repos among depository institutions posted 1.96 percent, 12 bps lower than the monthly weighted average interest rate of pledged repos in the interbank market. At end-March, the overnight and 7-day Shibor posted 2.01 percent and 2.20 percent, respectively, down 12 bps and 7 bps from end-2021, respectively.

Market transactions were active. In Q1 2022, the volume of bond repos trading on the interbank market reached RMB 287.9 trillion, representing an average daily turnover of RMB 4.8 trillion, up 29 percent year on year. The volume of cumulative trading in interbank lending registered RMB 30.4 trillion, with an average daily turnover of RMB 506.7 billion and a year-on-year increase of 4.4 percent. In terms of the maturity structure, overnight repos accounted for 85.4 percent of the total turnover in bond repos, increasing 2 percentage points year on year, and overnight lending constituted 87.7 percent of the total turnover in interbank lending, down 1.3 percentage points year on year. The volume of bond repos trading on the exchange markets increased 27.3 percent year on year to RMB 96.6 trillion.

Interbank Certificates of Deposit (CD) and negotiable CD businesses operated orderly. In Q1 2022, about 6,866 interbank CDs were issued on the interbank market, raising RMB 5.4 trillion. The volume of trading on the secondary market totaled RMB 47.9 trillion. At end-March, outstanding interbank CDs reached RMB 14.7 trillion. The weighted average interest rate of 3-month interbank CDs was 2.40 percent, 2 bps lower than that of the 3-month Shibor. In Q1 2022, about 17,000 negotiable CDs were issued by financial institutions, raising RMB 4.5 trillion, an increase of RMB 700 billion year on year.

Interest rate swap transactions witnessed

Table 9 Fund Flows among Financial Institutions in Q1 2022[1]

Unit: RMB 100 million

Institutional Category	Repos		Interbank lending	
	Q1 2022	Q1 2021	Q1 2022	Q1 2021
Chinese-funded large banks[2]	−817,054	−458,527	−82,755	−71,853
Chinese-funded medium-sized banks[3]	−365,252	−360,253	−20,852	−25,082
Chinese-funded small-sized banks[4]	−46,373	3,076	20,499	27,961
Securities institutions[5]	367,101	268,204	66,452	49,169
Insurance institutions[6]	39,034	19,196	93	0
Foreign-funded banks	20,756	15,918	−3,549	−7,502
Other financial institutions and vehicles[7]	801,787	512,387	20,113	27,307

Source: China Foreign Exchange Trade System.

Notes: 1. A negative sign indicates net lending and a positive sign indicates net borrowing.

2. Chinese-funded large banks include Industrial and Commercial Bank of China, Agricultural Bank of China, Bank of China, China Construction Bank, China Development Bank, Bank of Communications, and Postal Savings Bank of China.

3. Chinese-funded medium-sized banks refer to policy banks, China Merchants Bank and eight other joint-equity commercial banks, Bank of Beijing, Bank of Shanghai, and Bank of Jiangsu.

4. Chinese-funded small-sized banks refer to Hengfeng Bank, China Zheshang Bank, China Bohai Bank, other city commercial banks, rural commercial banks, rural cooperative banks, private banks, and village and township banks.

5. Securities institutions include securities firms, fund management companies, and futures companies.

6. Insurance institutions include insurance firms and corporate annuities.

7. Other financial institutions and vehicles include urban credit cooperatives, rural credit cooperatives, finance companies, trust and investment companies, financial leasing companies, asset management companies, social security funds, mutual funds, wealth management products, trust plans, and other investment vehicles. Some of these financial institutions and vehicles do not participate in the interbank lending market.

Table 10 Interest Rate Swap Transactions in Q1 2022

Time	Transactions	Notional principal (RMB 100 million)
Q1 2022	54,795	43,812.8
Q1 2021	75,460	53,620.9

Source: China Foreign Exchange Trade System.

a contraction. In Q1 2022, the RMB interest rate swap market witnessed 55 thousand transactions, decreasing 27.4 percent year on year, with the volume of the notional principal totaling RMB 4.4 trillion, a decrease of 18.3 percent year on year. In terms of the maturity structure, contracts with maturities of up to one year traded most briskly and the volume of the notional principal posted RMB 2.8 trillion, accounting for 64.4 percent of the principal of all maturities. The 7-day fixing repo rate and the Shibor served as the main reference rates for the floating leg of the RMB interest rate swaps, accounting for 87.8 percent and 10.9 percent, respectively, of the total notional principal of the interest rate swaps. In Q1 2022, interest rate swaps anchored to the loan prime rate (LPR) witnessed 302 transactions, with RMB 50.36 billion of the notional principal, up 4.1 percent and 74.5 percent year on year, respectively.

The interest rate option business developed

steadily. The LPR option business was officially launched on the interbank market in March 2020 and the fixing repo rate (FDR) options were newly added to the interbank market on March 29, 2021. In Q1 2022, a total of 141 interest rate option transactions were concluded, totaling RMB 19.994 billion, and all were interest rate cap/floor option transactions anchored to the LPR.

2. Rates of bonds were generally stable, while bond issuances expanded with active trading of spot bonds

Coupon rates of bonds declined. In March 2022, the yield on 10-year government securities issued by the Ministry of Finance was 2.81 percent, 1 bp lower than that in December 2021. The coupon rate of 10-year financial bonds issued by China Development Bank (CDB) was 2.99 percent, 3 bps lower than the rate in December 2021. There was one 1-year short-term financing bill (bond rating A-1, enterprises rating AAA) issued in March 2022, with a coupon rate of 2.06 percent, 101 bps lower than the average rate in December 2021.

Government securities yields went up before going down, with term spreads expanding. At end-March 2022, yields on 1-year, 3-year, and 5-year government securities decreased by 11 bps, 4 bps, and 4 bps to 2.13 percent, 2.42 percent, and 2.57 percent from end-2021, respectively; yields on 7-year and 10-year government securities increased by 3 bps and 1 bp to 2.82 percent and 2.79 percent, respectively, from end-2021. The term spread between 1-year and 10-year government securities was 66 bps, expanding 13 bps from end-2021.

Bond issuances increased. In Q1 2022, the cumulative value of bond issuances increased by 6.1 percent, or RMB 869.6 billion, year on year to RMB 15.0 trillion, driven mostly by surges in government bonds and debt-financing instruments issued by non-financial institutions. At end-March 2022, outstanding bonds held in custody amounted to RMB 137.8 trillion, representing an increase of 14.8 percent year on year.

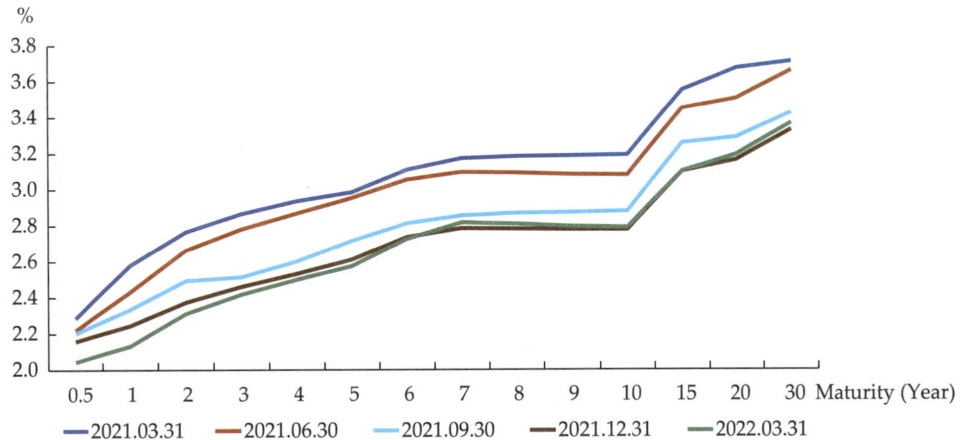

Figure 4 Yield Curves of Government Securities on the Interbank Market

(Source: China Central Depository & Clearing Co., Ltd)

The volume of spot bond transactions witnessed rapid growth. In Q1 2022, the value of cash bonds trading on the bond market posted RMB 69.7 trillion, registering an increase of 35.8 percent year on year. Specifically, the value of cash bonds trading on the interbank market was RMB 61.7 trillion, representing an increase of 33.9 percent year on year. The value of cash bond transactions on the stock exchanges totaled RMB 8 trillion, an increase of 51.8 percent year on year.

3. Bill financing saw steady growth, and interest rates on the bill market were basically stable

The bill acceptance business recorded stable growth. In Q1 2022, commercial drafts issued by enterprises totaled RMB 7.0 trillion, rising 13.8 percent year on year. At end-Q1, outstanding commercial drafts stood at RMB 15.8 trillion, increasing by 11.8 percent year on year. Outstanding commercial draft acceptances grew steadily, with the outstanding at the end of March increasing by RMB 774.6 billion compared to the beginning of 2022. Of the outstanding bankers' acceptances, 67.8 percent was issued by micro, small, and medium-sized enterprises (MSMEs).

Bill financing witnessed steady growth, with generally stable interest rates. In Q1 2022, total discounts by financial institutions amounted to RMB 13.4 trillion, growing 18.2 percent year on year. At end-March, the balance of bill financing was RMB 10.7 trillion, up 35.3 percent year on year. The balance accounted for 5.3 percent of the total outstanding loans, up 0.9 percentage points

Table 11 Bond Issuances in Q1 2022

Unit: RMB 100 million

Type of bond	Issuances	YOY change
Government securities	16,059	1,701
Local government bonds	18,246	9,295
Central bank bills	0	0
Financial bonds[1]	78,685	-3,095
Of which: Financial bonds issued by China Development Bank and policy financial bonds	13,725	-2,277
Interbank certificates of deposits	53,845	-1,559
Corporate debenture bonds[2]	37,194	744
Of which: Debt-financing instruments of non-financial enterprises	26,404	1,653
Enterprise bonds	1,381	197
Corporate bonds	6,824	-978
Bonds issued by international institutions	240	50
Total	150,425	8,696

Sources: The People's Bank of China, China Securities Regulatory Commission, and China Central Depository & Clearing Co., Ltd.

Notes: 1. Including financial bonds issued by China Development Bank, policy financial bonds, bonds issued by commercial. banks (including ordinary bonds, subordinated bonds, and hybrid bonds), bonds issued by securities firms, and interbank certificates of deposit.

2. Including debt-financing instruments issued by non-financial enterprises, enterprise bonds, corporate bonds, convertible bonds, bonds with detachable warrants, privately offered SME bonds, and asset-backed securities on the Shanghai Stock Exchange and the Shenzhen Stock Exchange issued by non-financial enterprises.

year on year. In Q1 2022, the interest rates for bill financing first increased and then decreased, remaining generally stable.

4. Stock indices went down with the amount of funds raised decreasing, while turnover expanded year on year

The stock indices went down. At end-March 2022, the Shanghai Stock Exchange Composite Index closed at 3,252 points, decreasing by 10.6 percent from end-2021. The Shenzhen Stock Exchange Component Index closed at 12,118 points, decreasing by 18.4 percent from end-2021. In Q1 2022, the combined turnover on the Shanghai Stock Exchange and the Shenzhen Stock Exchange reached RMB 58.5 trillion, and the average daily turnover was RMB 1 trillion, representing an increase of 6.5 percent year on year. The amount of funds raised on the stock markets decreased year on year. In Q1, a cumulative fund of RMB 333.7 billion was raised, decreasing by 1.9 percent year on year.

5. Premium income decreased year on year and the growth of assets in the insurance sector slowed down

In Q1 2022, total premium income in the insurance sector amounted to RMB 1.8 trillion, down 1 percent year on year, a deceleration of 0.2 percentage points from end-2021. Claim and benefit payments totaled RMB 451.3 billion, representing a year-on-year increase of 14.2 percent. Specifically, total property insurance claims and benefit payments increased by 4.8 percent year on year, and total life insurance claims and benefit payments went up by 21.3 percent year on year.

The growth of assets in the insurance sector slowed down. At end-Q1 2022, total assets in the insurance sector increased 5.8 percent year on year to RMB 25.7 trillion, a deceleration of 1 percentage point from end-2021. Specifically, bank deposits increased by 2.7 percent, while investment-linked assets increased by 4 percent year on year.

6. Turnover of spot and swap foreign exchange transactions witnessed rapid growth

In Q1 2022, the cumulative turnover of spot RMB/foreign exchange transactions registered USD 1.9 trillion, a decrease of 17.7 percent year on year. The cumulative turnover of swap RMB/foreign exchange transactions totaled USD 5.4 trillion, an increase of 19.9 percent year on year. Specifically, cumulative overnight RMB/USD swap transactions posted USD 3.4 trillion, accounting for 62.8 percent of

Table 12 Asset Allocations in the Insurance Sector at End-March 2022

Item	Balance (RMB 100 million)		As a share of total assets (%)	
	End-March 2022	End-March 2021	End-March 2022	End-March 2021
Total assets	256,723	242,584	100.0	100.0
Of which: Bank deposits	28,370	27,615	11.1	11.4
Investments	206,988	197,266	80.6	81.3

Source: China Banking and Insurance Regulatory Commission.

the total swap turnover. The turnover of RMB/foreign exchange forward transactions totaled USD 27.4 billion, rising 6.3 percent year on year. The turnover of foreign currency pair transactions totaled USD 380 billion, increasing by 21.5 percent year on year. In particular, the EUR/USD pair registered the largest trading volume, accounting for 61.9 percent of the total market share.

7. The volume of gold trading expanded year on year, and prices went up

At end-March 2022, international gold prices closed at USD 1,942.15 per ounce, representing growth of 8.3 percent from end-2021. The Au99.99 on the Shanghai Gold Exchange closed at RMB 394.14 per gram, increasing by 5.4 percent from end-2021. In Q1 2022, the volume of gold traded on the Shanghai Gold Exchange was 9,579.04 tons, representing growth of 2.6 percent year on year. The turnover posted RMB 3.69 trillion, representing growth of 5.2 percent year on year.

II. Development of institutional arrangements in the financial markets

1. Institutional arrangements in the bond market

Institutional arrangements for bond lending were improved. In February 2022, the PBC released the *Measures for the Administration of Bond Lending in the Interbank Bond Market* (Announcement No.1〔2022〕of the PBC). The Measures improve the institutional arrangements for bond lending in the interbank bond market by unifying the content of bond lending agreements, launching central bond lending, and improving the mechanism for default resolution. Requirements on risk prevention are also clarified in the Measures, involving such aspects as the reporting of high-value lending, information disclosures, risk monitoring, and self-regulation, aiming to protect the legitimate rights and interests of market participants, increase bond market liquidity, and enable the better functioning and sound development of the financial market.

2. Reform and institutional arrangements in the securities market

The rule of law was strengthened in the capital market. In January 2022, the Supreme People's Court released the *Several Provisions of the Supreme People's Court on the Trial of Civil Cases for Damages for the Tort of Misrepresentation in the Securities Market*, which raise the costs for unlawful acts in the capital market, ensure investors' right to remedy, and provide a solid legal foundation for all market participants to perform their respective duties. In the same month, the CSRC released the *Provisions on the Implementation of the Rules for the Undertakings Made by Parties to Securities and Futures Administrative Law Enforcement*. The Provisions give full play to the merits of the rules for the undertakings made by the administrative law enforcement parties, provide investors with a new channel to get timely and effective remedies, and improve the quality and efficiency of administrative law enforcement.

The quality of information disclosures in the capital market was improved. In January 2021, the CSRC released the *Guiding Opinions on Improving the Quality of Information Disclosures in Prospectuses under the Registration System*, which urges issuers and agencies to perform their duties by making the prospectuses more readable, investment decisions more relevant, and information disclosures more targeted.

The capital market was further opened up. In February 2022, the CSRC released the *Provisions on the Supervision and Administration of Depository Receipts under the Stock Connect Scheme between Domestic and Overseas Stock Exchanges*. The Provisions expand the channels for two-way financing, promote the global distribution of elements, and improve the competitiveness of China's capital market and its capability to serve the real economy.

3. Institutional arrangements in the insurance market

The related-party transactions of insurance institutions were regulated. In January 2022, the CBIRC released the *Rules on Related-Party Transactions of Banking and Insurance Institutions*, which introduce requirements on the number and scale of related-party transactions. Following the principle of substance over form and penetrating regulation, they improve the recognition of related parties and their transactions, focusing particularly on the risks of tunneling that directs profits to shareholders and their related parties. The Rules also require institutions to shoulder primary responsibility for managing related-party transactions and specify the punishment of institutions and their directors, supervisors, and senior executives for violations.

The underwriting and claim payments of agricultural insurance were regulated. In February 2022, the CBIRC released the *Rules on Underwriting and Claim Payments of Agriculture Insurance*. Based on the *Interim Rules on Underwriting and Claim Payments of Agriculture Insurance* and the experience gained in the reform, and the development and regulatory practice of agricultural insurance in recent years, the newly-introduced Rules center more on serving agriculture, rural areas, and rural residents, and include forest insurance as an object of regulation. They also further clarify the content and requirements of insuring information and stipulate different inspection targets of the subject-matter insured according to different types of insurance. Furthermore, the Rules cover such aspects as unifying time limits for loss assessments, stressing the prohibition of swindling premium subsidies, and highlighting insurance technology.

The regulatory arrangements of reserves of the non-life insurance business were improved. In March 2022, the CBIRC released the *Implementation Measures of the Rules on Reserves of the Non-life Insurance Business of Insurance Companies (Nos.1–7)*. Targeting new cases and problems such as the discretionary adjustments of branches' reserves and adjusting profits through reserves in some insurance companies, the Measures make clear the principles and methodology of reserve assessments and strengthen the institutional weak links by regulating the treatment of risk margins and discounting in reserve assessments, the reserve management of insurance company branches, and the retrospective analysis of reserves.

Part 4 Macroeconomic Overview

I. Global economic and financial developments

The global economy slowed down in the first quarter due to, among others, the resurgence of COVID-19, growing geopolitical tensions, and faster tightening of monetary policy in the major advanced economies. Overseas inflationary pressures continued to rise, and the price of energy, metals, and agricultural products surged. Volatility has increased in global financial markets, and the prospects for a global economic recovery have become increasingly complex and uncertain.

1. Economic performance and financial markets in the major economies

Downward pressures on global growth have emerged. COVID-19 resurged sharply earlier this year, with the global daily confirmed cases approaching 4 million once in January. Though the number of confirmed cases dropped notably in March and April, the future path of COVID-19 still remains uncertain. In February, escalation of geopolitical tensions put a further drag on the global economic recovery. In March, the consumer confidence index in the U.S., the euro area, and Japan fell by 11.2, 10.3, and 6.3 percentage points, respectively, from December 2021. The manufacturing purchasing managers' index (PMI) dropped from 58.8, 58.0, and 54.3 in December 2021 to 57.1, 56.5, and 54.1. In April, the International Monetary Fund (IMF) and the World Bank revised downward their global growth forecasts for this year, both expressing concerns about the economic slowdown.

The recovery of labor supply was sluggish in the advanced economies, and inflation continued to rise. Job vacancies in the U.S. hit 11.266 million in February, exceeding 10 million for 8 consecutive months. The average hourly wage in the U.S. increased by 5.6 percent year on year in March, while the average weekly wage in the U.K. went up by 5.4 percent year on year in February, both way higher than the less than 3 percent average annual growth in the three years prior to the outbreak of COVID-19. The wage-price spiral was more pronounced in the advanced economies, which persistently pushed up inflation. In March, the Consumer Price Index (CPI) was up by 8.5 percent in the U.S. and by 7.0 percent in the U.K. compared with the previous year, reaching a 40-year and 30-year high, respectively. In April, the Harmonized Indices of Consumer Prices (HICP) in the euro area rose by 7.5 percent over the prior year, a new record high since the statistics became available. Inflation also continued in some emerging market economies. In March, the IPCA in Brazil and the CPI in India were up by 11.3 percent and 7.0 percent year on year, respectively.

Volatility increased in global financial markets. First, geopolitical conflicts have sent the price of energy, metals, and other commodities on a roller-coaster ride. In the first quarter, the price of Brent crude oil was once close to USD 140 per barrel, a new record high since 2008, and it finished the quarter by jumping 36 percent. Given the sharp swings in the price of nickel, the London Metal Exchange on one occasion suspended the trading of nickel futures and changed the trading rules. Second, major stock indices declined across the board. The Dow Jones Industrial Average, the STOXX50, and the Nikkei 225 dropped 4.6 percent, 9.2 percent, and 3.4 percent, respectively, in the first quarter, reflecting heightened volatility. Third, the yield on government bonds rose sharply as the major advanced economies quickened the pace of their monetary policy tightening. In the first quarter, the yields on 10-year government bonds in the U.S., Germany, and the U.K. went up by 60 to 80 bps. The yield on 10-year U.S. Treasuries rose to 2.3 percent at the end of March, and hit 3.1 percent on May 6, an all-time high since November 2018.

2. Monetary policies of the major economies

The major advanced economies quickened their pace of monetary policy tightening. The Federal Reserve (Fed) hiked the federal funds rate by 25 bps in March and by 50 bps in May to a target range of 0.75~1 percent, kicking off a new cycle of rate hikes since December 2018. In its March dot plot, the median

Table 13 Macroeconomic and Financial Indicators in the Major Advanced Economies

Economy	Indicator	Q1 2021			Q2 2021			Q3 2021			Q4 2021			Q1 2022		
		Jan.	Feb.	Mar.	Apr.	May	Jun.	Jul.	Aug.	Sept.	Oct.	Nov.	Dec.	Jan.	Feb.	Mar.
United States	Real GDP growth (annualized quarterly rate, %)	6.3			6.7			2.3			6.9			-1.4		
	Unemployment rate (%)	6.4	6.2	6.0	6.0	5.8	5.9	5.4	5.2	4.7	4.6	4.2	3.9	4.0	3.8	3.6
	CPI (YOY, %)	1.4	1.7	2.6	4.2	5.0	5.4	5.4	5.3	5.4	6.2	6.8	7.0	7.5	7.9	8.5
	DJ Industrial Average (end of the period)	29,983	30,932	32,982	33,875	34,529	34,503	34,935	35,361	33,844	35,820	34,484	36,338	35,132	33,893	34,678
Euro Area	Real GDP growth (YOY, %)	-0.9			14.6			4.1			4.7			5.0		
	Unemployment rate (%)	8.3	8.2	8.2	8.2	8.1	7.9	7.6	7.5	7.3	7.2	7.1	7.0	6.9	6.8	-
	HICP (YOY, %)	0.9	0.9	1.3	1.6	2.0	1.9	2.2	3.0	3.4	4.1	4.9	5.0	5.1	5.9	7.4
	EURO STOXX 50 (end of the period)	3,481	3,636	3,919	3,975	4,039	4,064	4,089	4,196	4,048	4,251	4,063	4,298	4,175	3,924	3,903
United Kingdom	Real GDP growth (YOY, %)	-5.0			24.5			6.9			6.6			–		
	Unemployment rate (%)	5.1	5.0	4.9	4.8	4.8	4.7	4.6	4.5	4.3	4.2	4.1	4.1	3.9	3.8	–
	CPI (YOY, %)	0.7	0.4	0.7	1.5	2.1	2.5	2.0	3.2	3.1	4.2	5.1	5.4	5.5	6.2	7.0
	FTSE 100 (end of the period)	6,407	6,483	6,714	6,970	7,023	7,037	7,032	7,120	7,086	7,238	7,059	7,385	7,464	7,458	7,516
Japan	Real GDP growth (annualized quarterly rate, %)	-2.2			2.4			-2.8			4.6			—		
	Unemployment rate (%)	3.0	2.9	2.7	2.8	2.9	2.9	2.8	2.8	2.8	2.7	2.8	2.7	2.8	2.7	2.6
	CPI (YOY, %)	-0.7	-0.5	-0.4	-1.1	-0.8	-0.5	-0.3	-0.4	0.2	0.1	0.6	0.8	0.5	0.9	1.2
	NIKKEI 225 (end of the period)	27,663	28,966	29,179	28,813	28,860	28,792	27,284	28,090	29,453	28,893	27,822	28,792	27,002	26,527	27,821

Sources: Statistical bureaus and central banks of the relevant economies.

forecast for the federal funds rate at the end of 2022 was 1.75~2 percent, which means a total hike of 175 bps this year. 7 of the 16 members argued for bigger rate increases. In addition, the Fed finished asset purchases in March and announced during the Federal Open Market Committee meeting in May that it would begin reducing its holdings of Treasury securities and agency mortgage-backed securities on June 1 initially by USD 30 billion and USD 17.5 billion per month, respectively, which would then increase to USD 60 billion and USD 35 billion after three months, respectively. The European Central Bank kept its key policy rates unchanged. It discontinued net purchases under the pandemic emergency purchase program (PEPP) at the end of March and decided to finish the asset purchase program (APP) earlier. Monthly net purchases stood at EUR40 billion, EUR30 billion, and EUR20 billion respectively in the second quarter, smaller than the original plan of EUR40 billion for each month. It may end net purchases in the third quarter. After starting to raise rates last December, the Bank of England (BOE) raised the Bank Rate in February, March, and May of this year, each by 25 bps to 1.0 percent. When it met in February, the BOE's Monetary Policy Committee (MPC) voted unanimously to begin reducing the Bank's balance sheet. The MPC announced in May that it would consider beginning the process of selling U.K. government bonds. The Bank of Japan maintained a loose monetary policy. Among the other central banks, the Bank of Canada, the Reserve Bank of New Zealand, and the Bank of Korea all raised rates on one occasion in the first quarter, each by 25 bps, and hiked rates on one occasion in April again by 50 bps, 50 bps, and 25 bps respectively.

Several emerging market economies continued to raise interest rates. To address domestic inflationary pressures and the risk of capital outflows, some emerging market economies continued with rate hikes. In the first quarter, the central banks of Brazil, Mexico, and South Africa increased their rates twice by a total of 250 bps, 100 bps, and 50 bps, respectively, while the central banks of India, Indonesia, and Turkey kept their benchmark rates unchanged.

3. Issues and trends that merit attention

Rising geopolitical tensions are weighing down on the global economic recovery. Escalating geopolitical tensions have led to higher commodity prices, such as energy and metals. Growing trade and supply chain disruptions may further push up global inflation and derail the economic recovery, adding more uncertainties to the global economy whose recovery has already been uneven and insufficient. They have also triggered both supply and demand shocks, dampened the momentum for recovery, and prolonged the high inflation in overseas markets. Financial market volatility may also be amplified substantially.

The implications of a faster monetary policy tightening in the major advanced economies are emerging. Against the backdrop of a faster monetary policy shift in the major advanced economies since 2022, volatility has increased sharply in global equity, bonds, and foreign exchange markets. Policy spillovers have been felt, as cross-border capital flows are becoming more unstable. However, the tightening of monetary policy in the advanced economies has just started. How it will evolve down the road and the implications thereof merit close attention.

The global recovery remains highly diverse, with the developing countries facing challenges. On the one hand, supply strains in raw materials and basic agricultural products may deal a systematic blow to global food and energy security. In particular, import-dependent developing countries face bigger pressures. On the other hand, limited capacity for COVID-19 prevention, coupled with the slower economic recovery, huge debt overhang, and tighter global liquidity will put the debt-servicing capacity of the developing countries to a test. Nor should cross-border capital flows, financial market adjustments, and other financial security issues be neglected. According to the IMF, half of the low-income countries are in or at a high risk of debt distress.

II. Macroeconomic developments in China

In Q1 2022, faced with multiple tests brought about by the increasingly complex and severe international environment and the frequent occurrences of COVID-19 domestically, China's economy continued to recover steadily, and the quality of development continued to improve. The national economy got off to a generally steady start. According to preliminary statistics, GDP in Q1 2022 grew by 4.8 percent year on year to RMB 27.0178 trillion on a comparable basis, up 0.8 percentage points from Q4 2021.

1. Consumption and investments were stable, and imports and exports recorded rapid growth

The increase in residents' income kept pace with economic growth, and consumption maintained growth. In Q1, China's per capita disposable income reached RMB 10,345, increasing by 6.3 percent year on year in nominal terms, or 5.1 percent in real terms. The structure of income distribution continuously improved, and the per capita income gap between urban and rural residents narrowed. According to the Urban Depositors' Survey conducted by the PBC in Q1, 23.7 percent of residents were inclined to "consume more", down 1.0 percentage point from Q4 2021 and up 1.4 percentage points year on year, respectively. In Q1, total retail sales of consumer goods grew by 3.3 percent year on year.

Investments grew steadily with an improved structure. In Q1, total fixed-asset investments throughout China (excluding those by rural households) increased by 9.3 percent year on year. In terms of sectors, investments in manufacturing increased by 15.6 percent, 6.3 percentage points higher than the growth of total investments. Investments in infrastructure and real estate development increased by 8.5 percent and 0.7 percent year on year, respectively, both lower than the growth of total investments. In terms of industries, investments in the high-tech industry grew by 27.0 percent year on year, 17.7 percentage points higher than the growth of total investments. Investments in health and education grew by 23.8 percent and 17.2 percent year on year, respectively.

Imports and exports recorded rapid growth. In Q1, imports and exports of goods grew by 10.7 percent year on year. Specifically, exports grew by 13.4 percent year on year and imports grew by 7.5 percent year on year, with the trade surplus in goods posting RMB 1.0369 trillion. The trade structure continued to improve, with the share of imports and exports under general trade increasing by 1.8 percentage points year on year. Exports of machinery and electronics and high-tech products increased by 9.8 percent and 10.6 percent year on year, respectively, accounting for 58.4 percent and 29.2 percent of total exports, respectively. Trading partners are becoming more diversified. Imports and exports to the countries along the Belt and Road and the RCEP (Regional Comprehensive Economic Partnership) trading partners grew by 16.7 percent and 6.9 percent, respectively.

Foreign direct investments (FDI) continued to gather in the high-tech industries. In Q1, actually utilized FDI increased by 25.6 percent year on year to RMB 379.87 billion (equivalent to USD 59.09 billion), growing by 31.7 percent year on year (excluding investments in banking, securities, and the insurance industry). In terms of sectors, FDI in the high-tech industry and the services industry grew rapidly. In Q1 2021, actually utilized FDI in the high-tech industry grew by 52.9 percent year on year. Specifically, actually utilized FDI in the high-tech services industry grew by 57.8 percent year on year and actually utilized FDI in the high-tech manufacturing industry grew by 35.7 percent year on year. Actually utilized FDI in the services industry grew by 17.1 percent year on year.

2. Agricultural production made stable progress, industrial production grew rapidly, and the service industry continued to recover

In Q1, the value-added of the primary, secondary, and tertiary industries in the national economy grew by 6.0 percent, 5.8 percent, and 4.0 percent year on year, respectively, accounting for 4.1 percent, 39.3 percent, and 56.6 percent of GDP, respectively.

Agricultural production was stable, and animal husbandry grew steadily. Preparations for spring ploughing were carried out smoothly and orderly, the intended sowing area of wheat and rice was generally stable, and the intended sowing area of soybeans increased significantly. Annual grain output has been over 650 million tons for seven successive years, with sufficient total grain supply and abundant inventory. Hogs available for slaughter continued to grow and the production of beef and lamb grew steadily. In Q1, the value-added of agriculture increased by 4.8 percent year on year and hogs available for slaughter increased by 14.1 percent year on year. The output of pork, beef, lamb, and poultry grew by 8.8 percent year on year.

Industrial production grew rapidly, and the high-tech manufacturing sector continued to play a leading role. In Q1, the value-added of Industrial Enterprises above a Designated

Size (IEDS) increased by 6.5 percent year on year. Specifically, the value-added of the mining sector increased by 10.7 percent year on year. The manufacturing sector increased by 6.2 percent year on year. The electricity, heat, gas and water production, and supply sectors increased by 6.1 percent year on year. The industrial structure was continuously optimized. The value-added of the high-tech manufacturing sector and the equipment manufacturing sector increased by 14.2 percent and 8.1 percent year on year, which were 7.7 percentage points and 1.6 percentage points higher, respectively, than that of the IEDS. New energy cars, solar cells, and industrial robots grew by 140.8 percent, 24.3 percent, and 10.2 percent year on year, respectively. The profits of industrial enterprises increased steadily. In Q1, total profits of the IEDS increased by 8.5 percent year on year.

Growth in the service industry continued to recover. In Q1, the value-added of the service industry grew by 4.0 percent year on year. The Index of Service Production (ISP) increased by 2.5 percent year on year. The recent COVID-19 outbreaks had a major impact on contact-based consumption, with shopping malls, restaurants, and entertainment venues closed in some areas. In March, the retail sales of goods decreased by 2.1 percent year on year, and catering revenue decreased by 16.4 percent year on year. At the same time, due to poor logistics transportation and passenger transport running at a low level, the volume of business freight decreased by 1.9 percent and passenger flows decreased by 43.5 percent year on year in March. The growth of a modern service industry attained a good momentum, and telecommunications, radio and television and satellite transmission services, monetary and financial services and the insurance industry were still within a prosperous range. In Q1, the value-added of electronic information transmission/software/information technology services and the financial industry grew by 10.8 percent and 5.1 percent year on year, respectively.

3. Consumer prices increased moderately, and the increase in producer prices receded from the previous high level

Consumer prices increased moderately. In Q1, the CPI increased by 1.1 percent year on year. Specifically, the CPI in January and February increased by 0.9 percent year on year and rose by 1.5 percent year on year in March. The increase in international energy prices accelerated the rise in domestic fuel prices, and non-food prices increased by 2.1 percent year on year. Driven by declines in the price of pork, food prices decreased by 3.1 percent year on year.

The year-on-year increase of producer prices receded from the previous high level. In Q1, the Producer Price Index (PPI) increased by 8.7 percent. Specifically, the growth rate of the PPI in January, February, and March registered 9.1 percent, 8.8 percent, and 8.3 percent, respectively, representing a downward trend. Policies aiming to ensure stable supplies and prices continued taking effect. The price increases in the coal sector and the steel sector declined slightly from the previous level. The Purchasing Price Index for Industrial Products (PPIRM) increased by a cumulative 11.3 percent year on year, accelerating by 0.3 percentage points from 2021.

4. Fiscal revenue rose steadily, and expenditures accelerated

In Q1, revenue in the national general public budget posted RMB 6,203.71 billion, increasing by 8.6 percent year on year. Specifically, tax revenue amounted to RMB 5,245.16 billion, up 7.7 percent year on year. Non-tax revenue registered RMB 958.55 billion, up 14.2 percent year on year. Among the main taxes, the domestic value-added tax increased by 3.6 percent year on year. Growth slowed down due to the continuation of tax deferrals for small and medium-sized manufacturing enterprises (SMEs). Among the main taxes, due to the continuation of tax deferrals for manufacturing SMEs, growth of the domestic value-added tax slowed to 3.6 percent year on year. The domestic consumption tax, business income tax, and personal income tax went up by 15.8 percent, 9.8 percent, and 16.5 percent year on year, respectively.

In Q1, expenditures in the national general budget posted RMB 6,358.68 billion, increasing by 8.3 percent and an acceleration of 2.1 percentage points from the same period of the previous year. In terms of the structure of expenditures, expenditures related to disaster prevention and control, and emergency management, science and technology, and transportation grew quickly, registering year-on-year growth of 35.4 percent, 22.4 percent, and 10.9 percent, respectively. People's livelihood and other key areas were supported effectively. Expenditures on education, agriculture/forestry/water resource projects, social security and employment, and public health increased by 8.5 percent, 8.4 percent, 6.8 percent, and 6.2 percent, respectively.

5. The employment situation remained generally stable

New employment in the urban areas expanded and the surveyed unemployment rate increased slightly. In Q1, 2.85 million people were newly employed, and the surveyed unemployment rate averaged 5.5 percent, up 0.1 percentage point year on year. Specifically, the average surveyed unemployment rate among the main labor group between the ages of 25 and 59 was 4.9 percent, and the average unemployment rate among the population with local household registrations was 5.5 percent, both unchanged from 2021. Under the impact of COVID-19, several labor groups faced increasing employment pressures. In March, the unemployment rate among the migrant population with agricultural household registrations increased to 5.9 percent, higher than the urban unemployment rate for two consecutive months.

6. The balance of payments and the external debt

A basic equilibrium was maintained in the balance of payments in China. According to preliminary statistics, in Q1 2022, China's current account surplus registered USD 89.5 billion, accounting for 2.1 percent of GDP, continuously staying within a reasonable range. Specifically, according to the balance of payments statistics, trade in goods recorded a surplus of USD 145 billion, an

Table 14 Floor Area of Real Estate Projects that Were Newly Started, under Construction, and Completed in Q1 2022

Item	Floor area (100 million square meters)	YOY growth (%)	YOY acceleration (percentage points)
Floor area of newly started real estate projects	3.0	-17.5	-6.1
Floor area of real estate projects under construction	80.6	1.0	-4.2
Floor area of completed real estate projects	1.7	-11.5	-22.7

Source: National Bureau of Statistics of China.

increase of 18 percent year on year, whereas trade in services recorded a deficit of USD 18.2 billion, down 30 percent year on year. A basic equilibrium was maintained in cross-border capital flows. Specifically, direct investments recorded a surplus of USD 65 billion. At end-Q1 2022, foreign exchange reserves registered USD 3.188 trillion, down USD 62.2 billion from that at end-2021, mainly due to the depreciation of non-US currency against the US dollar, and the decline in global asset prices. The risks of foreign debt were generally controllable. By the end of 2021, the balance in the all-system foreign debt (denominated in both domestic and foreign currencies) posted USD 2.7466 trillion, and medium- and long-term foreign debt accounted for 47 percent of all foreign debt. The Debt to GDP Ratio (the ratio of the total outstanding foreign debt to current GDP) was 15.5 percent. The Debt to Export Ratio (the ratio of total outstanding foreign debt to exports for the current year) was 77.3 percent. The Debt Service Ratio (the ratio of foreign debt service, including principal and interest payments due, to exports for the current year) was 5.9 percent. The ratio of short-term debt to foreign exchange reserves was 44.5 percent. All of the ratios were under the internationally recognized safe level.

7. Analysis by sector

7.1 The real estate sector

In March 2022, among 70 medium and large-sized cities nationwide, newly built residential housing prices increased by 0.7 percent year on year, decelerating by 1.3 percentage points from end-2021. Second-hand residential housing prices decreased by 0.9 percent year on year, decelerating by 1.9 percentage points from end-2021. In Q1 2022, total floor area of sold units decreased by 13.8 percent year on year. Housing sales decreased by 22.7 percent year on year. Investments in real estate development grew by 0.7 percent year on year. Specifically, investments in residential housing development rose by 0.7 percent year on year, accounting for 74.8 percent of total investments in real estate development.

At end-March 2022, outstanding real estate loans by major financial institutions (including foreign-funded financial institutions) grew by 6 percent year on year to RMB 53.2 trillion, a deceleration of 1.9 percentage points from end-2021. Specifically, outstanding individual housing loans grew by

8.9 percent year on year to RMB 38.8 trillion, a deceleration of 2.4 percentage points from end-2021. Outstanding housing development loans dropped by 1.3 percent year on year to RMB 9.5 trillion, a deceleration of 1.8 percentage points from end-2021.

7.2 The construction industry transforming toward the "30·60 goals"

Construction, covering housing construction, civil construction, installation, decoration, and others, is a pillar industry in the economy. In 2021, the construction industry contributed 7 percent to China's national GDP and employed more than 50 million people. In recent years, the industry rose up to the challenges brought about by the pandemic and other factors and ran smoothly. In Q1 2022, the industry remained an economic pillar as gross output rose by 9.2 percent year on year and the floor area of projects under construction grew by 3 percent year on year.

In the meantime, whole-life carbon emissions in the construction industry, counted in building material production, building construction, and building operations, accounted for 50.6 percent of the total carbon emissions in China,[①] which made the industry a key segment for achieving the "30·60 goals" and posed a number of challenges to its transition. First, the production of building materials emits much carbon. Whole-life carbon emissions in the construction industry amounted to 5 billion tons in China, with the production of building materials including cement and steel taking up 55 percent. Second, the large number of existing buildings and those under construction places great pressures on carbon emissions control. China has the largest number of existing buildings and newly built buildings within a year, with the urban building stock standing at 65 billion square meters and newly-started construction in 2021 registering 2 billion square meters. Third, there is still room for improvement in design philosophy and building technology, as well as in the policies, technologies, and implementation systems of green buildings. In addition, pressure is mounting in the construction industry as the development model in real estate is shifting and the costs of raw materials and labor are climbing. In 2021, the growth rate of construction enterprises' profits posted only 1.3 percent year on year. As for the industry, the profit-output ratio[②] dropped to 2.9 percent and the number of employees decreased by 1.6 percent year on year, respectively.

Moving forward, following *The 14th Five-year Plan for the Development of the Construction Industry* and the *14th Five-year Plan for Building Energy Efficiency and Green Building Development*, it is suggested that the building performance should be continuously improved, the green and low-carbon transformation of the construction industry should be greatly boosted, and

① Source: *China Building Energy Consumption Annual Report (2021)* compiled by the Professional Committee of Building Energy and Emissions.

② The profit-output ratio refers to the ratio of gross profits to gross production value.

the coordinated development of intelligent construction and new construction industrialization should be accelerated. To achieve these, the following efforts are needed. First, advocating a green and low-carbon design philosophy for buildings, strengthening research and development of generic and core technology, and enabling better development and energy conservation for green construction. Second, transforming more buildings into green and energy-saving buildings and promoting the large-scale development of green buildings. It also helps by making existing residential buildings more energy efficient, strictly controlling the construction of high energy-consuming public buildings, and piloting the construction of zero carbon buildings. Third, improving the mechanism of the construction market by upgrading the management system of enterprise qualifications, strengthening the research and development of core technology, building a system of standards for advanced and applicable intelligent construction, and establishing a regulatory mechanism for the new construction market.

Part 5 Monetary Policy Outlook

I. Outlook for the Chinese economy

In Q1 2022, GDP saw a year-on-year growth of 4.8 percent, and Chinese economy was off to an overall stable start. Agricultural production was stable, and preparations for spring ploughing and sowing proceeded in an orderly manner. Industrial production grew rapidly, the momentum for innovation development continued, and industrial upgrading was a prominent driving force. Growth of the value-added of the high-tech manufacturing sector and the equipment manufacturing sector were significantly higher than that of all Industrial Enterprises above a Designated Size (IEDS). The people's livelihood and residential income continued to improve. Investments in the manufacturing sector maintained rapid growth, and investments in infrastructure rebounded strongly. Green transformation proceeded steadily, with energy consumption per GDP continuing to decline. Foreign investment and foreign trade continued to achieve double-digit growth, an equilibrium was maintained in the balance of payments, and foreign exchange reserves remained stable at over USD 3.1 trillion. Macro policies were proactive, a sound monetary policy was implemented to intensify intertemporal adjustments, and the financial aggregate increased stably, providing stronger support for the real economy. The quality and efficiency of the proactive fiscal policy were enhanced, and effective investments were significantly accelerated.

Overall, consumer prices are stable. In Q1 2022, due to the continuous decline of domestic pork prices, the CPI growth remained at a relatively low level, with a cumulative year-on-year increase of 1.1 percent. Specifically, the year-on-year increase in March registered 1.5 percent. In the future, the CPI may increase moderately compared with last year, but it will continue to move within a reasonable range. At the same time, year-on-year growth of the PPI in each month of Q1 moderated. Specifically, the PPI grew by 8.3 percent year on year in March, narrowing 5.2 percentage points from last year's highest point. In the future, the overall downward trend of the PPI may continue, but it also needs to guard against the pressures of imported inflation brought about by the rise in global commodity prices. Overall, China's economic performance remains within a reasonable range. The supply of industrial and agricultural products and services is generally adequate, the demand for consumption and investment is still in the recovery zone, and monetary policy remains sound, all of which are conducive to keeping prices stable for the medium and long term.

Recently, COVID-19 and the crisis in Ukraine have led to an increase in risks and challenges, and the development environment of the Chinese economy is becoming more complex and severe, with increasing uncertainties. From an external perspective, first, the international geopolitical tensions have not only disrupted global food and energy supplies, resulting in large fluctuations in commodity prices, but also disrupted supply chains and international trade, hindering the process of globalization. Second, inflation in the major developed economies has hit a decade high, and the developed countries are accelerating and stepping up efforts to tighten monetary policy, which may bring about new disruptions and spillover effects. Third, the global pandemic is still spreading, bringing disruptions and challenges to the world economic recovery. In April, the World Bank and the International Monetary Fund lowered the global economic growth forecasts for 2022 by 0.9 and 0.8 percentage points to 3.2 percent and 3.6 percent, respectively. From a domestic perspective, the Chinese economy is still faced with triple pressures from shrinking demand, supply shocks, and weakening expectations. An outstanding manifestation is that the recent outbreak of the pandemic has appeared in many places, with broad coverage and frequent occurrences, and it has a greater impact on economic performance. First, contact-based consumption in sectors such as catering, retail, and tourism is weakening, and investment in some sectors has not bottomed out. Second, some enterprises have halted or reduced production, and difficulties faced by market entities have obviously increased. Third, frictions appear in freight logistics and operations of the industrial chain and supply chain, which have constrained the smooth flow of economic circulation.

However, it should be noted that there are many strategic advantages to China's development at present. The Chinese economy is enormous in size with large room for policy maneuvering and it is highly resilient and vigorous. It also has a super-large market, and the fundamentals for long-term steady growth remain unchanged. We have the capability and the conditions to overcome the difficulties and challenges and to achieve sustainable and healthy economic development. In response to the difficulties, we should remain confident, take proactive and decisive actions to cope with the changes and to overcome the difficulties, coordinate pandemic containment and socio-economic development, deepen reform and opening-up, ensure the people's basic livelihood, and strive to stabilize the macro economy.

II. Outlook for monetary policy in the next stage

In the next stage, continuing to follow the guidance of Xi Jinping Thought on Socialism with Chinese Characteristics for a New Era, the PBC will implement the guidelines made at the 19th CPC National Congress, the plenary sessions of the 19th CPC Central Committee, and the Central Economic Work Conference, as well as the requirements set out in the *Report on the Work of the Government*. In line with the decisions and arrangements of the CPC Central Committee and the State Council, it will adhere to the principle of giving top priority to stability while pursuing progress, apply the new development philosophy fully, faithfully, and comprehensively, and accelerate the building of a new development paradigm. It will deepen the supply-side structural reform and support the efforts to stabilize growth, employment, and prices. Furthermore, it will build a modern central banking system, improve the modern monetary policy framework, and promote high-quality development. Striving to maintain macroeconomic stability, the PBC will keep the economic indicators within a reasonable range and do its part to set the stage for the upcoming 20th CPC National Congress.

In pursuing a sound monetary policy, the PBC will step up support for the real economy, give top priority to stability, and act proactively to boost confidence. It will conduct intertemporal adjustments, resolutely refrain from launching a deluge of strong stimulus policies, and give play to the monetary policy tools in adjusting both the aggregate and the structure. It will effectively implement the financial policy measures aimed at stabilizing enterprises and securing employment, with a focus on giving support to micro and small businesses (MSBs) and COVID-stricken industries and groups. Through the proper use of monetary policy tools of different types, the PBC will keep liquidity adequate at a reasonable level and make the growth of credit aggregates more stable, so that the growth rates of money supply and aggregate financing to the real economy (AFRE) will continue to be basically in line with nominal economic growth and the macro leverage ratio will remain basically stable. By actively using structural monetary policy tools to provide additional support, the PBC will guide financial institutions to issue loans reasonably so as to channel more financial resources to key fields and weak links as well as to those enterprises and industries hit hard by COVID-19. It will increase, when appropriate, the quotas of central bank lending for the agricultural and rural sector and MSBs, while making good use of the inclusive MSB lending facility, the central bank lending for sci-tech innovation, and the special central bank lending for inclusive elderly care services. Concrete work will be done to put into use the carbon emission reduction facility (CERF) and the special central bank lending for clean and efficient use of coal. In addition, the PBC will enhance the market-oriented interest rate formation and transmission mechanism by optimizing the central bank policy rate system, strengthening the regulation of deposit rates, and bringing into play the important role of the mechanism for market-oriented deposit rate adjustments. It will put more efforts into stabilizing bank liability costs, further tap into the loan prime rate (LPR) reform and bring down the overall financing costs for enterprises. Keeping a close watch on price movements, it will provide support for sufficient production and supply of food and energy and keep prices generally stable. Committed to a managed floating exchange- rate regime that is based on market supply and demand with reference to a basket of currencies, the PBC will strengthen macro-prudential management of cross-border capital flows, enhance expectation management, and guide market entities to be risk-neutral, thereby maintaining the normal operation of the foreign exchange market and keeping the RMB exchange rate basically stable at an adaptive and equilibrium level. While paying close attention to monetary policy shifts in the major advanced economies, the PBC will focus on domestic conditions and properly balance internal and external equilibria. In the meantime, it will uphold bottom-line thinking, improve the holistic approach, and make coordinated efforts to forestall and defuse major financial risks based on market principles and the rule of law. With these efforts, it will firmly defend the bottom line whereby no systemic risk will occur.

First, the PBC will maintain stable growth in money, credit, and the AFRE. It will closely follow the development of a number of uncertainties at home and abroad to make in-depth analysis of liquidity supply and demand. While a mix of monetary policy tools will be used to keep liquidity adequate at a reasonable level, it will further improve the foresightedness, flexibility, and effectiveness of its operations to better stabilize market expectations. Moreover, the PBC will improve the mechanism for money supply management, continue to ease liquidity, capital, and interest rate constraints on bank credit supply, cultivate and stimulate credit demand from the real economy, guide financial institutions to issue loans in a reasonable manner, and make the growth of credit aggregates more stable. In this way, the growth rates of money supply and the AFRE are expected to remain basically in line with nominal economic growth. The PBC will also improve the mechanism for sustainable capital replenishment by replenishing capital for commercial banks through multiple channels and stepping up support for small and medium-sized banks in their issuance of perpetual bonds and other capital replenishment instruments, thereby improving the capacity of banks to serve the real economy and to forestall and defuse financial risks.

Second, the PBC will continue to bring into play the guiding role of structural monetary policy tools. It will make effective use of the policies on central bank lending and discounts for the agricultural and rural sector and MSBs, increase the quotas of such lending when appropriate, and give play to the inclusive MSB lending facility. At the same time, it will ramp up support for agro-related entities, for the service industries requiring direct contacts, such as the hotel and catering industry, wholesale, retail, and tourism, which have been severely affected by COVID-19, and for other industries that have prospects but have met with temporary difficulties due to the impact of COVID-19. The PBC will continue to put into operation the special central bank lending for clean and efficient use of coal, meet the reasonable demands regarding production and construction for coal security, coal purchases by power companies, coal reserves, and other fields of the like, and will help ensure the stable supply of energy, such as electricity and coal. With the practical application of the CERF, the PBC will increase support for major wind and photovoltaic power bases and the upgrading of the supporting coal-fired power plants. The aim is to promote the transition to a green and low-carbon economy while ensuring a secure energy supply. In addition, the PBC will pick up pace in moving ahead with the implementation of the two lending facilities, i.e., the special central bank lending for sci-tech innovation and that for inclusive elderly care services, which will provide support for the issuance of loans that meet the criteria. These measures will guide financial institutions to intensify financial support for enterprises in their technological development and transformation and for institutions offering inclusive elderly care services.

Third, the PBC will build the systems and mechanisms needed to provide effective financial support for the real economy. More work will be done to implement the financial relief policies already introduced. The PBC will urge and guide financial institutions to act in a proactive and targeted manner and issue loans reasonably. It will require financial institutions to make every effort to support MSBs in difficulty and provide differentiated financial services for COVID-stricken sectors. It will step up financial support for core enterprises in the industrial and supply chains and support the healthy development of private businesses. All-out efforts will be made to provide financial safeguards for food security as well as the production and sales of major agricultural products. Moreover, the PBC will provide financial services to support the supply of coal and other energies while stepping up financial support for the smooth operation of logistics and transport as well as for effective investment. It will push for the implementation of the circular on providing financial support for the priority work in rural revitalization, guide financial institutions to optimize resource allocations, take targeted measures early on, and effectively ramp up financial support for the agricultural sector, rural areas, and farmers, thereby moving further ahead with rural revitalization. Firmly adhering to the principle that housing is for living in, not for speculation, and that the real estate market shall not be used to provide a short-term stimulus to the economy, the PBC will remain committed to keeping land prices, housing prices, and expectations stable. It will prudently implement the regulations on prudential management of real estate finance and support fine-tuning of real estate policies based on local realities to meet the rigid demand for housing and the needs to improve living conditions. Meanwhile, it will increase financial support for the rental of housing, protect the legitimate rights and interests of consumers in the market, and promote the healthy development of the real estate market to foster a virtuous circle.

Fourth, the PBC will deepen the market-oriented interest rate and exchange rate reforms to smooth the channels of monetary policy transmission. It will improve the market-oriented interest rate formation and transmission mechanism by optimizing the central bank policy rate system and guiding market rates to move around the policy rates. The PBC will strengthen the regulation of deposit rates and bring into play the important role of the mechanism for market-oriented deposit rate adjustments. It will put more efforts into stabilizing bank liability costs, further tap into the LPR reform, and bring down the overall financing costs for enterprises. Taking steady steps to deepen the market-oriented exchange rate reform, the PBC will improve the managed floating exchange rate regime that is based on market supply and demand with reference to a basket of currencies, enhance the RMB exchange rate flexibility, and give play to the role of the exchange rate in macroeconomic management and as an automatic stabilizer for the balance of payments. Furthermore, it will strengthen expectation management and keep the RMB exchange rate basically stable at an adaptive and equilibrium level. The PBC will continue to develop the foreign exchange market. Guiding both enterprises and financial institutions to be risk-neutral, it will improve the services of exchange rate risk management for enterprises, offer guidance to financial institutions on providing services of exchange rate risk hedging for micro, small, and medium-sized enterprises with authentic needs based on a risk-neutral concept, on reducing the costs of risk hedging for enterprises, and on strengthening risk management of their foreign exchange businesses, thereby maintaining the stable and sound development of the foreign exchange market. The PBC will continue to advance RMB internationalization stably and prudently by further expanding the use of the RMB in cross-border trade and investment, deepening international monetary cooperation, and developing offshore RMB markets. In addition, it will conduct pilot projects for the high-quality opening-up of cross-border trade and investment, further liberalize and facilitate cross-border trade and investment, and steadily move ahead with the convertibility of the RMB under the capital account.

Fifth, the PBC will make continued efforts to deepen financial reform, and it will accelerate steps to advance financial market institutional building. Focusing on strengthening corporate governance, it will deepen the reform of large commercial banks and establish a modern financial enterprise system with Chinese characteristics. The reform of development financial institutions and policy financial institutions will continue, whereby they will be required to carry out category-based management of businesses and separate accounting, to strengthen capital constraints as well as risk management, to enhance incentives, and to fulfill their responsibilities. By doing so, they will better play their roles in serving the real economy and supporting national strategies. The PBC will optimize the administrative framework for the issuance of financial bonds and steadily promote a higher-quality opening-up of the bond market. It will also enhance the efficiency and interconnectivity of the multi-tiered market system, cultivate diversified and qualified investors, and boost innovation in the bond market to intensify its support for key fields and weak links. More work will be done to improve the legal system for the bond market, to tighten requirements for information disclosures, and to strengthen regulation over intermediary institutions. Meanwhile, the PBC will reinforce monitoring and resolution of bond market risks and act in a timely way to forestall and defuse the risks. It will step up efforts on unified law enforcement in the bond market, and crack down on illegal and irregular conduct.

Sixth, the PBC will improve the systems of

financial risk prevention, early warning, resolution, and accountability, and it will build a long-term mechanism to forestall and defuse financial risks. Further steps will be taken to improve the macro-prudential management system as well as the capacity for systemic risk monitoring, assessment, and early warning and to enrich the macro-prudential policy tools in the toolkit. The PBC will improve the regulation of systemically important financial institutions. It will push systemically important banks to meet the additional regulatory requirements as scheduled. At the same time, it will pick up pace in pushing China's global systemically important banks to establish and improve their total loss-absorbing capacity so as to effectively enhance their risk prevention abilities. Coordinated efforts will be made to supervise and regulate financial holding companies. Work will move on stably to implement the requirement that non-financial enterprises which fall under the prescribed circumstances should apply for the establishment of financial holding companies according to the law. And the PBC will continue to improve the relevant rules and regulations to promote the well-regulated and sustainable development of financial holding companies. Furthermore, it will strengthen the financial legal system. With the drafting of the *Law on Financial Stability* and the establishment of the Financial Stability Fund, it will institutionalize and further improve the long-term mechanisms for financial risk prevention, mitigation, and resolution, aiming to put in place a routine mechanism for risk resolution that is market-oriented and law-based. Continuing to follow the principles of "maintaining overall stability, taking a coordinated approach, adopting differentiated measures, and defusing bombs with precision", the PBC will prevent and defuse financial risks by focusing on its top priorities. It will adopt differentiated approaches in the process, reduce existing risks, and strictly guard against emerging risks. It will keep a close watch on risks in key fields and enhance the foresightedness, timeliness, and effectiveness of risk identification, while enriching and improving early corrective measures. It will leverage regulatory resources and risk resolution resources in a coordinated manner by strengthening both horizontal and vertical coordination. The PBC will work to ensure that financial institutions and their shareholders, local governments, and financial regulators fulfill their respective responsibilities so as to join efforts in risk resolution and effectively implement the corresponding measures. It will also improve the mechanism for financial risk accountability and hold accountable those responsible for major financial risks to effectively prevent moral hazards, thereby defending the bottom line whereby no systemic risk will occur.

附录一　2022年第一季度中国货币政策大事记

1月17日，中国人民银行开展中期借贷便利（MLF）操作，操作金额为7 000亿元，利率为2.85%。

1月17日，中国人民银行下调常备借贷便利（SLF）利率。具体为隔夜利率从3.05%下调至2.95%、7天期利率从3.2%下调至3.1%、1个月期利率从3.55%下调至3.45%。

1月20日，中国人民银行授权全国银行间同业拆借中心公布贷款市场报价利率（LPR），1年期LPR为3.7%，5年期以上LPR为4.6%。

1月21日，中国人民银行与印度尼西亚银行续签规模为2 500亿元人民币/550万亿印度尼西亚卢比的双边本币互换协议。

1月24日，中国人民银行向全国人大财经委员会汇报2021年货币政策执行情况。

1月29日，中国人民银行面向公开市场业务一级交易商开展2022年第一期央行票据互换（CBS）操作，费率为0.10%，中标量为50亿元，期限为3个月。

1月29日，中国人民银行、国家外汇管理局发布《关于银行业金融机构境外贷款业务有关事宜的通知》（银发〔2022〕27号），进一步支持和规范境内银行开展境外贷款业务。

2月8日，中国人民银行、银保监会发布《关于保障性租赁住房有关贷款不纳入房地产贷款集中度管理的通知》（银发〔2022〕30号），明确保障性租赁住房项目有关贷款不纳入房地产贷款集中度管理。

2月11日，中国人民银行印发《银行间债券市场债券借贷业务管理办法》（中国人民银行公告〔2022〕第1号）。

2月15日，中国人民银行开展中期借贷便利（MLF）操作，操作金额为3 000亿元，利率为2.85%。

2月16日，中国人民银行与阿尔巴尼亚银行续签规模为20亿元人民币/330亿阿尔巴尼亚列克的双边本币互换协议。

2月21日，中国人民银行授权全国银行间同业拆借中心公布贷款市场报价利率（LPR），1年期LPR为3.7%，5年期以上LPR为4.6%。

2月21日，中国人民银行在香港成功发行250亿元人民币央行票据，其中3个月期央行票据100亿元，1年期央行票据150亿元、中标利率分别为2.50%、2.70%。

2月28日，中国人民银行面向公开市场业务一级交易商开展2022年第二期央行票据互换（CBS）操作，费率为0.10%，中标量为50亿元，期限为3个月。

3月8日，中国人民银行发布新闻稿，2022年依法向中央财政上缴结存利润，总额超过1万亿元，主要用于留抵退税和增加对地方转移支付，支持助企纾困、稳就业保民生。

3月15日，中国人民银行开展中期借贷便利（MLF）操作，操作金额为2 000亿元，利率为2.85%。

3月16日，中国人民银行批准中国中信金融控股有限公司（筹）和北京金融控股集团有限公司的金融控股公司设立许可。

3月21日，中国人民银行授权全国银行间同业拆借中心公布贷款市场报价利率（LPR），1年期LPR为3.7%，5年期以上LPR为4.6%。

3月22日，中国人民银行在香港成功发行50亿元人民币央行票据，期限为6个月，中标利率为2.60%。

3月下旬，中国人民银行货币政策委员会召开2022年第一季度例会。

3月29日，中国人民银行面向公开市场业务一级交易商开展2022年第三期央行票据互换（CBS）操作，费率为0.10%，中标量为50亿元，期限为3个月。

3月30日，中国人民银行印发《关于做好2022年金融支持全面推进乡村振兴重点工作的意见》（银发〔2022〕74号）。

Appendix 1 Highlights of Monetary Policies in Q1 2022

On January 17, the People's Bank of China (PBC) conducted MLF operations in the amount of RMB 700 billion, with an interest rate of 2.85 percent.

On January 17, the PBC lowered the interest rate on the Standing Lending Facility (SLF). Specifically, the overnight interest rate, the 7-day interest rate, and the 1-month interest rate were lowered to 2.95 percent, 3.1 percent, and 3.45 percent from 3.05 percent, 3.2 percent, and 3.55 percent, respectively.

On January 20, with the authorization of the PBC, the National Interbank Funding Center (NIFC) announced the Loan Prime Rate (LPR) as follows: the 1-year and the above-5-year LPR would be 3.7 percent and 4.6 percent, respectively.

On January 21, the PBC and Bank Indonesia (BI) renewed the bilateral local currency swap agreement with a size of RMB 250 billion, or IDR 550 trillion.

On January 24, the PBC reported to the Financial and Economic Affairs Committee of the National People's Congress (NPC) on monetary policy implementation in 2021.

On January 29, the PBC conducted the first Central Bank Bills Swap (CBS) operation in 2022. Open to primary dealers of open market operations, the operation registered RMB 5 billion, with a term of 3 months and at a rate of 0.10 percent.

On January 29, the PBC and the State Administration of Foreign Exchange (SAFE) jointly released the *Notice on Overseas Lending by Banking Institutions* (Yinfa No. 27〔2022〕), to further support and regulate overseas lending by domestic banks.

On February 8, the PBC and the China Banking and Insurance Regulatory Commission (CBIRC) released the *Notice on the Exclusion of Loans for Affordable Rental Housing from Real Estate Loan Concentration Management* (Yinfa No. 30〔2022〕), clarifying that loans for affordable rental housing projects shall be excluded from real estate loan concentration management.

On February 11, the PBC issued the *Administrative Measures for the Bond Lending Business in the Interbank Bond Market* (Announcement No. 1〔2022〕).

On February 15, the PBC conducted MLF operations in the amount of RMB 300 billion, with an interest rate of 2.85 percent.

On February 16, the PBC and the Bank of Albania (BA) renewed the bilateral local currency swap agreement with a size of RMB2 billion, or ALL33 billion.

On February 21, with the authorization of the PBC, the NIFC announced the LPR as follows:

the 1-year and the above-5-year LPR would be 3.7 percent and 4.6 percent, respectively.

On February 21, the PBC issued RMB 25 billion of RMB-denominated central bank bills in Hong Kong, including RMB 10 billion 3-month bills and RMB 15 billion 1-year bills, with a rate of 2.50 percent and 2.70 percent, respectively.

On February 28, the PBC conducted the second CBS operation in 2022. Open to primary dealers of open market operations, the operation registered RMB 5 billion, with a term of 3 months and at a rate of 0.10 percent.

On March 8, the PBC published a press release stating that in 2022, according to the law, it will turn over more than RMB 1 trillion in profits to the central government. The funds will primarily be used for tax refunds and transfer payments to local governments so as to provide relief to businesses, stabilize employment, and protect the people's livelihood.

On March 15, the PBC conducted MLF operations in the amount of RMB 200 billion, with an interest rate of 2.85 percent.

On March 16, the PBC approved the establishment of China CITIC Financial Holdings (in preparation) and Beijing Financial Holdings Group.

On March 21, with the authorization of the PBC, the NIFC announced the LPR as follows: the 1-year and the above-5-year LPR would be 3.7 percent and 4.6 percent, respectively.

On March 22, the PBC issued RMB 5 billion of RMB-denominated central bank bills in Hong Kong, with a term of 6 months and at a rate of 2.60 percent.

In late March, the PBC Monetary Policy Committee held its first quarterly meeting in 2022.

On March 29, the PBC conducted the third CBS operation in 2022. Open to primary dealers of open market operations, the operation registered RMB5 billion, with a term of three months and at a rate of 0.10 percent.

On March 30, the PBC issued the *Opinions on Ensuring Financial Support for Full Promotion of Key Rural Revitalization Initiatives in 2022* (Yinfa No. 74〔2022〕).

附录二　2022年第一季度主要经济体中央银行货币政策

一、美联储

美联储退出量化宽松，开启加息周期。3月，美联储如期结束新冠肺炎疫情暴发以来的扩表进程，退出本轮量化宽松。3月16日议息会议宣布将联邦基金利率目标区间上调25个基点至0.25%~0.5%，为2018年12月以来首次加息；同时，考虑到高企的通胀率和较高的就业水平，所有参会者均认为应在5月议息会议上宣布开启缩表，且缩表节奏快于2017—2019年。

美联储3月议息会议公布的季度经济预测概要（Summary of Economic Projections）点阵图显示，16名与会委员对2022年末联邦基金利率目标区间的预测中值为1.75%~2%，对应全年加息175个基点，其中7人认为加息幅度还应更大。3月21日，美联储主席鲍威尔发表讲话称，美联储将在必要时一次或多次以高于25个基点的幅度加息以抑制通胀。

此外，3月16日美联储宣布上调主要信贷利率25个基点至0.5%，上调隔夜回购利率25个基点至0.5%，上调隔夜逆回购利率25个基点至0.3%，上调准备金账户余额利率（IORB）25个基点至0.4%。

二、欧洲中央银行

欧洲中央银行（以下简称欧央行）加速缩减购债。第一季度，欧央行将主要再融资操作利率、边际贷款便利利率、存款便利利率分别维持在0、0.25%、-0.50%不变。3月10日，宣布加快缩减资产购买（APP）规模，将APP下的资产净购买计划由“第二季度每月400亿欧元、第三季度每月300亿欧元、10月起每月200亿欧元”调整为“4月400亿欧元、5月300亿欧元、6月200亿欧元，第三季度根据具体情况调整”，购买规模明显缩减，且不排除提前结束资产净购买的可能。同时，受地缘政治局势影响，欧央行宣布将欧元体系央行回购便利（EUREP）到期日由2022年3月延长至2023年1月15日，继续为非欧元区央行提供欧元流动性支持。

三、日本银行

日本银行维持宽松立场。第一季度，日本银行将金融机构存放的部分超额存款准备金利率维持在-0.1%不变，继续不设上限购买必要数量的国债，以使10年期日本国债收益率维持在0左右。同时，日本银行将交易所交易基金（ETF）和房地产投资信托基金（J-REITs）年度购买上限维持在12万亿日元和1800亿日元不变；在2022年3月底前维持商业票据和公司债持有总额上限在20万亿日元不变，并从4月开始逐步放缓购买速度至疫情前水平。

四、英格兰银行

英格兰银行第一季度连续两次加息。自2021年12月加息15个基点后，英格兰银行于2022年2月2日和3月16日连续两次加息25个基点，将基准利率提升至0.75%。3月16日议息会议后，英格兰银行强调了经济面临的不确定性，并表示未来几个月进一步适度收紧货币政策可能是合适的，但取决于中期通胀前景的演变。

Appendix 2 Monetary Policies of Major Economies in the First Quarter of 2022

I. The U.S. Federal Reserve

The Federal Reserve exited from quantitative easing and started a rate-rise cycle. In March, the Federal Reserve ended the process of expanding the balance sheet since the outbreak of the COVID-19 and exited from the current round of quantitative easing as expected. On March 16, the Federal Open Market Committee (FOMC) announced at the meeting that the target range for the federal funds rate would rise by 25 bps to 0.25~0.5 percent, the first rate hike since December 2018. At the same time, all the participants of the meeting agreed that elevated inflation and tight labor market conditions warranted commencement of balance sheet runoff at the FOMC meeting in May, with a faster pace than over the 2017–2019 period.

In the quarterly *Summary of Economic Projections* in conjunction with the FOMC meetings in March, the dot plots showed that the median forecast of the target range for the federal funds rate at the end of 2022 by 16 participants was 1.75~2 percent, corresponding to rate hikes of 175 bps over the year, while 7 of them projected more aggressive hikes. On March 21, the Federal Reserve Chairman Jerome Powell expressed that the Federal Reserve would raise interest rates by more than 25 bps at a meeting or meetings if necessary to curb inflation.

In addition, the Federal Reserve announced on March 16 that the primary credit rate was raised by 25 bps to 0.5 percent. Overnight Repurchase agreement rate was raised by 25 bps to 0.5 percent. Overnight Reverse Repurchase agreement rate was raised by 25 bps to 0.3 percent. The Interest Rate on Reserve Balances (IORB) was raised by 25 bps to 0.4 percent.

II. The European Central Bank

The European Central Bank (ECB) sped up the tapering of bond purchases. In the first quarter of 2022, the interest rates on the main refinancing operations, the marginal lending facility and the deposit facility remained unchanged at 0, 0.25 percent and −0.50 percent, respectively. On March 10, the ECB announced that it would speed up the tapering of its Asset Purchase Program (APP) and the net purchases under APP would be adjusted from "EUR 40 billion per month in the second quarter, EUR 30 billion per month in the third quarter and EUR20 billion per month from October onwards" to "EUR 40 billion in April, EUR 30 billion in May and EUR 20 billion in June, and the calibration of net purchases for the third quarter will be data-dependent and reflect its evolving assessment of the outlook". The size of purchases has been significantly reduced and the possibility of an early end to net asset purchases cannot be ruled out. At the same time, affected by the geopolitical developments, the ECB announced that the expiry date of the Eurosystem repo facility for central banks (EUREP) will be extended from March 2022 to January 15, 2023, to continue to provide euro liquidity support for non-euro area central banks.

III. The Bank of Japan

The Bank of Japan maintained monetary easing stance. The Bank maintained a negative interest rate of -0.1 percent to the Policy-Rate Balances in current accounts held by financial institutions at the Bank in the first quarter and continued to purchase the necessary amount of government bonds without an upper limit to keep the 10-year JGB yield around 0. At the same time, the Bank of Japan kept the annual upper limits for Exchange-Traded Fund (ETF) purchase and Japan Real Estate Investment Trust (J-REIT) purchase unchanged at JPY 12 trillion and JPY 180 billion, and kept the upper limits for total CP and corporate bond holdings unchanged at JPY 20 trillion until the end of March 2022. From April 2022 onward, the Bank will gradually slow the pace of purchases to pre-COVID level.

IV. The Bank of England

The Bank of England's Monetary Policy Committee (MPC) raised Bank Rate twice in a row in the first quarter. Since the MPC increased Bank Rate by 15 bps in December 2021, it raised the Bank Rate to 0.75 percent with two hikes of 25 bps on February 2 and March 16, 2022, respectively. Following the meeting on March 16, the MPC highlighted the uncertainties around the economic outlook and judged that some further modest tightening in monetary policy may be appropriate in the coming months, but it depended on how medium-term prospects for inflation evolve.

附录三　中国主要经济和金融指标
Appendix 3 China's Major Economic and Financial Indicators

一、经济发展与就业（Economic development and employment）

1.1　概览（Overview）

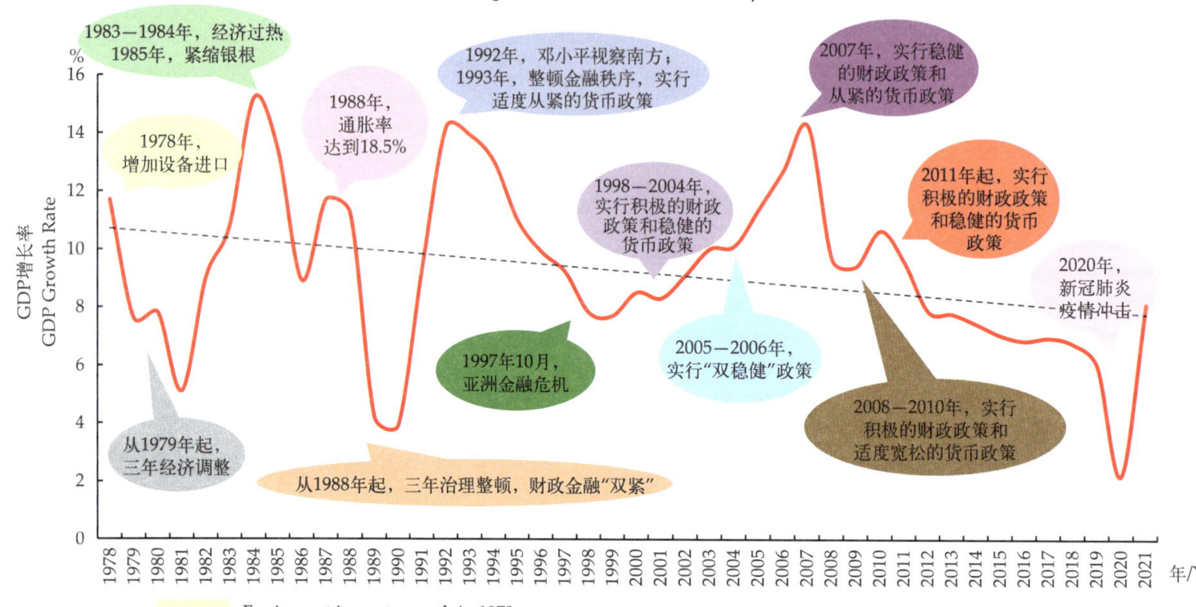

Equipment import growth in 1978
3-year economic adjustment between 1979 and 1981
Over-heated economy between 1983 and 1984, tight monetary policy in 1985
Inflation of 18.5% in 1988
3-year rectification from 1988 to 1991, "double tightening" of fiscal and monetary policy
Deng Xiaoping's remarks on economic reform during his 1992 trip to South China, rectification of financial order and adoption of appropriately tight monetary policy in 1993
Asian financial crisis in October 1997
Proactive fiscal policy and sound monetary policy from 1998 to 2004
"Double sound" fiscal and monetary policy in 2005 and 2006
Sound fiscal policy and tight monetary policy in 2007
Proactive financial policy and moderately loose monetary policy in 2008 to 2010
Proactive financial policy and sound monetary policy since 2011
COVID-19 pandemic shock in 2020

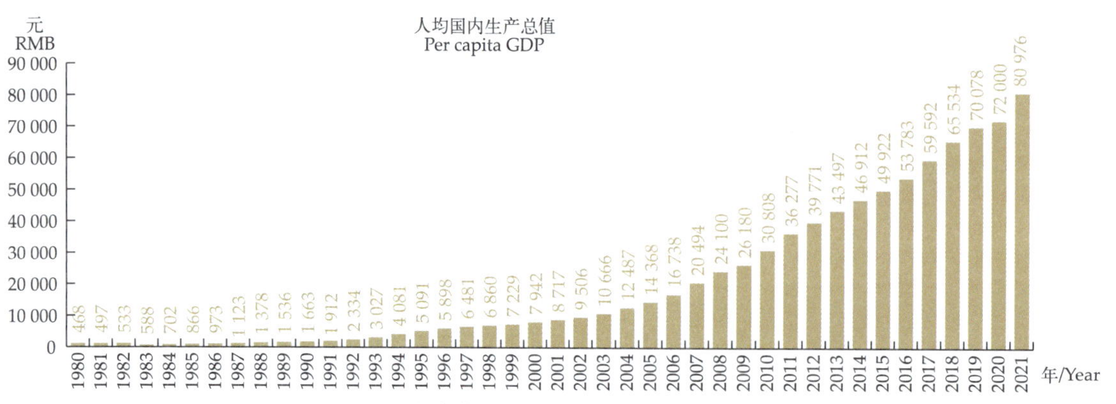

（图中数据根据国家统计局最新数据修订）
(Data are revised by National Bureau of Statistics of China)

1.2 国民经济核算（GDP）

1978年以来我国GDP及其增长率
GDP and its annual growth rate since 1978

年 Year	GDP（万亿元） GDP (RMB 1 trillion)	GDP 增长率 (%) GDP growth rate (%)
1978	0.4	11.7
1979	0.4	7.6
1980	0.5	7.8
1981	0.5	5.1
1982	0.5	9.0
1983	0.6	10.8
1984	0.7	15.2
1985	0.9	13.4
1986	1.0	8.9
1987	1.2	11.7
1988	1.5	11.2
1989	1.7	4.2
1990	1.9	3.9
1991	2.2	9.3
1992	2.7	14.2
1993	3.6	13.9
1994	4.9	13.0
1995	6.1	11.0
1996	7.2	9.9
1997	8.0	9.2
1998	8.5	7.8
1999	9.1	7.7
2000	10.0	8.5
2001	11.1	8.3
2002	12.2	9.1
2003	13.7	10.0
2004	16.2	10.1
2005	18.7	11.4
2006	21.9	12.7
2007	27.0	14.2
2008	31.9	9.7
2009	34.9	9.4
2010	41.2	10.6
2011	48.8	9.6
2012	53.9	7.9
2013	59.3	7.8
2014	64.4	7.4
2015	68.9	7.0
2016	74.6	6.9
2017	83.2	7.0
2018	91.9	6.8
2019	98.7	6.0
2020	101.4	2.2
2021	114.4	8.1

注：表中数据根据国家统计局最新数据修订。
Note: Data are revised by National Bureau of Statistics of China.

GDP及其增长率
GDP and its annual growth rate

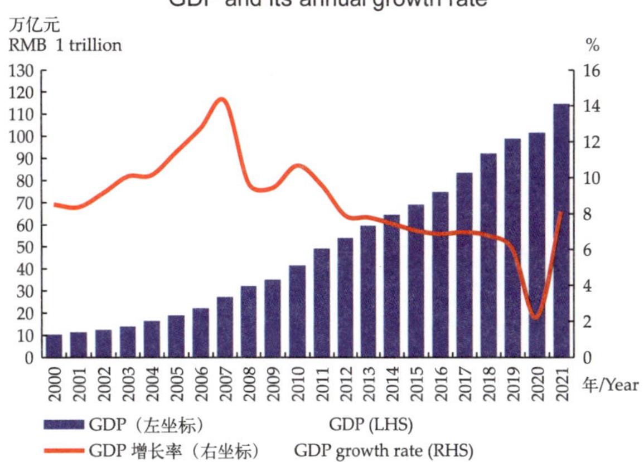

生产法现价GDP与支出法现价GDP及其增长率比较
Comparison between production-based GDP and expenditure-based GDP at current price

年 Year	(1) 生产法 GDP Production-based GDP		(2) 支出法 GDP Expenditure-based GDP		(1) − (2)	
	绝对量（亿元） Absolute value (RMB 100 million)	现价增速 (%) Growth rate at current price (%)	绝对量（亿元） Absolute value (RMB 100 million)	现价增速 (%) Growth rate at current price (%)	绝对量（亿元） Absolute value (RMB 100 million)	现价增速 (%) Growth rate at current price (%)
1991	22 006	16.6	21 997	16.0	8	0.60
1992	27 195	23.6	27 140	23.4	54	0.20
1993	35 673	31.2	35 576	31.1	97	0.10
1994	48 637	36.3	48 410	36.1	227	0.27
1995	61 340	26.1	61 050	26.1	290	0.01
1996	71 814	17.1	71 541	17.2	272	−0.11
1997	79 715	11.0	79 416	11.0	299	0.00
1998	85 196	6.9	84 791	6.8	405	0.11
1999	90 564	6.3	90 095	6.3	469	0.05
2000	100 280	10.7	99 799	10.8	481	−0.04
2001	110 863	10.6	110 388	10.6	475	−0.06
2002	121 717	9.8	121 327	9.9	391	−0.12
2003	137 422	12.9	137 147	13.0	275	−0.14
2004	161 840	17.8	161 356	17.7	485	0.12
2005	187 319	15.7	187 658	16.3	−339	−0.56
2006	219 438	17.1	219 598	17.0	−159	0.13
2007	270 092	23.1	270 499	23.2	−407	−0.10
2008	319 245	18.2	318 068	17.6	1 177	0.61
2009	348 518	9.2	347 650	9.3	867	−0.13
2010	412 119	18.2	408 505	17.5	3 614	0.74
2011	487 940	18.4	484 109	18.5	3 831	−0.11
2012	538 580	10.4	539 040	11.4	−460	−0.97
2013	592 963	10.1	596 344	10.6	−3 381	−0.53
2014	643 563	8.5	646 548	8.4	−2 985	0.11
2015	688 858	7.0	692 094	7.0	−3 235	−0.01
2016	746 395	8.4	745 981	7.8	415	0.57
2017	832 036	11.5	828 983	11.1	3 053	0.35
2018	919 281	10.5	915 774	10.5	3 507	0.02
2019	986 515	7.3	990 708	8.2	−8 412	−1.33
2020	1 013 567	2.7	1 025 917	3.6	−9 930	−0.13
2021	1 143 670	12.8	—	—	—	—

注：表中数据根据国家统计局最新数据修订。
Note: Data are revised by National Bureau of Statistics of China.

1.2.1 按生产法计算的国内生产总值 (Production-based GDP)

按生产法计算的国内生产总值
Production-based gross domestic product

年 / 季度 Year/ Quarter		国内生产总值 GDP		第一产业 Primary industry		第二产业 Secondary industry		第三产业 Tertiary industry	
		绝对值（亿元）Absolute value (RMB 100 million)	增长（%）Growth (%)	比重（%）Share (%)	增长（%）Growth (%)	比重（%）Share (%)	增长（%）Growth (%)	比重（%）Share (%)	增长（%）Growth (%)
2015	I	151 138	7.1	4.9	3.1	40.0	6.2	55.1	8.4
	I-II	319 688	7.1	6.0	3.4	41.1	6.0	52.9	8.7
	I-III	496 285	7.1	7.3	3.8	40.9	5.9	51.8	8.8
	I-IV	688 858	7.0	8.4	3.9	40.8	5.93	50.8	8.8
2016	I	162 410	6.9	5.1	2.9	37.6	5.8	57.3	8.0
	I-II	343 818	6.9	6.1	3.0	39.1	6.0	54.8	7.9
	I-III	534 829	6.8	7.2	3.5	39.3	6.0	53.6	8.0
	I-IV	746 395	6.9	8.1	3.3	39.6	6.03	52.4	8.1
2017	I	181 868	7.0	4.5	3.0	38.1	6.1	57.4	8.0
	I-II	383 818	7.0	5.4	3.5	39.5	6.2	55.1	8.0
	I-III	596 607	7.0	6.6	3.7	39.6	6.0	53.9	8.2
	I-IV	832 036	7.0	7.5	4.0	39.9	5.87	52.7	8.3
2018	I	202 036	6.9	4.2	3.2	37.9	6.2	57.8	7.8
	I-II	425 998	6.9	5.1	3.3	39.4	6.1	55.6	7.9
	I-III	660 472	6.8	6.0	3.4	39.5	5.8	54.5	8.1
	I-IV	919 281	6.8	7.0	3.5	39.7	5.79	53.3	8.0
2019	I	217 168	6.3	4.0	2.7	37.1	5.3	58.9	7.2
	I-II	458 671	6.1	5.1	3.1	38.5	5.0	56.5	7.2
	I-III	709 717	6.0	6.1	2.9	38.5	4.8	55.5	7.3
	I-IV	986 515	6.0	7.1	3.1	38.6	4.90	54.3	7.2
2020	I	205 245	-6.9	5.0	-3.1	35.3	-9.7	59.7	-5.4
	I-II	453 593	-1.7	5.8	1	37.5	-2.00	56.8	-1.7
	I-III	717 948	0.6	6.7	2.5	37.6	0.80	55.7	0.3
	I-IV	1 013 567	2.2	7.7	3.1	37.8	2.50	54.5	1.9
2021	I	247 985	18.3	4.6	8.1	37.3	24.40	58.1	15.6
	I-II	529 513	12.7	5.4	7.8	39.0	14.80	55.6	11.8
	I-III	819 432	9.8	6.3	7.5	39.1	10.60	54.6	9.5
	I-IV	1 143 670	8.1	7.3	7.1	39.4	8.20	53.3	8.2
2022	I	270 178	4.8	4.1	6.0	39.3	5.8	56.6	4.0

注：1.表中绝对数按当年价格计算，“较上年同期增长”按不变价格计算。
2.表中数据根据国家统计局最新数据修订。

Notes: 1. Absolute figures in this table are calculated at current prices, and the year-on-year growth rates are calculated at constant prices.
2. Data are revised by National Bureau of Statistics of China.

GDP季度累计增长率
Quarterly accumulated GDP growth rates

季度GDP三次产业所占的比重与增长率变化
Shares of industries in GDP and their growth rates on a quarterly basis

%
100
80
60
40
20
0
2015
2016
2017
2018
2019
2020
2021
2022
%
25
20
15
10
5
0
−5
−10
−15
年/Year

第一产业所占的比重（左坐标） Share of primary industry(LHS)
第二产业所占的比重（左坐标） Share of secondary industry (LHS)
第三产业所占的比重（左坐标） Share of tertiary industry(LHS)
第一产业同比累计增长（右坐标） YOY accumulated growth of primary industry (RHS)
第二产业同比累计增长（右坐标） YOY accumulated growth of secondary industry (RHS)
第三产业同比累计增长（右坐标） YOY accumulated growth of tertiary industry (RHS)

工业增加值当月同比增长率
Monthly growth rate (YOY) of value added of industry

单位：% Unit: %

年 / 月 Year/Month		工业增加值 Value added	采矿业 Mining	制造业 Manufacturing	电力、热力、燃气及水生产和供应业 Electricity, gas & water production and supply	国有及国有控股企业 State-owned and state-holding enterprises	股份制企业 Joint-stock enterprises	外商及港澳台投资企业 Enterprises with foreign, Hongkong, Macau,and Taiwan investment	私营企业 Private enterprises
2020	1	—	—	—	—	—	—	—	—
	2	—	—	—	—	—	—	—	—
	3	−1.1	4.2	−1.8	−1.6	−2.5	−0.2	−5.4	−0.5
	4	3.9	0.3	5.0	0.2	0.5	4.0	3.9	7.0
	5	4.4	1.1	5.2	3.6	2.1	4.8	3.4	7.1
	6	4.8	1.7	5.1	5.5	4.9	5.0	4.2	4.8
	7	4.8	−2.6	6.0	1.7	4.1	4.2	7.6	4.2
	8	5.6	1.6	6.0	5.8	5.2	5.8	5.3	5.7
	9	6.9	2.2	7.6	4.5	6.5	6.8	7.1	7.9
	10	6.9	3.5	7.5	4.0	5.4	6.9	7.0	8.2
	11	7.0	2.0	7.7	5.4	5.9	6.8	8.3	6.8
	12	7.3	4.9	7.7	6.1	6.4	7.0	8.5	7.6
2021	1	—	—	—	—	—	—	—	—
	2	—	—	—	—	—	—	—	—
	3	14.1	2.9	15.2	13.9	10.9	13.4	17.4	16.8
	4	9.8	3.2	10.3	10.3	8.6	10.4	8.4	11.2
	5	8.8	3.2	9.0	11.0	7.7	8.9	8.5	9.1
	6	8.3	0.7	8.7	11.6	5.4	9.0	6.4	10.2
	7	6.4	0.6	6.2	13.2	7.2	7.1	3.8	6.1
	8	5.3	2.5	5.5	6.3	4.6	6.1	3.4	5.2
	9	3.1	3.2	2.4	9.7	4.5	4.0	0.4	2.8
	10	3.5	6.0	2.5	11.1	5.2	4.2	1.3	2.4
	11	3.8	6.2	2.9	11.1	3.6	4.5	1.9	3.9
	12	4.3	7.3	3.8	7.2	3.3	4.7	3.4	4.7
2022	1	—	—	—	—	—	—	—	—
	2	—	—	—	—	—	—	—	—
	3	5.0	12.2	4.4	4.6	3.3	6.9	−1.1	6.0

工业增加值累计同比增长率
Accumulative growth rate (YOY) of value added of industry

单位：% Unit: %

年 / 月 Year/Month		工业增加值 Value added	采矿业 Mining	制造业 Manufacturing	电力、热力、燃气及水生产和供应业 Electricity, gas & water production and supply	国有及国有控股企业 State-owned and state-holding enterprises	股份制企业 Joint-stock enterprises	外商及港澳台投资企业 Enterprises with foreign, Hongkong, Macau,and Taiwan investment	私营企业 Private enterprises
2020	1~2	-13.5	-6.5	-15.7	-7.1	-7.9	-14.2	-21.4	-20.2
	1~3	-8.4	-1.7	-10.2	-5.2	-6.0	-8.4	-14.5	-11.3
	1~4	-4.9	-0.8	-5.4	-3.9	-4.2	-4.9	-8.9	-5.6
	1~5	-2.8	-1.8	-2.8	-2.4	-3.0	-2.2	-5.3	-1.4
	1~6	-1.3	-1.1	-1.4	-0.9	-1.5	-0.8	-3.4	-0.1
	1~7	-0.4	-1.3	0.1	-0.5	-0.7	0.0	-1.6	0.6
	1~8	0.4	-1.0	0.9	0.3	0.1	0.8	-0.7	1.3
	1~9	1.2	-0.6	1.7	0.8	0.9	1.5	0.3	2.1
	1~10	1.8	-0.2	2.4	1.1	1.4	2.1	1.0	2.8
	1~11	2.3	0.0	2.9	1.5	1.8	2.6	1.7	3.2
	1~12	2.8	0.5	3.4	2.0	2.2	3.0	2.4	3.7
2021	1~2	35.1	17.5	39.5	19.8	23.0	34.2	41.4	43.8
	1~3	24.5	10.1	27.3	15.9	16.9	23.7	29.2	29.7
	1~4	20.3	8.4	22.2	14.5	14.8	19.9	23.0	23.9
	1~5	17.8	7.4	19.3	13.8	13.4	17.5	19.7	20.4
	1~6	15.9	6.2	17.1	13.4	11.9	15.8	17.0	18.3
	1~7	14.4	5.3	15.4	13.4	11.2	14.4	14.9	16.3
	1~8	13.1	5.0	14.0	12.4	10.3	13.2	13.3	14.7
	1~9	11.8	4.7	12.5	12.0	9.6	12.0	11.6	13.1
	1~10	10.9	4.8	11.3	11.9	9.1	11.1	10.4	11.8
	1~11	10.1	5.1	10.4	11.9	8.5	10.4	9.5	10.9
	1~12	9.6	5.3	9.8	11.4	8.0	9.8	8.9	10.2
2022	1~2	7.5	9.8	7.3	6.8	5.9	8.4	4.2	8.7
	1~3	6.5	10.7	6.2	6.1	5.0	7.8	2.1	7.6

注：本表中"同比增长率"按可比价格计算。
Notes: The year-on-year changes in this table are calculated at comparable prices.

工业增加值及工业企业利润
Growth rate of industrial value added and profits of industrial companies

单位：%　Unit: %

年 / 月 Year/Month		当月工业增加值同比增长 YOY growth of monthly industrial value added	工业增加值月度累计同比增长 YOY growth of monthly accumulated industrial value added	当月工业企业利润同比增长 YOY growth of monthly accumulated profits of industrial companies
2020	1	—	—	—
	2	-13.5	-13.5	-38.3
	3	-1.1	-8.4	-36.7
	4	3.9	-4.9	-27.4
	5	4.4	-2.8	-19.3
	6	4.8	-1.3	-12.8
	7	4.8	-0.4	-8.1
	8	5.6	0.4	-4.4
	9	6.9	1.2	-2.4
	10	6.9	1.8	0.7
	11	7.0	2.3	2.4
	12	7.3	2.8	4.1
2021	1	—	—	—
	2	35.1	35.1	178.9
	3	14.1	24.5	137.3
	4	9.8	20.3	106.1
	5	8.8	17.8	83.4
	6	8.3	15.9	66.9
	7	6.4	14.4	57.3
	8	5.3	13.1	49.5
	9	3.1	11.8	44.7
	10	3.5	10.9	42.2
	11	3.8	10.1	38.0
	12	4.3	9.6	34.3
2022	1	—	—	—
	2	7.5	7.5	5.0
	3	5.0	6.5	8.5

注：由于春节错位因素，1月不公布当月工业增加值同比增速，公布的2月数据为1~2月的合计数。
Note: The year-on-year growth rate of the added value of industries in January is not released, and the data released in February is the total from January to February.

工业增加值及工业企业利润
Growth rate of industrial value added and profits of industrial companies

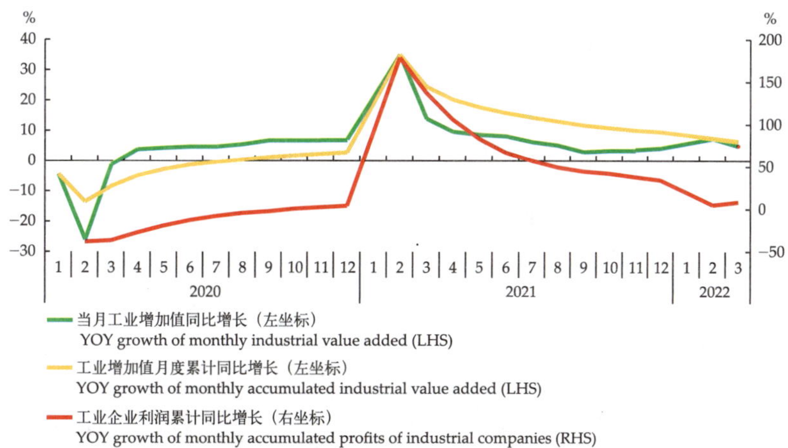

1.2.2 按支出法计算的国内生产总值 (Expenditure-based GDP)

按支出法计算的国内生产总值及其构成
Expenditure-based GDP and its composition

年 Year	按支出法计算的国内生产总值 Expenditure-based GDP	最终消费 Final consumption	居民消费 Household consumption	城镇居民 Urban	农村居民 Rural	政府消费 Government consumption	资本形成总额 Total capital formation	固定资本形成 Fixed capital formation	存货增加 Increased inventory	货物和服务净出口 Net exports of goods and services
绝对值（亿元） Absolute value (RMB 100 million)										
2002	121 327	74 228	54 667	37 650	17 017	19 561	44 005	42 672	1 333	3 094
2003	137 147	79 735	58 690	40 915	17 775	21 045	54 447	52 575	1 872	2 965
2004	161 356	89 394	65 725	46 492	19 233	23 670	67 726	63 975	3 751	4 236
2005	187 658	101 873	74 154	53 242	20 912	27 719	75 576	73 852	1 724	10 209
2006	219 598	115 364	82 842	60 203	22 640	32 522	87 579	84 979	2 600	16 655
2007	270 499	137 737	98 231	72 643	25 589	39 506	109 339	102 345	6 995	23 423
2008	318 068	158 899	112 655	84 414	28 241	46 245	134 942	124 701	10 241	24 227
2009	347 650	174 539	123 122	93 198	29 924	51 417	158 075	152 691	5 383	15 037
2010	408 505	201 581	141 466	108 909	32 556	60 116	191 867	181 041	10 826	15 057
2011	484 109	244 747	170 391	131 026	39 365	74 357	227 674	214 017	13 656	11 689
2012	539 040	275 444	190 585	147 770	42 815	84 859	248 960	238 321	10 639	14 636
2013	596 345	306 664	212 477	165 106	47 372	94 186	275 129	263 980	11 149	14 552
2014	646 548	338 031	236 239	183 605	52 633	101 793	294 906	282 242	12 664	13 611
2015	692 094	371 921	260 202	203 780	56 423	111 718	297 827	289 970	7 856	22 346
2016	745 981	410 806	288 668	226 960	61 708	122 138	318 198	310 145	8 054	16 976
2017	828 983	456 518	320 690	252 083	68 606	135 829	357 886	348 300	9 586	14 578
2018	915 774	506 135	354 124	277 365	76 759	152 011	402 585	393 848	8 737	7 054
2019	990 708	552 632	387 188	305 131	82 057	165 444	426 679	422 451	4 227	11 398
2020	1 025 628	560 811	387 186	304 086	83 100	173 625	439 550	430 625	8 925	25 267
2021	1 140 340	620 921	438 849	—	—	182 072	489 897	478 901	10 996	29 522
构成（%） Composition (%)										
2002	100	61.2	45.1	31.0	14.0	16.1	36.3	35.2	1.1	2.6
2003	100	58.1	42.8	29.8	13.0	15.3	39.7	38.3	1.4	2.2
2004	100	55.4	40.7	28.8	11.9	14.7	42.0	39.6	2.3	2.6
2005	100	54.3	39.5	28.4	11.1	14.8	40.3	39.4	0.9	5.4
2006	100	52.5	37.7	27.4	10.3	14.8	39.9	38.7	1.2	7.6
2007	100	50.9	36.3	26.9	9.5	14.6	40.4	37.8	2.6	8.7
2008	100	50.0	35.4	26.5	8.9	14.5	42.4	39.2	3.2	7.6
2009	100	50.2	35.4	26.8	8.6	14.8	45.5	43.9	1.5	4.3
2010	100	49.3	34.6	26.7	8.0	14.7	47.0	44.3	2.7	3.7
2011	100	50.6	35.2	27.1	8.1	15.4	47.0	44.2	2.8	2.4
2012	100	51.1	35.4	27.4	7.9	15.7	46.2	44.2	2.0	2.7
2013	100	51.4	35.6	27.7	7.9	15.8	46.1	44.3	1.9	2.4
2014	100	52.3	36.5	28.4	8.1	15.7	45.6	43.7	2.0	2.1
2015	100	53.7	37.6	29.4	8.2	16.1	43.0	41.9	1.1	3.2
2016	100	55.1	38.7	30.4	8.3	16.4	42.7	41.6	1.1	2.3
2017	100	55.1	38.7	30.4	8.3	16.4	43.2	42.0	1.2	1.8
2018	100	55.3	38.7	30.2	8.4	16.6	44.0	43.0	1.0	0.8
2019	100	55.8	39.1	30.8	8.3	16.7	43.1	42.6	0.4	1.2
2020	100	54.7	37.8	29.6	8.1	16.9	42.9	42.0	0.9	2.5
2021	100	54.5	38.5	—	—	16.0	43.0	42.0	1.0	2.6

注：表中数据根据国家统计局最新数据修订。
Note: Data are revised by National Bureau of Statistics of China.

按支出法计算的国内生产总值构成变化
Changes in the composition of GDP (based on expenditures)

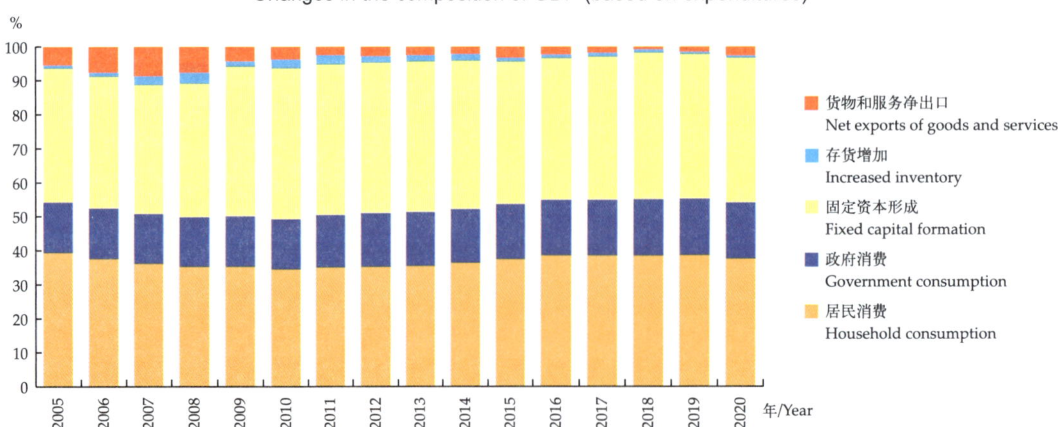

投资率和消费率
Investment ratio and consumption ratio

单位：% Unit: %

年 Year	资本形成率（投资率） Capital formation ratio (investment ratio)	最终消费率（消费率） Final consumption ratio (consumption ratio)
1986	37.7	64.8
1987	37.3	62.7
1988	39.0	62.0
1989	37.1	64.0
1990	34.0	63.3
1991	35.3	61.9
1992	39.2	59.8
1993	43.4	58.5
1994	40.2	58.5
1995	39.0	59.3
1996	37.7	60.3
1997	35.7	59.9
1998	35.0	60.7
1999	34.3	62.9
2000	33.7	63.9
2001	35.7	62.2
2002	36.3	61.2
2003	39.7	58.1
2004	42.0	55.4
2005	40.3	54.3
2006	39.9	52.5
2007	40.4	50.9
2008	42.4	50.0
2009	45.5	50.2
2010	47.0	49.4
2011	47.0	50.6
2012	46.2	51.1
2013	46.1	51.4
2014	45.6	52.3
2015	43.0	53.7
2016	42.7	55.1
2017	43.2	55.1
2018	44.0	55.3
2019	43.1	55.4
2020	43.1	54.3

注：表中数据根据国家统计局最新数据修订。
Note: Data are revised by National Bureau of Statistics of China.

投资率和消费率
Investment ratio and consumption ratio

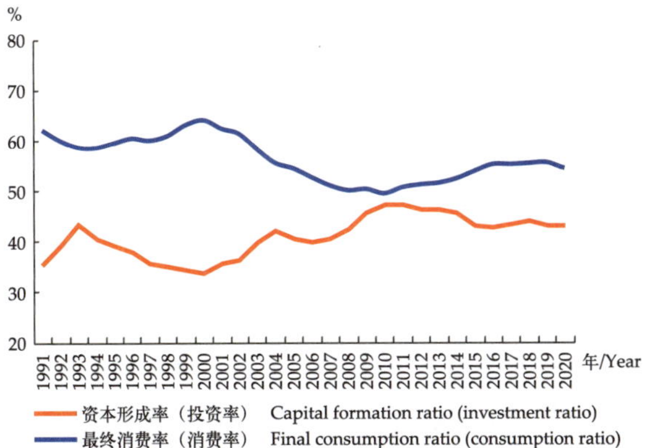

主要经济指标环比增速
MOM growth rates of main economic indicators

单位：% Unit: %

年 / 季度 Year/ Quarter	国内生产总值 Gross domestic product	年 / 月 Year/ Month	规模以上工业增加值 Value added of industry	固定资产投资完成额 Completed investment in fixed assets	社会消费品零售总额 Retail sales of consumer goods
2020		2020 1	-2.32	-5.85	-10.77
		2	-22.10	-20.86	0.94
I	-10.5	3	36.56	1.92	0.87
		4	1.89	1.81	0.44
		5	1.25	1.17	4.98
II	11.6	6	1.29	0.51	1.02
		7	0.96	0.28	0.24
		8	1.01	0.20	0.63
III	3.4	9	1.03	0.11	3.73
		10	0.62	0.19	0.14
		11	0.56	0.15	1.23
	2.6	12	0.62	0.24	0.85
2021		2021 1	0.63	0.20	-0.52
		2	0.62	0.80	0.68
I	0.3	3	0.60	1.05	0.93
		4	0.52	3.16	0.02
		5	0.45	0.12	0.46
II	1.2	6	0.50	0.74	0.15
		7	0.23	0.07	-3.25
		8	0.31	1.10	0.40
III	0.7	9	0.08	0.96	0.11
		10	0.41	0.78	0.16
		11	0.38	1.05	0.03
IV	1.5	12	0.45	0.01	0.06
2022		2022 1	0.34	0.26	0.30
		2	0.51	0.29	0.19
I	1.3	3	0.39	0.35	-1.97

社会消费品零售总额与最终消费增长率的比较
Comparison of growth rate at current prices between retail sales of consumer goods and final consumption expenditure

年 Year	社会消费品零售总额（万亿元）Retail sales of consumer goods (RMB 1 trillion)	最终消费（万亿元）Final consumption (RMB 1 trillion)	社会消费品零售总额现价增长率 (%) Growth rate at current prices of retail sales of consumer goods (%)	最终消费现价增长率 (%) Growth rate at current prices of final consumption expenditure (%)
1991	0.94	1.36	13.4	13.4
1992	1.10	1.62	16.8	19.2
1993	1.43	2.08	29.8	28.2
1994	1.86	2.83	30.5	35.9
1995	2.36	3.62	26.8	28.0
1996	2.84	4.31	20.1	19.0
1997	3.13	4.75	10.2	10.3
1998	3.34	5.15	6.8	8.3
1999	3.56	5.67	6.8	10.0
2000	3.42	6.37	9.7	12.5
2001	3.76	6.87	10.1	7.7
2002	4.09	7.42	8.8	8.1
2003	4.58	7.97	9.1	7.4
2004	5.40	8.94	13.3	12.1
2005	6.72	10.19	12.9	14.0
2006	7.64	11.54	13.7	13.2
2007	8.92	13.77	16.8	19.4
2008	10.85	15.89	21.6	15.4
2009	12.53	17.45	15.9	9.8
2010	15.46	20.16	18.8	15.5
2011	18.12	24.47	18.5	21.4
2012	20.72	27.54	14.5	12.5
2013	23.44	30.67	13.1	11.3
2014	26.24	33.80	12.0	10.2
2015	30.09	37.19	10.7	10.0
2016	33.23	41.08	10.4	10.5
2017	36.63	45.65	10.2	11.1
2018	38.10	50.61	9.0	10.9
2019	41.16	55.15	8.0	9.0
2020	39.20	55.70	−3.9	1.0
2021	44.08	—	12.5	—

注：表中数据根据国家统计局最新数据修订。
Note: Data are revised by National Bureau of Statistics of China.

社会消费品零售总额
Retail sales of consumer goods

年 / 月 Year/Month	当月社会消费品零售总额（亿元）Monthly retail sales of consumer goods (RMB 100 million)	当月同比增长率 (%) Monthly growth rate (YOY)(%)	社会消费品零售总额累计（亿元）Accumulative retail sales of consumer goods (RMB 100 million)	累计同比增长率 (%) Accumulative growth rate (YOY)(%)
2020.01	—	—	—	—
2020.02	—	—	52 130	−20.5
2020.03	26 450	−15.8	78 580	−19.0
2020.04	28 178	−7.5	106 758	−16.2
2020.05	31 973	−2.8	138 730	−13.5
2020.06	33 526	−1.8	172 256	−11.4
2020.07	32 203	−1.1	204 459	−9.9
2020.08	33 571	0.5	238 029	−8.6
2020.09	35 295	3.3	273 324	−7.2
2020.10	38 577	4.3	311 901	−5.9
2020.11	39 514	5.0	351 415	−4.8
2020.12	40 566	4.6	391 981	−3.9
2021.01	—	—	—	—
2021.02	—	—	69 737	33.8
2021.03	35 484	34.2	105 221	33.9
2021.04	33 153	17.7	138 373	29.6
2021.05	35 945	12.4	174 319	25.7
2021.06	37 586	12.1	211 904	23.0
2021.07	34 925	8.5	246 829	20.7
2021.08	34 395	2.5	281 224	18.1
2021.09	36 833	4.4	318 057	16.4
2021.10	40 454	4.9	358 511	14.9
2021.11	41 043	3.9	399 554	13.7
2021.12	41 269	1.7	440 823	12.5
2022.01	—	—	—	—
2022.02	—	—	74 426	6.7
2022.03	34 233	−3.5	108 659	3.3

注：为消除春节日期不固定因素带来的影响，增强数据的可比性，按照国家统计制度，历年1—2月数据一起调查、一起发布。
Note: In order to eliminate the impact of the different date of "Spring Festival" of each year, and enhance the comparability of data, in accordance with the national statistical system, the data in January and February was investigated and released together.

社会消费品零售总额及最终消费增长趋势
Growth trend of retail sales of consumer goods and final consumption expenditure

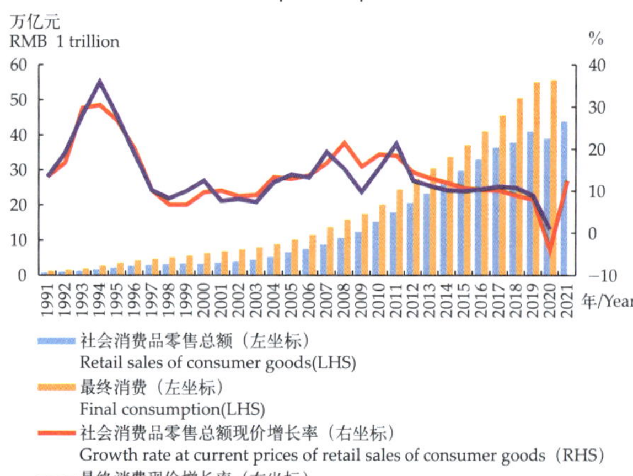

当月社会消费品零售总额及其增长率
Monthly retail sales and growth rates of consumer goods

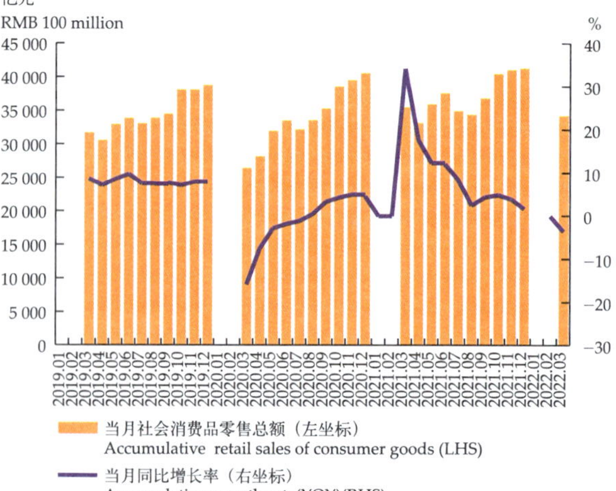

固定资产投资完成额和固定资本形成总额的比较
Comparision of completed fixed-asset investment and gross capital formation

年 Year	全社会固定资产投资完成额（万亿元）Total completed fixed-asset investment (RMB 1 trillion)	固定资本形成总额（万亿元）Gross capital formation (RMB 1 trillion)	全社会固定资产投资现价增长率 (%) Growth rate of total fixed-asset investment at current prices (%)	固定资本形成总额现价增长率 (%) Growth rate of gross capital formation at current prices (%)
1991	0.56	0.78	23.9	20.3
1992	0.81	1.06	44.4	37.0
1993	1.31	1.54	61.8	45.3
1994	1.70	1.95	30.4	26.2
1995	2.00	2.38	17.5	22.3
1996	2.29	2.70	14.5	13.2
1997	2.49	2.83	8.8	5.0
1998	2.84	2.97	13.9	4.7
1999	2.99	3.09	5.1	4.2
2000	3.29	3.37	10.3	9.0
2001	3.72	3.94	13.1	17.0
2002	4.35	4.40	16.9	11.7
2003	5.56	5.44	27.7	23.7
2004	7.05	6.77	26.8	24.4
2005	8.88	7.56	26.0	11.6
2006	11.00	8.76	23.9	15.9
2007	13.73	10.93	24.8	24.9
2008	17.28	13.49	25.9	23.4
2009	22.46	15.81	30.0	17.1
2010	25.17	19.19	12.1	21.4
2011	31.15	22.77	23.8	18.7
2012	37.47	24.90	20.3	9.4
2013	44.63	27.51	19.1	10.5
2014	51.20	29.49	14.7	7.2
2015	56.20	29.78	9.8	1.0
2016	60.65	31.82	7.9	6.8
2017	64.12	35.79	5.7	12.5
2018	64.57	40.26	5.9	12.5
2019	56.09	42.86	5.1	6.0
2020	52.73	44.24	2.7	3.7
2021	55.29	—	4.9	—

注：表中数据根据国家统计局最新数据修订。
Note: Data are revised by National Bureau of Statistics of China.

固定资产投资完成额及增长率
Completed investment in fixed assets and growth rates

年 / 月 Year/Month		投资完成额（万亿元）Investment completed (RMB 1 trillion)	增长率 (%) Growth rate (%)
2019	1~2	4.5	6.1
	1~3	10.2	6.3
	1~4	15.6	6.1
	1~5	21.8	5.6
	1~6	29.9	5.8
	1~7	34.9	5.7
	1~8	40.1	5.5
	1~9	46.1	5.4
	1~10	51.1	5.2
	1~11	53.4	5.2
	1~12	55.1	5.4
2020	1~2	3.3	-24.5
	1~3	8.4	-16.1
	1~4	13.7	-10.3
	1~5	19.9	-6.3
	1~6	28.2	-3.1
	1~7	32.9	-1.6
	1~8	37.9	-0.3
	1~9	43.7	0.8
	1~10	48.3	1.8
	1~11	50.0	2.6
	1~12	51.9	2.9
2021	1~2	4.5	35.0
	1~3	9.6	25.6
	1~4	14.4	19.9
	1~5	19.4	15.4
	1~6	25.6	12.6
	1~7	30.3	10.3
	1~8	34.7	8.9
	1~9	39.8	7.3
	1~10	44.6	6.1
	1~11	49.4	5.2
	1~12	54.5	4.9
2022	1~2	5.1	12.2
	1~3	10.5	9.3

固定资产投资完成额和固定资本形成总额及增长率
Completed fixed-asset investment and gross capital formation and growth rates

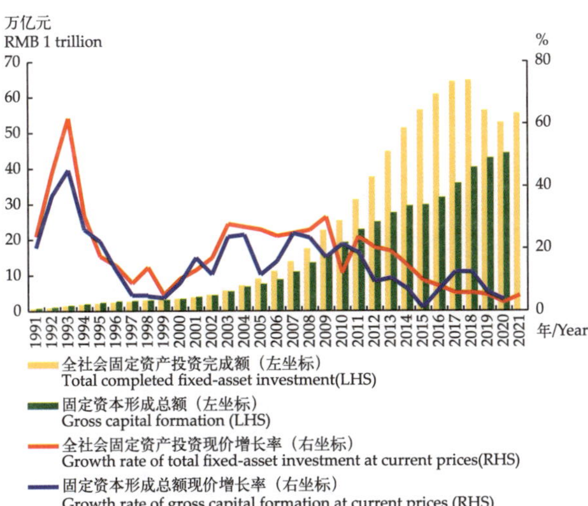

固定资产投资完成额及增长率
Completed investment in fixed assets and growth rates

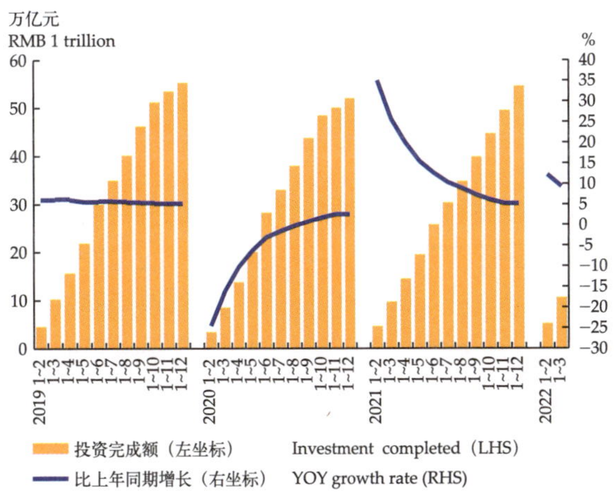

固定资产投资完成额累计同比
Accumulated growth rates of completed investment in fixed assets

单位：% Unit: %

年 / 月 Year/ Month	固定资产投资完成额累计同比 Accumulated growth rate of fixed-asset investment	制造业投资累计同比 Accumulated growth rate of investment in manufacturing industry	房地产投资累计同比 Accumulated growth rate of investment in real estate industry	基础设施建设投资累计同比 Accumulated growth rate of infrastructure investment
2019.02	6.1	5.9	10.6	2.5
2019.03	6.3	4.6	11.4	3.0
2019.04	6.1	2.5	11.5	3.0
2019.05	5.6	2.7	10.9	2.6
2019.06	5.8	3.0	11.0	3.0
2019.07	5.7	3.3	10.2	2.9
2019.08	5.5	2.6	10.2	3.2
2019.09	5.4	2.5	10.1	3.4
2019.10	5.2	2.6	9.6	3.3
2019.11	5.2	2.5	9.4	3.5
2019.12	5.4	3.1	9.1	3.3
2020.02	−24.5	−31.5	−18.1	−26.9
2020.03	−16.1	−25.2	−9.3	−16.4
2020.04	−10.3	−18.8	−4.5	−8.8
2020.05	−6.3	−14.8	−1.8	−3.3
2020.06	−3.1	−11.7	0.6	−0.1
2020.07	−1.6	−10.2	2.1	1.2
2020.08	−0.3	−8.1	3.0	2.0
2020.09	0.8	−6.5	3.8	2.4
2020.10	1.8	−5.3	4.6	3.0
2020.11	2.6	−3.5	5.0	3.3
2020.12	2.9	−2.2	5.0	3.4
2021.02	35.0	37.3	36.8	35.0
2021.03	25.6	29.8	24.7	26.8
2021.04	19.9	23.8	21.2	16.9
2021.05	15.4	20.4	18.4	10.4
2021.06	12.6	19.2	14.7	7.2
2021.07	10.3	17.3	12.5	4.2
2021.08	8.9	15.7	10.8	2.6
2021.09	7.3	14.8	8.8	1.5
2021.10	6.1	14.2	7.4	0.7
2021.11	5.2	13.7	6.3	−0.2
2021.12	4.9	13.5	5.0	0.2
2022.02	12.2	20.9	4.7	8.6
2022.03	9.3	15.6	1.8	10.5

房地产开发投资及商品房销售
Real estate development investment completed and sales of commercial buildings

年 / 月 Year/ Month	房地产开发投资完成额（亿元）Real estate development investment completed (RMB 100 million)		商品房销售额（亿元）Accumulated sales volume of commercial buildings (RMB 100 million)		商品房销售面积（万平方米）Area sold of commercial buildings (10 000 square metres)	
	绝对值 Absolute value	增长率 (%) Growth rate (%)	绝对值 Absolute value	同比增长 (%) YOY growth (%)	绝对值 Absolute value	同比增长 (%) YOY growth (%)
2019 1~2	12 090	11.6	12 803	2.8	14 102	−3.6
1~3	23 803	11.8	27 039	5.6	29 829	−0.9
1~4	34 217	11.9	39 141	8.1	42 085	−0.3
1~5	46 075	11.2	51 773	6.1	55 518	−1.6
1~6	61 609	10.9	70 698	5.6	75 786	−1.8
1~7	72 843	10.6	83 162	6.2	88 783	−1.3
1~8	84 589	10.5	95 373	6.7	101 849	−0.6
1~9	98 008	10.5	111 491	7.1	119 179	−0.1
1~10	109 603	10.3	124 417	7.3	133 251	0.1
1~11	121 265	10.2	139 006	7.3	148 905	0.2
1~12	132 194	9.9	159 725	6.5	171 558	−0.1
2020 1~2	10 115	−16.3	8 203	−35.9	8 475	−39.9
1~3	21 963	−7.7	20 365	−24.7	21 978	−26.3
1~4	33 103	−3.3	31 863	−18.6	33 973	−19.3
1~5	45 920	−0.3	46 269	−10.6	48 703	−12.3
1~6	62 780	1.9	66 895	−5.4	69 404	−8.4
1~7	75 325	3.4	81 422	−2.1	83 631	−5.8
1~8	88 454	4.6	96 943	1.6	98 486	−3.3
1~9	103 484	5.6	115 647	3.7	117 073	−1.8
1~10	116 556	6.3	131 665	5.8	133 294	0.0
1~11	129 492	6.8	148 969	7.2	150 834	1.3
1~12	141 443	7.0	173 613	8.7	176 086	2.6
2021 1~2	13 986	38.3	19 151	133.4	17 363	104.9
1~3	27 576	25.6	38 378	88.5	36 007	63.8
1~4	40 240	21.6	53 609	68.2	50 305	48.1
1~5	54 318	18.3	70 534	52.4	66 383	36.3
1~6	72 179	15.0	92 931	38.9	88 635	27.7
1~7	84 895	12.7	106 430	30.7	101 648	21.5
1~8	98 060	10.9	119 047	22.8	114 193	15.9
1~9	112 568	8.8	134 795	16.6	130 332	11.3
1~10	124 934	7.2	147 185	11.8	143 041	7.3
1~11	137 314	6.0	161 667	8.5	158 131	4.8
1~12	147 602	4.4	181 930	4.8	179 433	1.9
2022 1~2	14 499	3.7	15 459	−19.3	15 703	−9.6
1~3	27 765	0.7	29 655	−22.7	31 046	−13.8

固定资产投资完成额累计同比
Accumulated growth rates of completed investment in fixed assets

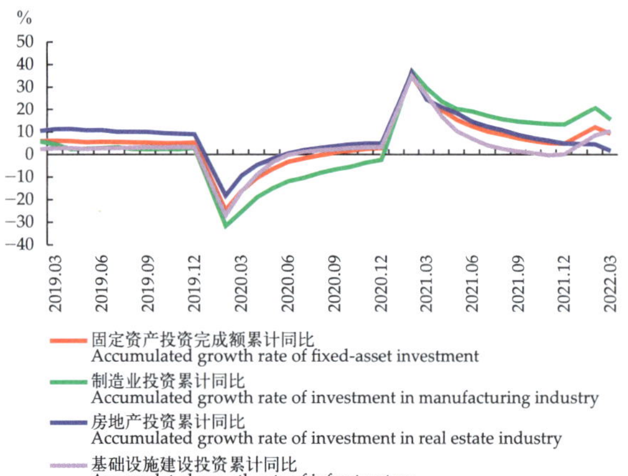

房地产开发投资及商品房销售
Real estate development investment completed and sales of commercial buildings

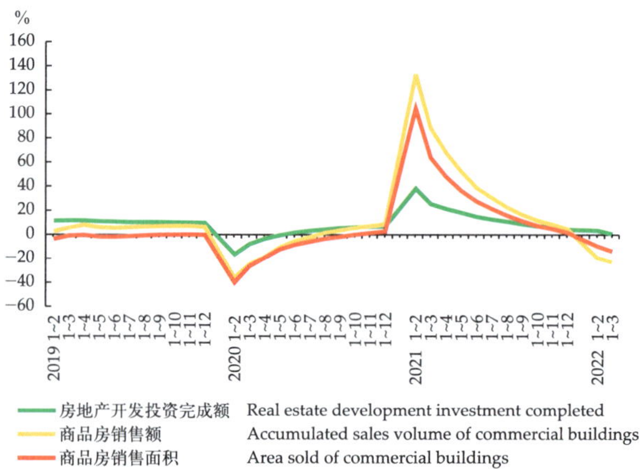

商品房建筑情况
Construction of commercial buildings

年 / 月 Year/Month		新开工面积（亿平方米）Area newly constructed (100 million square metres)	同比增长 (%) YOY growth (%)	施工面积（亿平方米）Area under construction (100 million square metres)	同比增长 (%) YOY growth (%)	竣工面积（亿平方米）Area completed (100 million square metres)	同比增长 (%) YOY growth (%)
2019	1~2	1.9	6.0	67.5	6.8	1.2	-11.9
	1~3	3.9	11.9	69.9	8.2	1.8	-10.8
	1~4	5.9	13.1	72.3	8.8	2.3	-10.3
	1~5	8.0	10.5	74.5	8.8	2.7	-12.4
	1~6	10.6	10.1	77.2	8.8	3.2	-12.7
	1~7	12.6	9.5	79.4	9.0	3.7	-11.3
	1~8	14.5	8.9	81.3	8.8	4.2	-10.0
	1~9	16.6	8.6	83.4	8.7	4.7	-8.6
	1~10	18.6	10.0	85.5	9.0	5.4	-5.5
	1~11	20.5	8.6	87.5	8.7	6.4	-4.5
	1~12	22.7	8.5	89.4	8.7	9.6	2.6
2020	1~2	1.0	-44.9	69.4	2.9	1.0	-22.9
	1~3	2.8	-27.2	71.8	2.6	1.6	-15.8
	1~4	4.8	-18.4	74.1	2.5	1.9	-14.5
	1~5	7.0	-12.8	76.3	2.3	2.4	-11.3
	1~6	9.8	-7.6	79.3	2.6	2.9	-10.5
	1~7	12.0	-4.5	81.8	3.0	3.3	-10.9
	1~8	14.0	-3.6	84.0	3.3	3.7	-10.8
	1~9	16.0	-3.4	86.0	3.1	4.1	-11.6
	1~10	18.1	-2.6	88.0	3.0	4.9	-9.2
	1~11	20.1	-2.0	90.2	3.2	5.9	-7.3
	1~12	22.4	-1.2	92.7	3.7	9.1	-4.9
2021	1~2	1.7	64.3	77.1	11.0	1.4	40.4
	1~3	3.6	28.2	79.8	11.2	1.9	22.9
	1~4	5.4	12.8	81.9	10.5	2.3	17.9
	1~5	7.4	6.9	84.0	10.1	2.8	16.4
	1~6	10.1	3.8	87.3	10.2	3.7	25.7
	1~7	11.9	-0.9	89.2	9.0	4.2	25.7
	1~8	13.6	-3.2	91.0	8.4	4.7	26.0
	1~9	15.3	-4.5	92.8	7.9	5.1	23.4
	1~10	16.7	-7.7	94.3	7.1	5.7	16.3
	1~11	18.3	-9.1	96.0	6.3	6.9	16.2
	1~12	19.9	-11.4	97.5	5.2	10.1	11.2
2022	1~2	1.5	-12.2	78.5	1.8	1.2	-9.8
	1~3	3.0	-17.5	80.6	1.0	1.7	-11.5

70个大中城市新建商品住宅价格指数当月同比
YOY growth rate of sales price of newly constructed commercial residential buildings in 70 large- and medium-sized cities

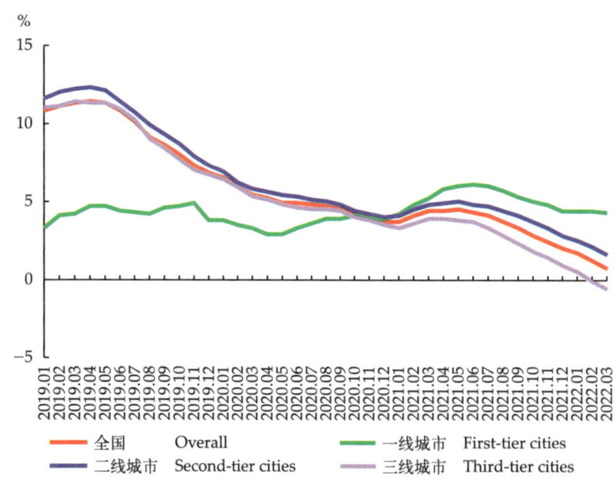

70个大中城市二手住宅价格指数当月同比
YOY growth rate of sales price of second-handed residential buildings in 70 large- and medium-sized cities

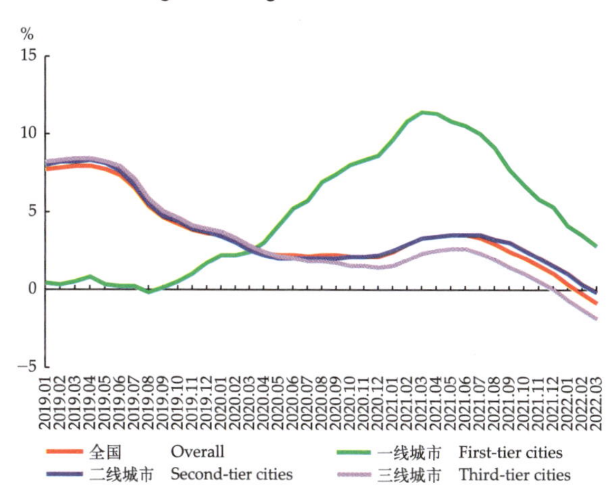

商品房建筑情况
Construction of commercial buildings

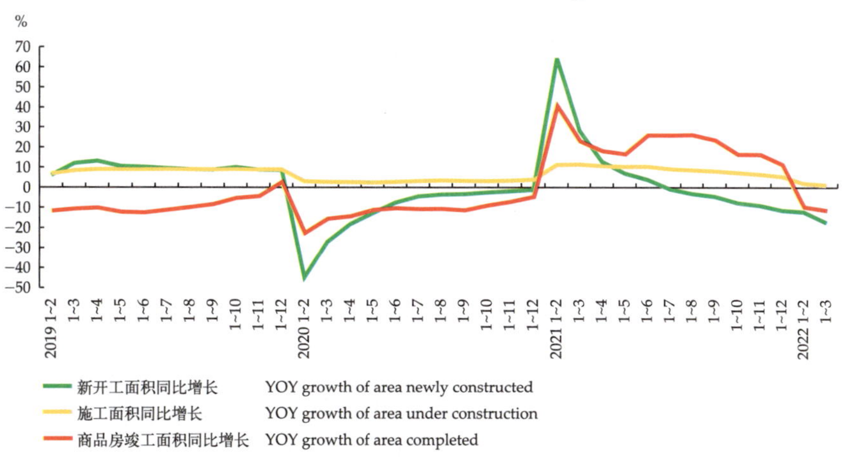

1.2.3 进出口与直接投资（Imports, exports and direct investments）

据世界贸易组织统计，2021年，中国货物贸易出口总值为3.36万亿美元，占世界货物贸易出口总值22.28万亿美元的15.1%，较上年提高0.4个百分点，在全球货物贸易出口排名中位居第一。2021年，中国货物贸易进口总值为2.69万亿美元，占世界货物贸易进口总值22.52万亿美元的11.9%，较上年提高0.4个百分点，在全球货物贸易进口中排名第二，位于美国之后。

According to WTO statistics, in 2021, China's export volume of goods totaled USD 3.36 trillion, accounting for 15.1 percent of the world total of USD 22.28 trillion, 0.4 percentage points higher than that in 2020. China's goods export ranked first in the world. China's import volume of goods reached USD 2.69 trillion, accounting for 11.9 percent of the world total of USD 22.52 trillion, 0.4 percentage points higher than that in 2020. China ranked second in the world after the U.S. in terms of goods imports.

我国出口总值、贸易总额与GDP之比
Total exports and total trade volume over GDP

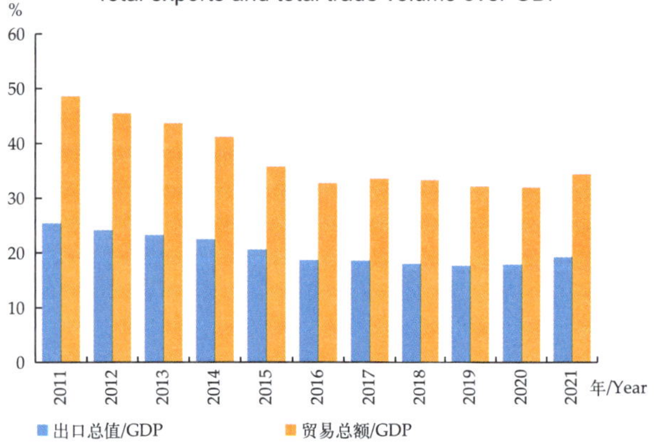

我国贸易总额及其增长趋势
Total trade volume and growth rates

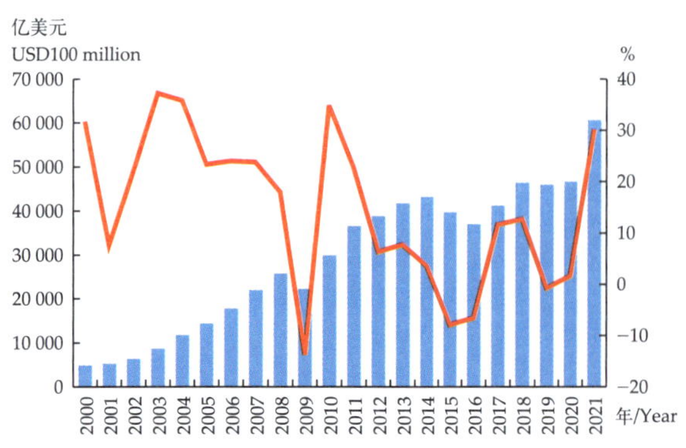

2021年世界货物贸易出口排名前十位
Top ten economies in the world in terms of goods exported in 2021

排名 Rank	经济体 Economy		出口（10 亿美元）Exports (USD 1 billion)	比重（%）Share (%)
1	**中　国**	**China**	**3 364**	**15.1**
2	美　国	U.S.	1 755	7.9
3	德　国	Germany	1 632	7.3
4	荷　兰	Netherlands	836	3.8
5	日　本	Japan	756	3.4
6	中国香港	HK SAR of China	670	3.0
7	韩　国	Korea	644	2.9
8	意大利	Italy	610	2.7
9	法　国	France	585	2.6
10	比利时	Belgium	543	2.4
—	**世　界**	**World total**	**22 284**	**100.0**

2021年世界货物贸易出口排名前十位
Top ten economies in the world in terms of goods imported in 2021

排名 Rank	经济体 Economy		进口 (10 亿美元) Imports (USD 1 billion)	比重（%）Share (%)
1	美　国	U.S.	**2 937**	**13.0**
2	**中　国**	**China**	2 688	11.9
3	德　国	Germany	1 419	6.3
4	日　本	Japan	769	3.4
5	荷　兰	Netherlands	757	3.4
6	法　国	France	714	3.2
7	中国香港	HK SAR of China	712	3.2
8	英　国	U.K.	694	3.1
9	韩　国	Korea	615	2.7
10	印　度	India	573	2.5
—	**世　界**	**World total**	**22 519**	**100.0**

我国年度进出口额及其增长率
Annual imports & exports and growth rates

年 Year	进出口 Imports & Exports 总额（亿美元）Total value (USD 100 million)	进出口 增长率 (%) Growth rate (%)	出口 Exports 总额（亿美元）Total value (USD 100 million)	出口 增长率 (%) Growth rate (%)	进口 Imports 总额（亿美元）Total value (USD 100 million)	进口 增长率 (%) Growth rate (%)	进出口差额（亿美元）Trade balance (USD 100 million)
2000	4 743	31.5	2 492	27.8	2 251	35.8	241
2001	5 097	7.5	2 661	6.8	2 436	8.2	225
2002	6 208	21.8	3 256	22.4	2 952	21.2	304
2003	8 510	37.1	4 382	34.6	4 128	39.8	255
2004	11 546	35.7	5 933	35.4	5 612	36.0	321
2005	14 219	23.2	7 620	28.4	6 600	17.6	1 020
2006	17 604	23.8	9 690	27.2	7 915	19.9	1 775
2007	21 762	23.6	12 201	25.9	9 561	20.8	2 639
2008	25 633	17.8	14 307	17.3	11 326	18.5	2 981
2009	22 075	−13.9	12 016	−16.0	10 059	−11.2	1 957
2010	29 740	34.7	15 778	31.3	13 962	38.8	1 815
2011	36 419	22.5	18 984	20.3	17 435	24.9	1 549
2012	38 671	6.2	20 487	7.9	18 184	4.3	2 303
2013	41 590	7.5	22 090	7.8	19 500	7.2	2 590
2014	43 015	3.4	23 423	6.0	19 592	0.5	3 831
2015	39 530	−8.1	22 735	−2.9	16 796	−14.3	5 939
2016	36 856	−6.8	20 976	−7.7	15 879	−5.5	5 097
2017	41 071	11.4	22 633	7.9	18 438	16.1	4 196
2018	46 224	12.5	24 867	9.9	21 357	15.8	3 509
2019	45 779	−1.0	24 995	0.5	20 784	−2.7	4 211
2020	46 463	1.5	25 907	3.6	20 556	−1.1	5 350
2021	60 515	30.0	33 640	29.9	26 875	30.1	6 764

注：表中数据根据海关总署最新数据修订。
Note: Data are revised by General Administration of Customs of the People's Republic of China.

当月进出口总值及其增长率
Total monthly imports, exports, and growth rates

年 / 月 Year/Month	出口总值（亿美元）Total exports (USD 100 million)	进口总值（亿美元）Total imports (USD 100 million)	出口同比增长率（%）Growth rate of exports (YOY)(%)	进口同比增长率（%）Growth rate of imports (YOY) (%)	当月差额（亿美元）Monthly trade balance (USD 100 million)
2020.01	2 116	1 569	−2.9	−12.7	547
2020.02	804	1 425	−40.6	7.7	−621
2020.03	1 846	1 648	−6.9	−1.3	198
2020.04	1 995	1 546	3.1	−14.4	449
2020.05	2 065	1 439	−3.5	−16.7	626
2020.06	2 129	1 666	0.2	2.3	463
2020.07	2 369	1 750	6.8	−1.6	619
2020.08	2 344	1 759	9.1	−2.3	585
2020.09	2 387	2 020	9.4	12.7	368
2020.10	2 362	1 782	10.9	4.4	581
2020.11	2 670	1 915	20.6	3.9	755
2020.12	2 819	2 038	18.1	6.5	782
2021.01	2 639	1 997	24.7	27.3	642
2021.02	2 048	1 675	154.8	17.6	373
2021.03	2 411	2 275	30.6	38.2	136
2021.04	2 637	2 217	32.2	43.4	420
2021.05	2 638	2 186	27.8	51.0	452
2021.06	2 814	2 299	32.2	36.7	516
2021.07	2 827	2 264	19.3	28.3	562
2021.08	2 943	2 360	25.6	33.1	583
2021.09	3 058	2 390	28.2	17.6	668
2021.10	2 997	2 153	26.9	20.4	844
2021.11	3 249	2 532	21.7	31.4	717
2021.12	3 404	2 462	20.9	19.6	943
2022.01	3 273	2 422	24.2	19.9	851
2022.02	2 175	1 870	6.3	10.5	305
2022.03	2 761	2 287	14.7	-0.1	474

当月进出口增长率及贸易差额
Total monthly imports, exports and growth rates

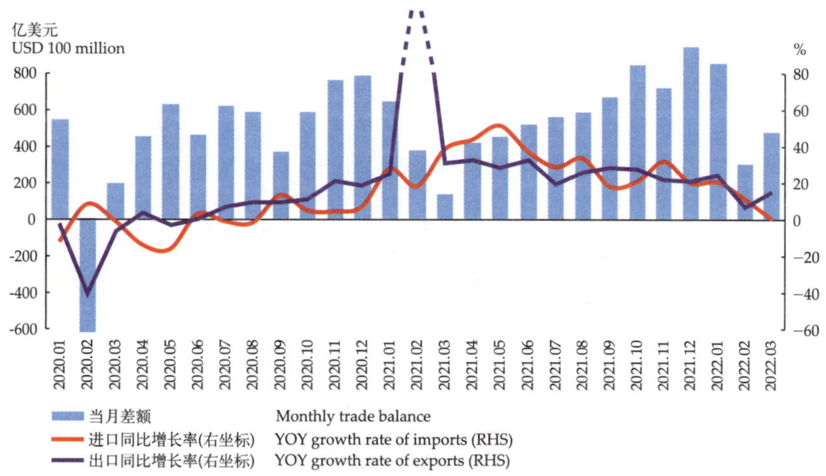

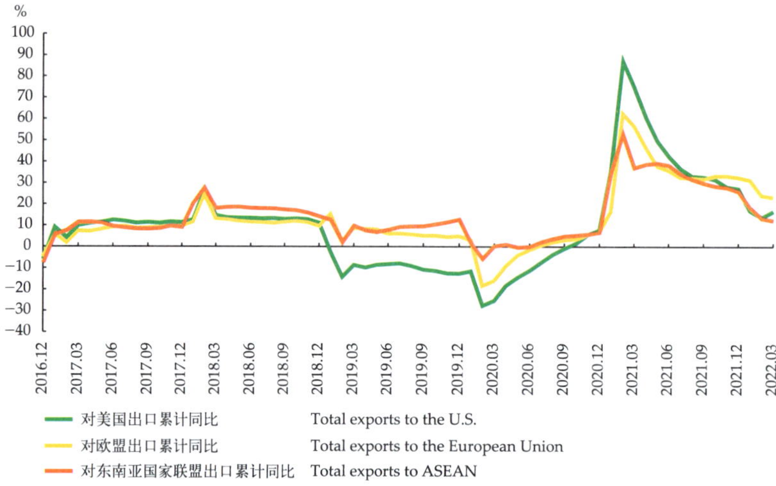
中国对其他经济体出口金额累计同比
Accumulated growth rate of value of China's exports to other economies
%
100
90
80
70
60
50
40
30
20
10
0
−10
−20
−30
−40
2016.12
2017.03
2017.06
2017.09
2017.12
2018.03
2018.06
2018.09
2018.12
2019.03
2019.06
2019.09
2019.12
2020.03
2020.06
2020.09
2020.12
2021.03
2021.06
2021.09
2021.12
2022.03
对美国出口累计同比 Total exports to the U.S.
对欧盟出口累计同比 Total exports to the European Union
对东南亚国家联盟出口累计同比 Total exports to ASEAN

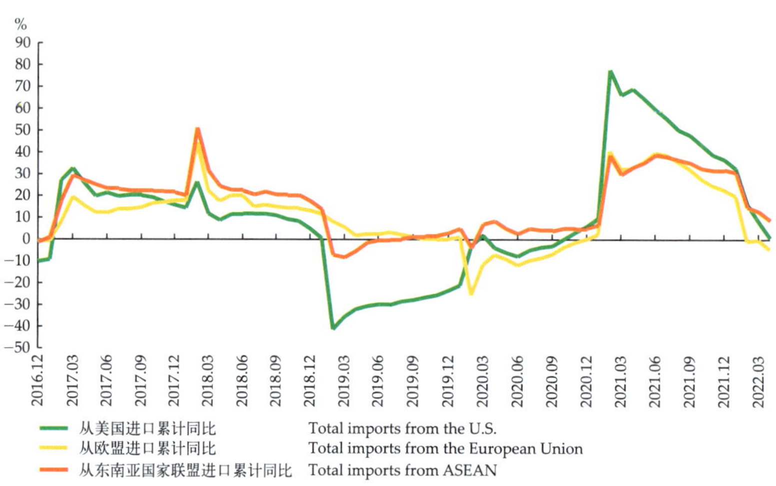
中国从其他经济体进口金额累计同比
Accumulated growth rate of value of China's imports from other economies
%
90
80
70
60
50
40
30
20
10
0
−10
−20
−30
−40
−50
2016.12
2017.03
2017.06
2017.09
2017.12
2018.03
2018.06
2018.09
2018.12
2019.03
2019.06
2019.09
2019.12
2020.03
2020.06
2020.09
2020.12
2021.03
2021.06
2021.09
2021.12
2022.03
从美国进口累计同比 Total imports from the U.S.
从欧盟进口累计同比 Total imports from the European Union
从东南亚国家联盟进口累计同比 Total imports from ASEAN

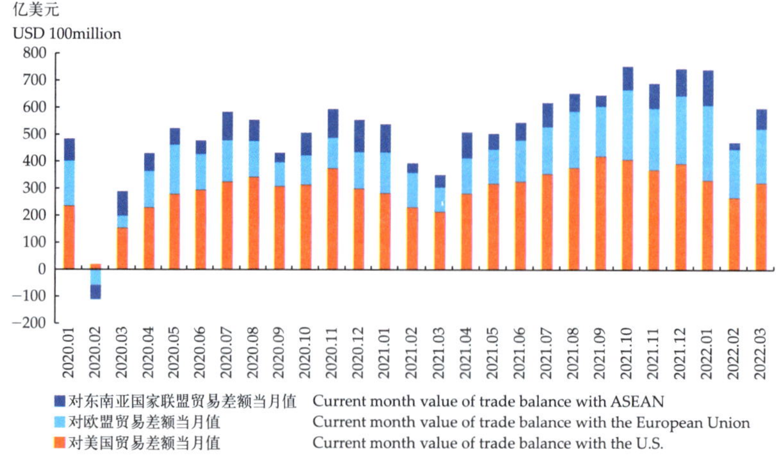
中国对其他经济体贸易差额
China's trade balance with other economies
亿美元
USD 100million
800
700
600
500
400
300
200
100
0
−100
−200
2020.01
2020.02
2020.03
2020.04
2020.05
2020.06
2020.07
2020.08
2020.09
2020.10
2020.11
2020.12
2021.01
2021.02
2021.03
2021.04
2021.05
2021.06
2021.07
2021.08
2021.09
2021.10
2021.11
2021.12
2022.01
2022.02
2022.03
对东南亚国家联盟贸易差额当月值 Current month value of trade balance with ASEAN
对欧盟贸易差额当月值 Current month value of trade balance with the European Union
对美国贸易差额当月值 Current month value of trade balance with the U.S.

实际利用外商直接投资及其增长趋势
Actual utilized foreign direct investments and growth rate

年 Year	年度数（亿美元） Absolute value (USD 100 million)	同比增速（%） Growth rates（%）
2008	924.0	23.6
2009	900.3	−2.6
2010	1 057.4	17.4
2011	1 160.1	9.7
2012	1 117.2	−3.7
2013	1 175.9	5.3
2014	1 195.6	1.7
2015	1 262.7	5.6
2016	1 260.0	−0.2
2017	1 310.4	4.0
2018	1 349.7	3.0
2019	1 381.3	2.3
2020	1 443.7	4.5
2021	1 734.8	20.2

非金融类对外直接投资及其增长趋势
Non-financial outbound direct investment and growth rate

年 Year	年度数（亿美元） Absolute value (USD 100 million)	同比增速（%） Growth rates（%）
2008	406.5	63.6
2009	438.0	6.5
2010	590.0	36.3
2011	600.7	1.8
2012	772.2	28.6
2013	901.7	16.8
2014	1 028.9	14.1
2015	1 180.2	14.7
2016	1 701.1	44.1
2017	1 200.8	−29.4
2018	1 205.0	0.3
2019	1 106.0	−8.2
2020	1 101.5	−0.4
2021	1 136.4	3.2

实际利用外商直接投资及其增长趋势
Actual utilized foreign direct investments and growth rate

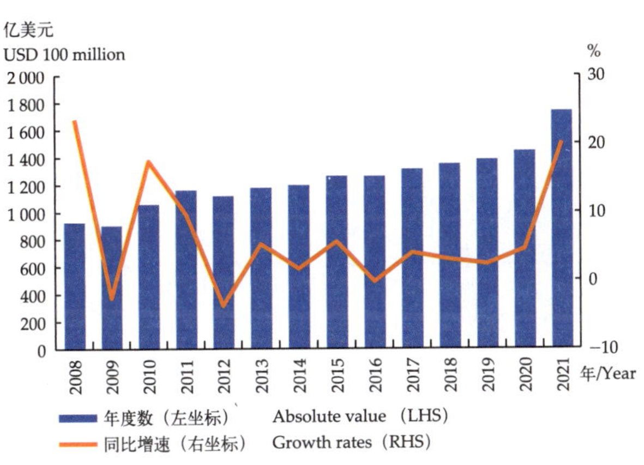

非金融类对外直接投资及其增长趋势
Non-financial outbound direct investment and growth rate

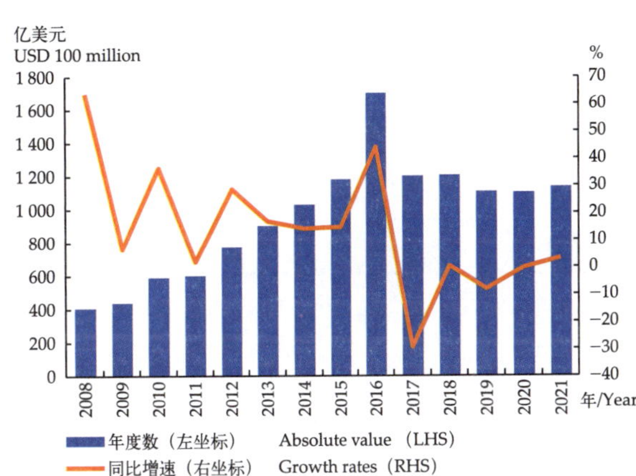

1.3 价格（Price）

主要价格指数
Main price indices

单位：% Unit: %

年 / 月 Year/Month		居民消费价格指数 Comsumer price indices			工业生产者出厂价格指数 Producer price index for manufactured goods		进出口同比价格指数 Import-export price index (YOY)	
		月环比 MOM	当月同比 YOY	累计同比 Accumulated YOY	当月同比 YOY	累计同比 Accumulated YOY	出口 Exports	进口 Imports
2020	1	1.4	5.4	5.4	0.1	0.1	0.0	0.0
	2	0.8	5.2	5.3	−0.4	−0.2	−1.3	0.3
	3	−1.2	4.3	4.9	−1.5	−0.6	1.2	−2.6
	4	−0.9	3.3	4.5	−3.1	−1.2	7.7	−5.6
	5	−0.8	2.4	4.1	−3.7	−1.7	8.4	−9.4
	6	−0.1	2.5	3.8	−3.0	−1.9	4.3	−8.3
	7	0.6	2.7	3.7	−2.4	−2.0	4.3	−6.7
	8	0.4	2.4	3.5	−2.0	−2.0	1.3	−3.6
	9	0.2	1.7	3.3	−2.1	−2.0	−3.8	−3.0
	10	−0.3	0.5	3.0	−2.1	−2.0	−2.2	−4.6
	11	−0.6	−0.5	2.7	−1.5	−2.0	−0.1	−5.8
	12	0.7	0.2	2.5	−0.4	−1.8	0.5	−4.6
2021	1	1.0	−0.3	−0.3	0.3	0.3	1.0	−4.1
	2	0.6	−0.2	−0.3	1.7	1.0	−2.1	1.2
	3	−0.5	0.4	0.0	4.4	2.1	−1.7	5.0
	4	−0.3	0.9	0.2	6.8	3.3	−2.2	10.4
	5	−0.2	1.3	0.4	9.0	4.4	−0.4	17.4
	6	−0.4	1.1	0.5	8.8	5.1	0.8	18.0
	7	0.3	1.0	0.6	9.0	5.7	2.6	17.2
	8	0.1	0.8	0.6	9.5	6.2	6.5	15.7
	9	0.0	0.7	0.6	10.7	6.7	10.6	16.4
	10	0.7	1.5	0.7	13.5	7.3	8.1	17.0
	11	0.4	2.3	0.9	12.9	7.9	7.5	17.6
	12	−0.3	1.5	0.9	10.3	8.1	9.3	16.5
2022	1	0.4	0.9	0.9	9.1	9.1	9.5	15.8
	2	0.6	0.9	0.9	8.8	8.9	11.7	11.9
	3	0.0	1.5	1.1	8.3	8.7	11.1	13.1

CPI、PPI与进出口价格指数
CPI, PPI and Import-export price index (YOY)

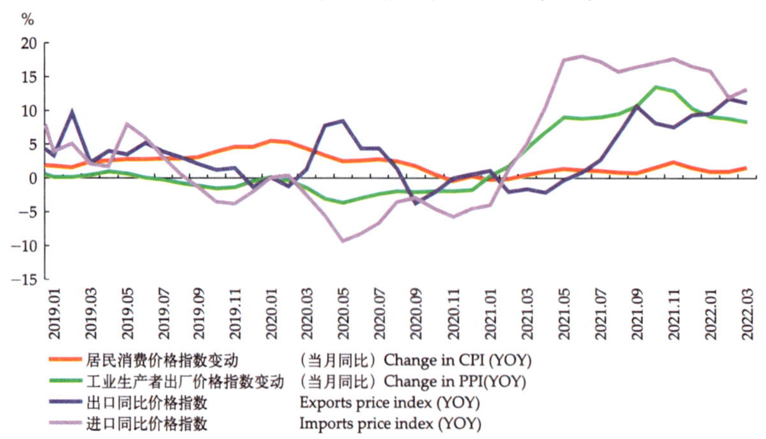

CPI同比指数变动
Change in CPI (YOY)

当月同比价格指数变动　Change in monthly CPI (YOY)
累计同比价格指数变动　Change in accumulated CPI (YOY)

PPI同比指数变动
Change in PPI (YOY)

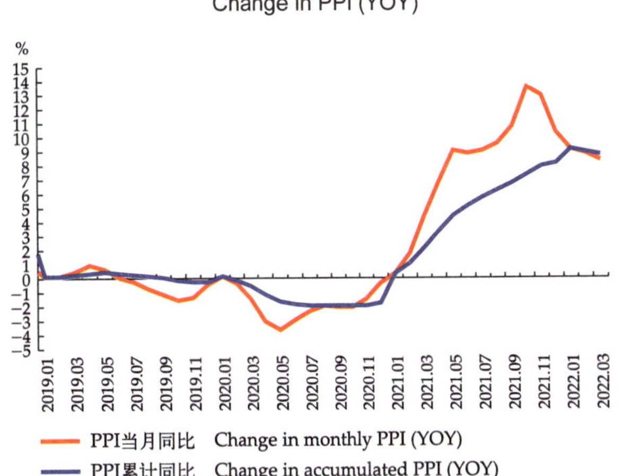

CPI当月同比分类指数变动
Breakdown of changes in CPI (YOY)

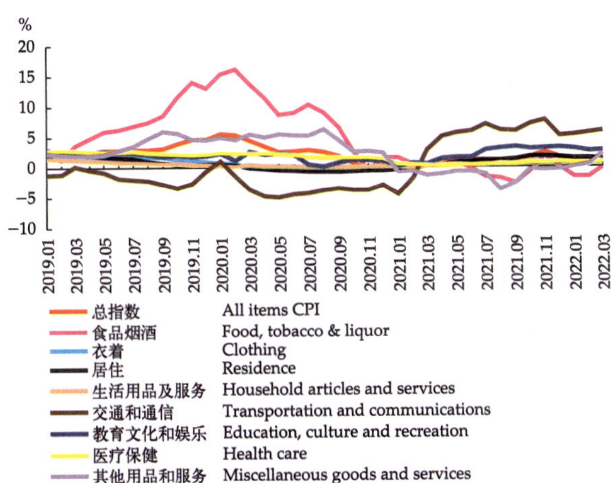

PPI当月同比分类指数变动
Breakdown of changes in PPI (YOY)

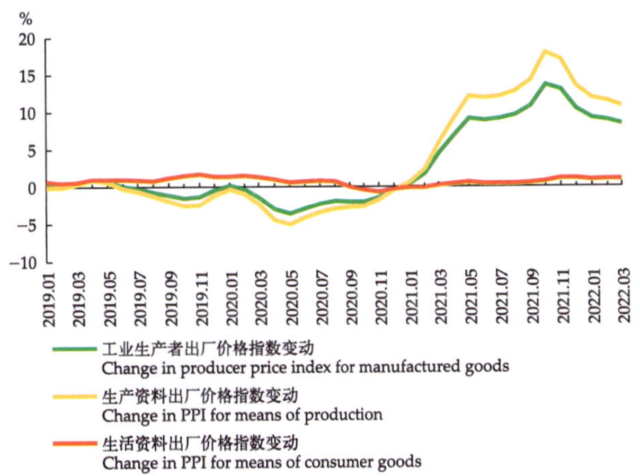

1.4 就业与居民收入（Employment and household income）

人口与就业基本情况
Population and employment

年 Year	年底总人口（亿人） Population at the end of the year (100 million people)					15~64 岁人口数（亿人） Population between 15~64 years of age (100 million people)	就业人员（亿人） Employment (100 million people)
		城镇 Urban	比重（%） Share (%)	乡村 Rural	比重（%） Share (%)		
2000	12.7	4.6	36	8.1	64	—	7.2
2001	12.8	4.8	38	8.0	62	—	7.3
2002	12.8	5.0	39	7.8	61	9.0	7.3
2003	12.9	5.2	41	7.7	59	9.1	7.4
2004	13.0	5.4	42	7.6	58	9.2	7.4
2005	13.1	5.6	43	7.5	57	9.4	7.5
2006	13.1	5.8	44	7.3	56	9.5	7.5
2007	13.2	6.1	46	7.1	54	9.6	7.5
2008	13.3	6.2	47	7.0	53	9.7	7.6
2009	13.3	6.5	48	6.9	52	9.7	7.6
2010	13.4	6.7	50	6.7	50	10.0	7.6
2011	13.5	6.9	51	6.6	49	10.0	7.6
2012	13.5	7.1	53	6.4	47	10.0	7.7
2013	13.6	7.3	54	6.3	46	10.1	7.7
2014	13.7	7.5	55	6.2	45	10.0	7.7
2015	13.7	7.7	56	6.0	44	10.0	7.7
2016	13.8	7.9	57	5.9	43	10.0	7.8
2017	13.9	8.1	59	5.8	41	10.0	7.8
2018	14.1	8.6	62	5.4	39	10.0	7.6
2019	14.1	8.8	63	5.3	37	10.0	7.5
2020	14.1	9.0	64	5.1	36	9.7	7.5
2021	14.1	9.1	65	5.0	35	—	7.5

注：表中数据根据第六次人口普查数据重新修订。
Note:Data are revised according to the sixth National Population Census.

就业人员按城乡和产业分类
Employment in urban and rural areas and in industries

年 Year	就业人员（亿人）Employment (100 million people)	按城乡分 Urban & rural				按产业分 Industries					
		城镇 Urban	比重（%） Share (%)	乡村 Rural	比重（%） Share (%)	第一产业 Primary industry	比重（%） Share (%)	第二产业 Secondary industry	比重（%） Share (%)	第三产业 Tertiary industry	比重（%） Share (%)
2000	7.21	2.32	32.1	4.89	67.9	3.60	50.0	1.62	22.5	1.98	27.5
2001	7.28	2.41	33.1	4.87	66.9	3.64	50.0	1.62	22.3	2.02	27.7
2002	7.33	2.52	34.3	4.81	65.7	3.66	50.0	1.57	21.4	2.10	28.6
2003	7.37	2.62	35.6	4.75	64.4	3.62	49.1	1.59	21.6	2.16	29.3
2004	7.43	2.73	36.8	4.70	63.2	3.48	46.9	1.67	22.5	2.27	30.6
2005	7.46	2.84	38.0	4.63	62.0	3.34	44.8	1.78	23.8	2.34	31.4
2006	7.50	2.96	39.5	4.53	60.5	3.19	42.6	1.89	25.2	2.41	32.2
2007	7.53	3.10	41.1	4.44	58.9	3.07	40.8	2.02	26.8	2.44	32.4
2008	7.56	3.21	42.5	4.35	57.5	2.99	39.6	2.06	27.2	2.51	33.2
2009	7.58	3.33	43.9	4.25	56.1	2.89	38.1	2.11	27.8	2.59	34.1
2010	7.61	3.47	45.6	4.14	54.4	2.79	36.7	2.18	28.7	2.63	34.6
2011	7.64	3.59	47.0	4.05	53.0	2.66	34.8	2.25	29.5	2.73	35.7
2012	7.67	3.71	48.4	3.96	51.6	2.58	33.6	2.32	30.3	2.77	36.1
2013	7.70	3.82	49.7	3.87	50.3	2.42	31.4	2.32	30.1	2.96	38.5
2014	7.73	3.93	50.9	3.79	49.1	2.28	29.5	2.31	29.9	3.14	40.6
2015	7.75	4.04	52.2	3.70	47.8	1.14	28.3	1.18	29.3	3.28	42.4
2016	7.76	4.14	53.4	3.62	46.6	2.15	27.7	2.23	28.8	3.38	43.5
2017	7.76	4.25	54.7	3.52	45.3	2.09	27.0	2.18	28.1	3.49	44.9
2018	7.76	4.34	56.0	3.42	44.0	2.03	26.1	2.14	27.6	3.59	46.3
2019	7.75	4.42	57.1	3.32	42.9	1.94	25.1	2.13	27.5	3.67	47.4
2020	7.51	4.63	61.6	2.88	38.4	1.77	23.6	2.15	28.7	3.58	47.7
2021	7.47	4.68	62.7	—	—	—	—	—	—	—	—

注：表中数据根据第六次人口普查数据重新修订。
Note: Data are revised according to the sixth National Population Census.

城镇失业人数和失业率
Unemployed urban population and unemployment rate

年 / 季度末 Year/End of quarter		城镇登记失业人数（万人）Registered unemployment in urban areas (10 000 people)	城镇登记失业率 (%) Registered unemployment rate in urban areas (%)	城镇调查失业率 (%) Surveyed unemployment rate in urban areas (%)
2018	I	971	3.9	5.1
	II	969	3.8	4.8
	III	975	3.8	4.9
	IV	974	3.8	4.9
2019	I	959	3.7	5.2
	II	947	3.6	5.1
	III	948	3.6	5.2
	IV	945	3.6	5.2
2020	I	957	3.7	5.9
	II	1 005	3.8	5.7
	III	1 126	4.2	5.4
	IV	1 160	4.2	5.2
2021	I	1 060	3.9	5.3
	II	1 042	3.9	5.0
	III	1 016	3.9	4.9
	IV	1 040	4.0	5.1
2022	I	1 102	—	5.8

居民人均可支配收入
Per capita disposable income

年 / 季度 Year/ Quarter		农村居民人均可支配收入 Per capita disposable income in rural area		城镇居民人均可支配收入 Per capita disposable income in urban area	
		绝对值（元）Absolute value (RMB)	同比实际增长 (%) Growth in real terms (YOY) (%)	绝对值（元）Absolute value (RMB)	同比实际增长 (%) Growth in real terms (YOY) (%)
2018	I	4 226	6.8	10 781	5.7
	I~II	7 142	6.8	19 770	5.8
	I~III	10 645	6.8	29 599	5.7
	I~IV	14 617	6.6	39 251	5.6
2019	I	4 600	6.9	11 633	5.9
	I~II	7 778	6.6	21 342	5.7
	I~III	11 622	6.4	31 939	5.4
	I~IV	16 021	6.2	42 359	5.0
2020	I	4 641	-4.7	11 691	-3.9
	I~II	8 069	-1.0	21 655	-2.0
	I~III	12 297	1.6	32 821	-0.3
	I~IV	17 131	3.8	43 834	1.2
2021	I	5 398	16.3	13 120	12.3
	I~II	9 248	14.1	24 125	10.7
	I~III	13 726	11.2	35 946	8.7
	I~IV	18 931	9.7	47 412	7.1
2022	I	5 778	6.3	13 832	4.2

城镇调查失业率
Unemployment rate

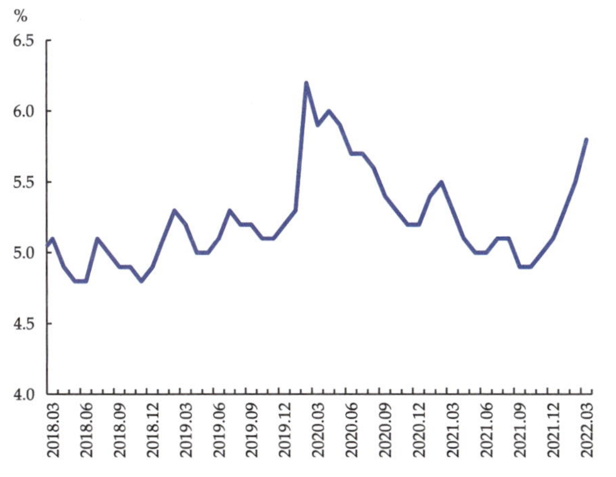

人均可支配收入变化率
Growth rate of per capita disposable income of residents

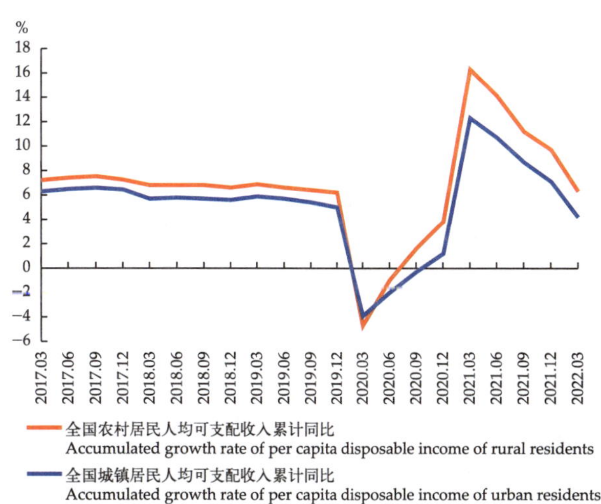

二、货币与存贷款（Money, deposits and loans）

2.1 基础货币与中央银行资产负债表（Monetary base and balance sheet of central banks）

基础货币余额及其增长趋势
Monetary base and its growth

年 / 月 Year/Month	余额（万亿元）Outstanding amounts (RMB 1 trillion)	同比增长率（%）Growth rate (YOY) (%)
2019.03	30.37	−5.5
2019.04	29.88	−2.8
2019.05	30.41	−0.1
2019.06	31.31	−1.7
2019.07	30.13	−3.4
2019.08	30.03	−3.5
2019.09	30.59	−3.8
2019.10	29.88	0.2
2019.11	30.40	−0.6
2019.12	32.42	−2.1
2020.01	32.16	2.7
2020.02	30.87	1.7
2020.03	31.78	4.6
2020.04	31.17	4.3
2020.05	30.87	1.5
2020.06	30.83	−1.5
2020.07	29.72	−1.4
2020.08	29.82	−0.7
2020.09	31.56	3.2
2020.10	30.24	1.2
2020.11	31.45	3.5
2020.12	33.04	1.9
2021.01	31.68	−1.5
2021.02	32.16	4.2
2021.03	32.70	2.9
2021.04	31.87	2.2
2021.05	32.07	3.9
2021.06	32.45	5.2
2021.07	31.06	4.5
2021.08	30.74	3.1
2021.09	32.43	2.8
2021.10	31.50	4.2
2021.11	31.78	1.0
2021.12	32.95	−0.3
2022.01	33.12	4.5
2022.02	32.86	2.2
2022.03	33.55	2.6

基础货币余额及其增长趋势
Monetary base and its growth

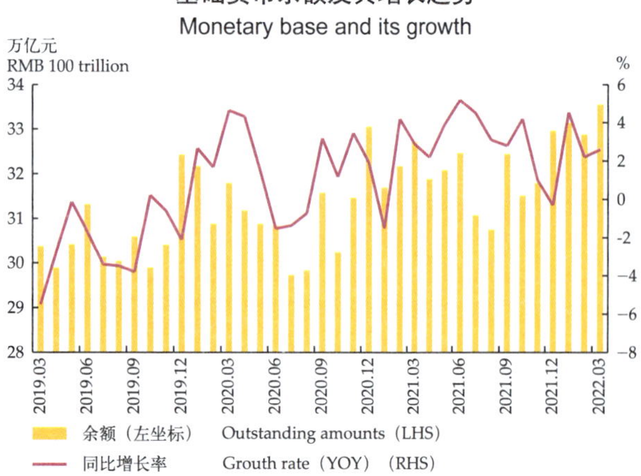

基础货币构成
Composition of monetary base

单位：亿元
Unit: RMB 100 million

年 / 季度 Year/Quarter	货币发行 Currency issue	金融机构存款 Deposits of depository corporations
2019Q1	81 311	209 648
2019Q2	78 237	221 817
2019Q3	80 218	212 230
2019Q4	82 859	226 024
2020Q1	90 751	212 681
2020Q2	85 413	207 203
2020Q3	88 063	209 650
2020Q4	89 823	222 906
2021Q1	92 459	216 683
2021Q2	89 614	216 321
2021Q3	92 427	212 047
2021Q4	96 165	212 393
2022Q1	100 738	215 232

金融机构准备金账户存款和超额准备金率
Deposit in reserve account and excess reserve ratio of financial institutions

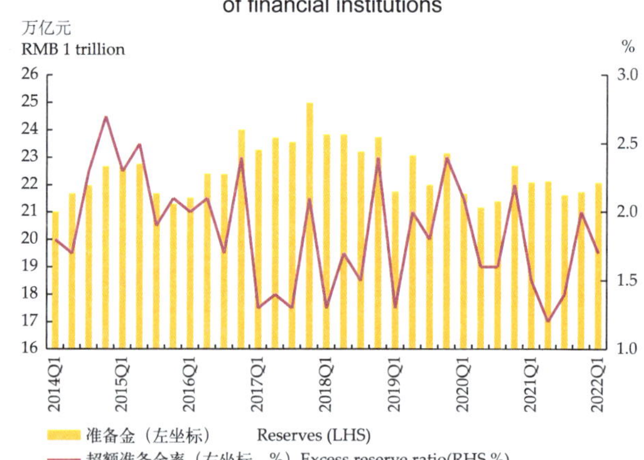

金融机构法定人民币存款准备金率①
Official RMB reserve requirement ratios of financial institutions[1]

单位：%
Unit: %

日期 Date	中资全国性大型银行② Chinese-funded large banks operating nationwide[2]	中型银行③ Medium-sized banks[3]	小型银行④ Small banks[4]
2003.09.21	7.0	7.0	6.0
2004.04.25	7.5	7.5	6.0
2006.07.05	8.0	8.0	6.0
2006.08.15	8.5	8.5	6.0
2006.11.15	9.0	9.0	6.5
2007.01.15	9.5	9.5	7.0
2007.02.25	10.0	10.0	7.5
2007.04.16	10.5	10.5	8.0
2007.05.15	11.0	11.0	8.5
2007.06.05	11.5	11.5	9.0
2007.08.15	12.0	12.0	9.5
2007.09.25	12.5	12.5	10.0
2007.10.25	13.0	13.0	10.5
2007.11.26	13.5	13.5	11.0
2007.12.25	14.5	14.5	12.0
2008.01.25	15.0	15.0	12.5
2008.03.25	15.5	15.5	13.0
2008.04.25	16.0	16.0	13.5
2008.05.20	16.5	16.5	14.0
2008.06.15	17.0	17.0	14.5
2008.06.25	17.5	17.5	15.0
2008.09.25	17.5	16.5	14.0
2008.10.15	17.0	16.0	13.5
2008.12.05	16.0	14.0	11.5
2008.12.25	15.5	13.5	11.0
2010.01.18	16.0	14.0	11.0
2010.02.25	16.5	14.5	11.0
2010.05.10	17.0	15.0	11.0
2010.11.16	17.5	15.5	11.5
2010.11.29	18.0	16.0	12.0
2010.12.20	18.5	16.5	12.5
2011.01.20	19.0	17.0	13.0
2011.02.24	19.5	17.5	13.5
2011.03.25	20.0	18.0	14.0
2011.04.21	20.5	18.5	14.5
2011.05.18	21.0	19.0	15.0
2011.06.20	21.5	19.5	15.5
2011.12.05	21.0	19.0	15.0
2012.02.24	20.5	18.5	14.5
2012.05.18	20.0	18.0	14.0
2015.02.05	19.5	17.5	13.5
2015.04.20	18.5	16.5	11.5
2015.09.06	18.0	16.0	10.5
2015.10.24	17.5	15.5	9.5
2016.03.01	17.0	15.0	9.0
2018.04.25	16.0	14.0	9.0
2018.07.05	15.5	13.5	9.0
2018.10.15	14.5	12.5	9.0
2019.01.15	14.0	12.0	8.5
2019.01.25	13.5	11.5	8.0
2019.09.16	13.0	11.0	7.5
2020.01.06	12.5	10.5	7.0
2020.04.15	12.5	10.5	6.5
2020.05.15	12.5	10.5	6.0
2021.07.15	12.0	10.0	5.5
2021.12.15	10.0	8.0	5.0

注：①表中数据为基准档存款准备金率。
②包括中国工商银行、中国农业银行、中国银行、中国建设银行、交通银行和中国邮政储蓄银行。
③包括股份制商业银行等。
④包括农村商业银行、农村合作银行、农村信用社和村镇银行。其中服务县域的农村商业银行在2019年5月降准后执行与农村信用社相同档次的存款准备金率。

Notes: 1. Statistics in the table are baseline required reserve ratio.
2. Including Industrial and Commercial Bank of China,Agricultural Bank of China,Bank of China,China Construction Bank,Bank of Communications,Postal Savings Bank of China.
3. Including joint-stock commercial banks, etc.
4. Including rural commercial banks, rural cooperative banks, rural credit cooperatives and township and village banks. Rural commercial banks serving counties implemented the same level of deposit reserve ratio as rural credit cooperatives after the RRR reduction in May 2019.

中国人民银行资产负债表
Balance sheet of the PBC

单位：亿元
Unit: RMB 100 million

年 / 月 Year/ Month	总资产 Total assets	国外资产 Foreign assets	对政府债权 Claims on government	对其他存款性公司债权 Claims on other depository corporations	对其他金融性公司债权 Claims on other financial corporations	对非金融性公司债权 Claims on non-financial corporations	其他资产 Other assets	总负债 Total liabilities	储备货币（基础货币） Reserve money	货币发行 Currency issue	金融性公司存款 Deposits of financial corporations	非金融机构存款 Deposits of non-financial corporations	不计入储备货币的金融性公司存款 Deposits of financial corporations excluded from reserve money	发行债券 Bond issue	国外负债 Foreign libilities	政府存款 Deposits of government	自有资金 Own capital	其他负债 Other liabilities
2020.03	365 375	218 316	15 250	113 014	4 735		14 059	365 375	317 807	90 751	212 681	14 375	5 016	985	1 896	30 775	220	8 675
2020.04	360 348	218 311	15 250	107 996	4 741		14 049	360 348	311 688	88 074	208 741	14 874	5 049	975	1 185	32 316	220	8 914
2020.05	367 871	218 333	15 250	115 525	4 747		14 015	367 871	308 695	85 688	207 935	15 071	4 958	975	1 251	42 278	220	9 494
2020.06	363 931	218 333	15 250	111 619	4 747		13 982	363 931	308 339	85 413	207 203	15 723	4 750	950	1 198	38 253	220	10 222
2020.07	357 925	218 375	15 250	106 615	4 762		12 922	357 925	297 173	85 167	196 061	15 945	4 877	950	1 080	42 558	220	11 068
2020.08	365 052	218 362	15 250	113 773	4 766		12 901	365 052	298 170	85 435	196 502	16 233	5 031	950	1 138	47 793	220	11 750
2020.09	374 728	218 213	15 250	123 620	4 742		12 903	374 728	315 643	88 063	209 650	17 929	5 293	950	1 081	39 774	220	11 767
2020.10	371 813	218 185	15 250	120 745	4 740		12 892	371 813	302 380	86 358	198 214	17 808	5 276	950	981	49 894	220	12 111
2020.11	381 989	218 209	15 250	130 987	4 754		12 788	381 989	314 519	86 885	210 364	17 269	5 106	900	1 010	47 772	220	12 463
2020.12	387 676	218 040	15 250	133 355	4 447		16 583	387 676	330 428	89 823	222 906	17 699	4 882	900	930	38 682	220	11 635
2021.01	389 131	218 074	15 250	132 072	4 432		19 304	389 131	316 822	95 835	203 007	17 981	4 643	900	1 060	53 529	220	11 957
2021.02	383 093	219 329	15 250	124 384	4 451		19 679	383 093	321 556	99 829	202 352	19 376	4 907	1 000	1 056	42 406	220	11 949
2021.03	382 773	219 214	15 250	124 657	4 427		19 224	382 773	326 956	92 459	216 683	17 814	4 948	900	1 039	36 719	220	11 991
2021.04	382 315	219 123	15 250	124 491	4 410		19 042	382 315	318 678	91 050	209 032	18 596	5 156	900	1 120	43 755	220	12 487
2021.05	386 917	219 265	15 250	129 187	4 352		18 863	386 917	320 697	89 385	213 458	17 855	4 489	950	1 028	47 240	220	12 293
2021.06	389 897	220 506	15 250	130 900	4 354		18 886	389 897	324 494	89 614	216 321	18 559	5 719	900	942	45 666	220	11 955
2021.07	380 502	220 410	15 250	121 612	4 343		18 887	380 502	310 607	89 677	202 121	18 809	5 406	900	965	50 062	220	12 342
2021.08	379 487	223 257	15 250	120 568	4 342		16 070	379 487	307 438	90 109	198 187	19 142	5 294	950	1 083	51 111	220	13 391
2021.09	391 974	223 230	15 250	132 450	4 149		16 894	391 974	324 341	92 427	212 047	19 867	5 193	950	1 358	46 143	220	13 769
2021.10	394 919	223 262	15 241	133 074	4 152		19 191	394 919	314 963	91 302	203 833	19 828	4 790	950	1 156	57 236	220	15 605
2021.11	393 114	223 639	15 241	129 928	4 128		20 178	393 114	317 810	92 596	205 699	19 516	4 821	950	1 416	52 963	220	14 934
2021.12	395 702	225 103	15 241	128 645	4 125		22 588	395 702	329 487	96 165	212 393	20 930	6 053	950	998	42 932	220	15 062
2022.01	403 125	225 696	15 241	134 700	4 112		23 376	403 125	331 197	111 877	194 280	25 041	6 041	950	1 036	49 781	220	13 900
2022.02	406 229	225 836	15 241	137 638	4 114		23 399	406 229	328 649	104 182	204 313	20 153	6 918	950	1 634	54 659	220	13 199
2022.03	398 726	226 202	15 241	129 349	4 118		23 816	398 726	335 458	100 738	215 232	19 489	7 090	950	1 188	42 003	220	11 817

主要经济体央行资产负债表规模
Balance sheet size of major central banks

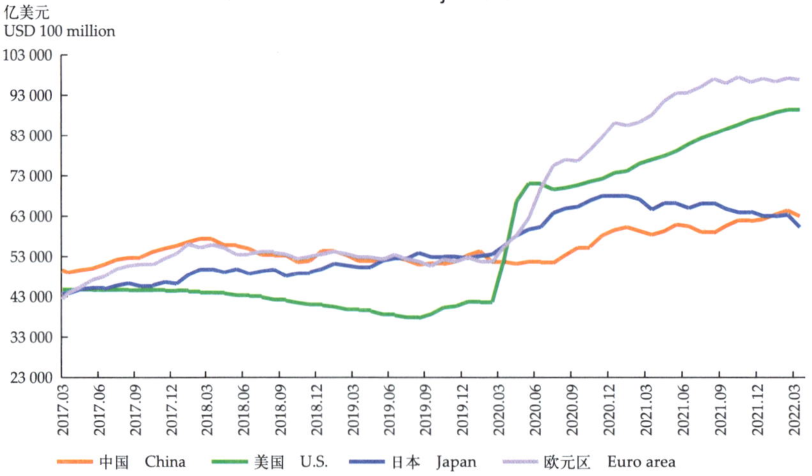

亿美元
USD 100 million

中国 China　美国 U.S.　日本 Japan　欧元区 Euro area

（数据来源：各经济体中央银行官方统计网站，Wind）
(Source: Official statistical websites of the major central banks, Wind)

2.2　货币供应量（Money supply）

货币供应量构成

Composition of money supply

年 / 月 Year/Month	广义货币（亿元）Money & quasi-money (M2) (RMB 100 million)	M2 同比增长率 (%) Growth rate of M2 (YOY)(%)	货币（亿元）Money (M1) (RMB 100 million)	M1 同比增长率 (%) Growth rate of M1 (YOY)(%)	流通中现金（亿元）Currency in circulation (M0) (RMB 100 million)	M0 同比增长率 (%) Growth rate of M0 (YOY)(%)	单位活期存款（亿元）Corporate demand deposits (RMB 100 million)	准货币（亿元）Quasi-money (RMB 100 million)	单位定期存款（亿元）Corporate time deposits (RMB 100 million)	个人存款（亿元）Personal deposits (RMB 100 million)	其他存款（亿元）Other deposits (RMB 100 million)
2020.03	2 080 923	10.1	575 050	5.0	83 022	10.8	492 028	1 505 873	390 275	884 279	231 319
2020.04	2 093 534	11.1	570 150	5.5	81 485	10.2	488 665	1 523 383	405 776	876 294	241 313
2020.05	2 100 184	11.1	581 111	6.8	79 707	9.5	501 404	1 519 073	404 645	881 205	233 223
2020.06	2 134 949	11.1	604 318	6.5	79 459	9.5	524 859	1 530 631	399 040	903 188	228 403
2020.07	2 125 458	10.7	591 193	6.9	79 867	9.9	511 325	1 534 266	397 801	895 926	240 538
2020.08	2 136 837	10.4	601 289	8.0	80 043	9.4	521 246	1 535 548	400 254	899 950	235 344
2020.09	2 164 085	10.9	602 312	8.1	82 371	11.1	519 941	1 561 773	407 659	919 507	234 606
2020.10	2 149 720	10.5	609 182	9.1	81 036	10.4	528 146	1 540 538	393 030	909 851	237 658
2020.11	2 172 003	10.7	618 632	10.0	81 594	10.3	537 039	1 553 370	391 959	916 265	245 147
2020.12	2 186 796	10.1	625 581	8.6	84 315	9.2	541 266	1 561 215	383 837	932 966	244 411
2021.01	2 213 047	9.4	625 564	14.7	89 625	-3.9	535 939	1 587 484	398 889	947 858	240 737
2021.02	2 236 030	10.1	593 487	7.4	91 925	4.2	501 563	1 642 543	402 758	980 469	259 316
2021.03	2 276 488	9.4	616 113	7.1	86 544	4.2	529 570	1 660 375	401 307	1 000 039	259 030
2021.04	2 262 107	8.1	605 422	6.2	85 803	5.3	519 619	1 656 685	407 652	984 211	264 822
2021.05	2 275 538	8.3	616 828	6.1	84 178	5.6	532 651	1 658 710	402 495	985 345	270 869
2021.06	2 317 788	8.6	637 479	5.5	84 347	6.2	553 132	1 680 309	403 886	1 007 903	268 520
2021.07	2 302 154	8.3	620 367	4.9	84 718	6.1	535 649	1 681 787	407 867	994 180	279 740
2021.08	2 312 268	8.2	626 659	4.2	85 059	6.3	541 599	1 685 609	408 950	997 520	279 139
2021.09	2 342 830	8.3	624 646	3.7	86 867	5.5	537 779	1 718 184	419 570	1 018 366	280 249
2021.10	2 336 160	8.7	626 082	2.8	86 086	6.2	539 996	1 710 078	413 146	1 006 185	290 748
2021.11	2 356 013	8.5	637 482	3.0	87 433	7.2	550 049	1 718 531	414 662	1 013 514	290 355
2021.12	2 382 900	9.0	647 443	3.5	90 825	7.7	556 618	1 735 456	412 952	1 032 441	290 063
2022.01	2 431 023	9.8	613 859	(1.9)	106 189	18.5	507 670	1 817 163	437 385	1 086 711	293 068
2022.02	2 441 489	9.2	621 612	4.7	97 228	5.8	524 384	1 819 877	432 729	1 083 800	303 348
2022.03	2 497 688	9.7	645 064	4.7	95 142	9.9	549 922	1 852 625	440 627	1 110 997	301 000

2022年3月末货币供应量构成

Composition of money supply at the end of March, 2022

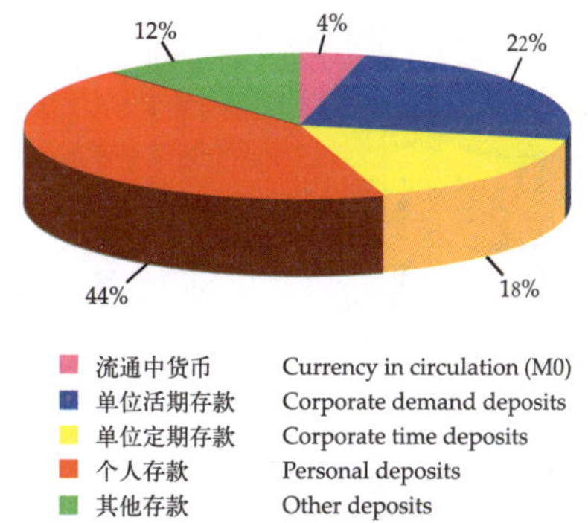

年度M0、M1、M2及其变化趋势
Annual M0, M1, and M2 and their changes

年 Year	M0（万亿元，RMB 1 trillion）	M1（万亿元，RMB 1 trillion）	M2（万亿元，RMB 1 trillion）	M0 同比增长率 (%) Growth rate of M0 (YOY) (%)	M1 同比增长率 (%) Growth rate of M1 (YOY) (%)	M2 同比增长率 (%) Growth rate of M2 (YOY) (%)
2000	1.5	5.3	13.8	8.9	16.0	14.0
2001	1.6	6.0	15.8	7.1	12.7	14.4
2002	1.7	7.1	18.5	10.1	16.8	16.8
2003	2.0	8.4	22.1	14.3	18.7	19.6
2004	2.1	9.6	25.3	8.7	13.6	14.6
2005	2.4	10.7	29.9	11.9	11.8	17.6
2006	2.7	12.6	34.6	12.7	17.5	16.9
2007	3.0	15.3	40.3	12.2	21.0	16.7
2008	3.4	16.6	47.5	12.7	9.1	17.8
2009	3.8	22.1	61.0	11.8	33.2	28.5
2010	4.5	26.7	72.6	16.7	21.2	19.7
2011	5.1	29.0	85.2	13.8	7.9	13.6
2012	5.5	30.9	97.4	7.7	6.5	13.8
2013	5.9	33.7	110.7	7.2	9.3	13.6
2014	6.0	34.8	122.8	2.9	3.2	12.2
2015	6.3	40.1	139.2	4.9	15.2	13.3
2016	6.8	48.7	155.0	8.1	21.4	11.3
2017	7.1	54.4	169.0	3.4	11.8	8.1
2018	7.3	55.2	182.7	3.6	1.5	8.1
2019	7.7	57.6	198.6	5.4	4.4	8.7
2020	8.4	62.6	218.7	9.2	8.6	10.1
2021	9.1	64.7	238.3	7.7	3.5	9.0

月度M0、M1、M2及其变化趋势
Monthly M0, M1, and M2 and their changes

年 / 月 Year/ Month	M0（万亿元，RMB 1 trillion）	M1（万亿元，RMB 1 trillion）	M2（万亿元，RMB 1 trillion）	M0 同比增长率 (%) Growth rate of M0 (YOY)(%)	M1 同比增长率 (%) Growth rate of M1 (YOY)(%)	M2 同比增长率 (%) Growth rate of M2 (YOY)(%)
2019.12	7.7	57.6	198.7	5.4	4.4	8.7
2020.01	9.3	54.6	202.3	6.6	0.0	8.4
2020.02	8.8	55.3	203.1	10.9	4.8	8.8
2020.03	8.3	57.5	208.1	10.8	5.0	10.1
2020.04	8.1	57.0	209.4	10.2	5.5	11.1
2020.05	8.0	58.1	210.0	9.5	6.8	11.1
2020.06	7.9	60.4	213.5	9.5	6.5	11.1
2020.07	8.0	59.1	212.5	9.9	6.9	10.7
2020.08	8.0	60.1	213.7	9.4	8.0	10.4
2020.09	8.2	60.2	216.4	11.1	8.1	10.9
2020.10	8.1	60.9	215.0	10.4	9.1	10.5
2020.11	8.2	61.9	217.2	10.3	10.0	10.7
2020.12	8.4	62.6	218.7	9.2	8.6	10.1
2021.01	9.0	62.6	221.3	-3.9	14.7	9.4
2021.02	9.2	59.3	223.6	4.2	7.4	10.1
2021.03	8.7	61.6	227.6	4.2	7.1	9.4
2021.04	8.6	60.5	226.2	5.3	6.2	8.1
2021.05	8.4	61.7	227.6	5.6	6.1	8.3
2021.06	8.4	63.7	231.8	6.2	5.5	8.6
2021.07	8.5	62.0	230.2	6.1	4.9	8.3
2021.08	8.5	62.7	231.2	6.3	4.2	8.2
2021.09	8.7	62.5	234.3	5.5	3.7	8.3
2021.10	8.6	62.6	233.6	6.2	2.8	8.7
2021.11	8.7	63.7	235.6	7.2	3.0	8.5
2021.12	9.1	64.7	238.3	7.7	3.5	9.0
2022.01	10.6	61.4	243.1	18.5	-1.9	9.8
2022.02	9.7	62.2	244.1	5.8	4.7	9.2
2022.03	9.5	64.5	249.8	9.9	4.7	9.7

年度M0、M1、M2及其变化趋势
Annual M0, M1, and M2 and their changes

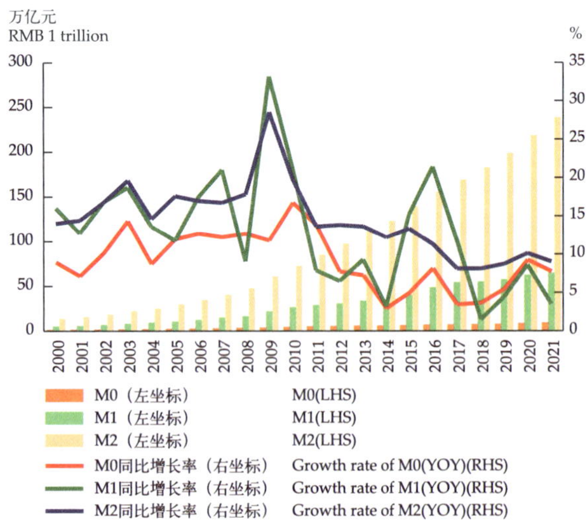

月度M0、M1、M2及其变化趋势
Monthly M0, M1, and M2 and their changes

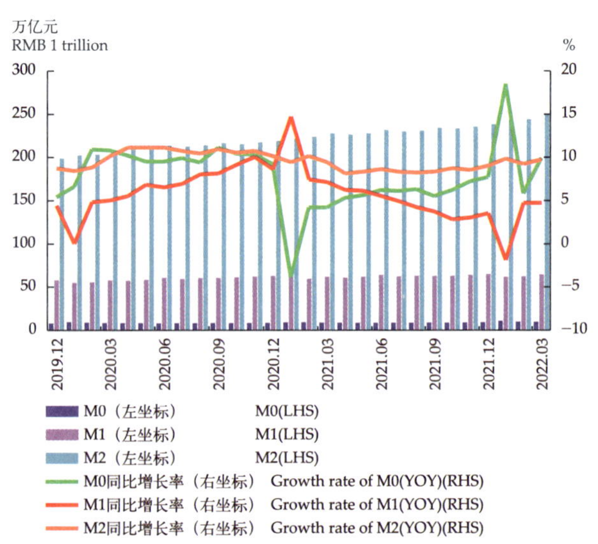

存款性公司概览
Depository corporations survey

单位：万亿元
Unit: RMB 1 trillion

年 / 月 Year/ Month	国外净资产 Net foreign assets	国内信贷 Domestic credits	对政府债权（净）Claims on government (net)	对非金融部门债权 Claims on non-financial sectors	对其他金融部门债权 Claims on other financial sectors	货币和准货币 Money & Quasi Money	货币 Money	准货币 Quasi Money	不纳入广义货币的存款 Deposits Excluded from Broad Money	债券 Bonds	实收资本 Paid-in Capital	其他（净）Other Items (net)
2019.03	26.01	203.92	26.06	151.43	26.43	188.94	54.76	134.18	4.69	26.38	5.50	4.40
2019.04	25.91	203.77	25.77	152.31	25.68	188.47	54.06	134.41	4.68	26.55	5.55	4.42
2019.05	26.02	204.64	25.76	153.46	25.42	189.12	54.44	134.68	4.69	26.94	5.57	4.35
2019.06	26.17	207.49	26.63	155.04	25.83	192.14	56.77	135.37	4.74	26.89	5.74	4.16
2019.07	26.14	207.53	26.59	155.95	24.98	191.94	55.30	136.64	4.66	26.86	5.89	4.31
2019.08	26.25	210.28	27.13	158.25	24.90	193.55	55.68	137.87	4.68	27.03	5.91	5.36
2019.09	26.30	212.45	27.69	160.15	24.62	195.23	55.71	139.51	4.68	27.26	6.19	5.39
2019.10	26.34	212.36	27.31	160.67	24.38	194.56	55.81	138.75	4.80	27.48	6.23	5.64
2019.11	26.38	214.61	27.58	162.18	24.86	196.14	56.25	139.89	4.79	27.63	6.29	6.14
2019.12	26.46	217.28	29.01	163.16	25.11	198.65	57.60	141.05	4.82	28.04	6.48	5.76
2020.01	26.59	221.14	29.20	166.94	25.00	202.31	54.55	147.75	4.92	27.89	6.48	6.13
2020.02	26.59	222.95	29.40	168.18	25.37	203.08	55.27	147.81	5.03	28.04	6.52	6.87
2020.03	26.23	228.87	30.52	171.85	26.50	208.09	57.51	150.59	4.93	28.24	6.64	7.20
2020.04	26.27	231.22	30.72	173.81	26.70	209.35	57.02	152.34	4.82	28.41	6.72	8.18
2020.05	26.52	232.29	30.79	175.63	25.87	210.02	58.11	151.91	4.82	28.54	6.82	8.61
2020.06	26.65	235.18	31.50	177.47	26.21	213.49	60.43	153.06	5.02	28.96	6.84	7.51
2020.07	26.80	235.52	31.44	179.03	25.05	212.55	59.12	153.43	5.09	29.62	6.89	8.16
2020.08	26.85	237.69	31.80	180.90	24.98	213.68	60.13	153.55	5.17	30.25	6.95	8.48
2020.09	26.96	240.69	33.12	182.58	24.99	216.41	60.23	156.18	5.28	30.76	7.08	8.13
2020.10	27.01	239.68	32.33	183.26	24.09	214.97	60.92	154.05	5.35	30.94	7.10	8.33
2020.11	26.87	242.08	32.67	184.74	24.66	217.20	61.86	155.34	5.39	31.16	7.21	7.98
2020.12	26.95	244.00	34.02	185.35	24.63	218.68	62.56	156.12	5.35	31.22	7.36	8.35
2021.01	27.07	245.83	32.77	189.21	23.85	221.30	62.56	158.75	5.64	31.30	7.36	7.30
2021.02	27.32	248.53	33.95	190.49	24.08	223.60	59.35	164.25	5.77	31.41	7.36	7.71
2021.03	27.58	253.15	34.77	193.23	25.15	227.65	61.61	166.04	5.82	32.07	7.38	7.80
2021.04	27.74	252.30	34.25	194.25	23.80	226.21	60.54	165.67	6.02	32.20	7.48	8.13
2021.05	27.79	254.05	34.42	195.42	24.22	227.55	61.68	165.87	6.00	32.51	7.53	8.24
2021.06	27.99	257.61	35.05	197.36	25.21	231.78	63.75	168.03	6.11	32.64	7.68	7.40
2021.07	28.02	256.87	34.67	197.97	24.23	230.22	62.04	168.18	5.97	33.07	7.70	7.94
2021.08	28.36	258.90	35.27	199.01	24.62	231.23	62.67	168.56	5.99	33.57	7.79	8.69
2021.09	28.48	261.91	36.43	200.91	24.57	234.28	62.46	171.82	5.97	33.86	7.85	8.43
2021.10	28.53	261.90	35.96	201.64	24.30	233.62	62.61	171.01	6.04	34.21	7.91	8.64
2021.11	28.39	264.36	36.75	202.77	24.83	235.60	63.75	171.85	6.07	34.86	8.04	8.17
2021.12	28.30	267.34	38.52	203.72	25.10	238.29	64.74	173.55	5.94	35.06	8.14	8.22
2022.01	28.54	271.77	38.49	208.05	25.23	243.10	61.39	181.72	6.14	35.08	8.19	7.81
2022.02	28.67	272.38	38.35	208.96	25.07	244.15	62.16	181.99	6.26	35.71	8.24	6.71
2022.03	28.79	278.35	40.21	212.23	25.91	249.77	64.51	185.26	6.23	36.11	8.24	6.79

2.3 存贷款（Deposits and loans）

金融机构人民币各项存贷款余额及其增长趋势

Outstanding amounts of total deposits & loans and their growth in financial institutions

年 / 月 Year/month	各项存款（万亿元） Total deposits (RMB 1 trillion)	各项贷款（万亿元） Total loans (RMB 1 trillion)	各项存款同比增长率 (%) Growth rate of deposits (YOY) (%)	各项贷款同比增长率 (%) Growth rate of loans (YOY) (%)
2020.03	201.0	160.2	9.3	12.7
2020.04	202.3	161.9	9.9	13.1
2020.05	204.6	163.4	10.4	13.2
2020.06	207.5	165.2	10.6	13.2
2020.07	207.6	166.2	10.3	13.0
2020.08	209.5	167.5	10.3	13.0
2020.09	211.1	169.4	10.7	13.0
2020.10	210.7	170.1	10.3	12.9
2020.11	212.8	171.5	10.7	12.8
2020.12	212.6	172.8	10.2	12.8
2021.01	216.1	176.3	10.4	12.7
2021.02	217.3	177.7	10.4	12.9
2021.03	220.9	180.4	9.9	12.6
2021.04	220.2	181.9	8.9	12.3
2021.05	222.8	183.4	8.9	12.2
2021.06	226.6	185.5	9.2	12.3
2021.07	225.5	186.6	8.6	12.3
2021.08	226.9	187.8	8.3	12.1
2021.09	229.2	189.5	8.6	11.9
2021.10	230.0	190.3	9.1	11.9
2021.11	231.1	191.6	8.6	11.7
2021.12	232.3	192.7	9.3	11.6
2022.01	236.1	196.7	9.2	11.5
2022.02	238.6	197.9	9.8	11.4
2022.03	243.1	201.0	10.0	11.4

金融机构人民币各项存贷款余额及其增长趋势

Outstanding amounts of total deposits & loans and their growth in financial institutions

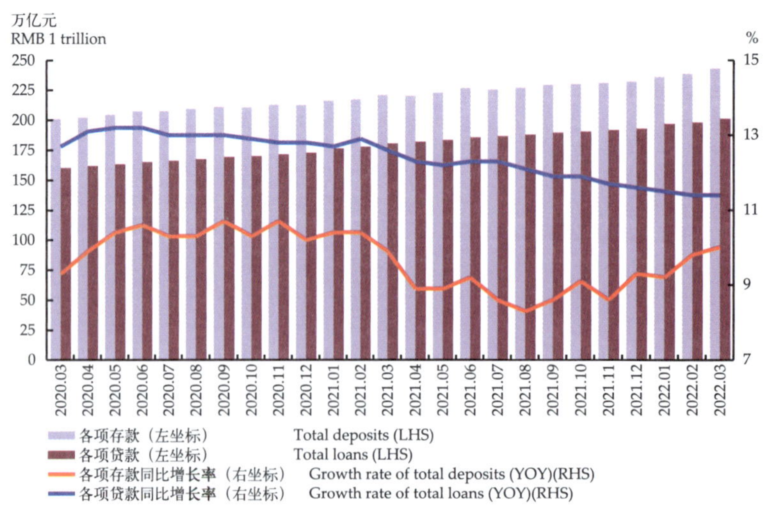

住户存款和非金融企业存款余额
Outstanding amounts of household deposits and non-financial corporate deposits

单位：亿元
Unit: RMB 100 million

年 / 月 Year/Month	住户存款 Deposits of households	活期及临时性存款 Demand & temporary deposits	定期及保证性存款 Time & marginal deposits	非金融企业存款 Deposits of non-financial enterprises	活期及临时性存款 Demand & temporary deposits	定期及保证性存款 Time & marginal deposits
2020.03	877 723	307 747	569 976	613 040	235 863	377 178
2020.04	869 727	296 393	573 334	624 771	232 026	392 745
2020.05	874 546	296 882	577 664	632 825	236 251	396 574
2020.06	896 318	310 920	585 398	647 213	245 030	402 183
2020.07	889 123	304 072	585 051	631 734	235 988	395 746
2020.08	893 096	306 013	587 083	639 225	239 245	399 980
2020.09	912 537	316 730	595 807	649 315	238 178	411 138
2020.10	902 967	311 033	591 935	640 673	240 831	399 843
2020.11	909 302	314 250	595 051	649 156	245 690	403 466
2020.12	925 986	326 763	599 223	660 180	253 616	406 564
2021.01	940 838	325 421	615 417	668 602	249 943	418 660
2021.02	973 409	333 151	640 259	644 411	229 805	414 605
2021.03	992 778	337 787	654 991	661 693	242 635	419 057
2021.04	977 069	323 644	653 425	658 137	234 242	423 895
2021.05	978 141	322 702	655 439	656 897	237 569	419 328
2021.06	1 000 474	336 356	664 119	681 665	250 928	430 736
2021.07	986 915	325 537	661 378	668 541	242 346	426 195
2021.08	990 253	326 515	663 737	674 149	242 661	431 489
2021.09	1 010 914	335 834	675 080	679 289	241 672	437 617
2021.10	998 862	326 379	672 483	673 568	241 704	431 863
2021.11	1 006 170	330 054	676 116	683 018	247 932	435 086
2021.12	1 025 012	342 904	682 108	696 695	255 117	441 578
2022.01	1 079 150	366 449	712 701	681 644	229 654	451 991
2022.02	1 076 227	345 201	731 026	683 033	235 551	447 482
2022.03	1 103 202	351 188	752 014	709 618	249 725	459 892

2022年3月末人民币存款余额
Outstanding amounts of RMB deposits at the end of March, 2022

单位：亿元
Unit: RMB 100 million

项目 Item	余额 Outstanding amount
各项存款 Total deposits	**2 430 956**
境内存款 Domestic deposits	2 416 660
住户存款 Deposits of households	1 103 202
非金融企业存款 Deposits of non-financial enterprises	709 618
机关团体存款 Deposits of Government Departments & Organizations	319 694
财政性存款 Fiscal Deposits	54 025
非银行业金融机构存款 Deposits of non-banking financial institutions	230 122
境外存款 Overseas deposits	14 296

2022年3月末人民币存款余额
Outstanding amounts of RMB deposits at the end of March, 2022

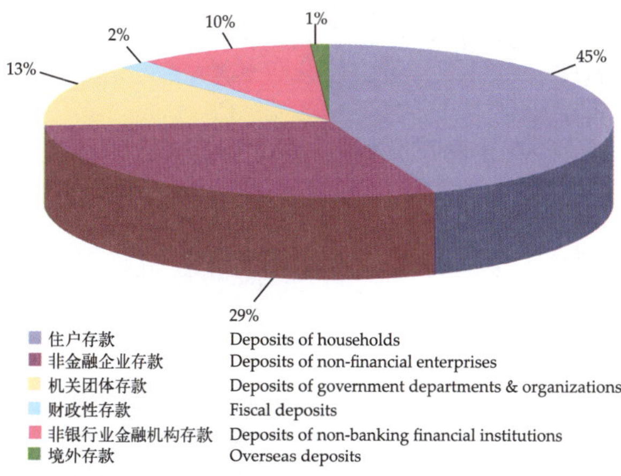

2022年3月末人民币贷款余额
RMB loans issued by the end of March, 2022 by sectors

单位：亿元
Unit: RMB 100 million

项目 Item	余额 Outstanding amounts	较上年末增加 Increase from the end of last year
各项贷款 Total loans	2 010 111	83 208
境内贷款 Domestic loans	2 002 913	83 058
住户贷款 Loans to households	723 597	12 554
短期贷款 Short-term loans	175 126	1 931
中长期贷款 Mid & long-term loans	548 471	10 624
企（事）业单位贷款 Loans to non-financial enterprises and government departments & organizations	1 275 123	70 585
短期贷款 Short-term loans	351 834	22 837
中长期贷款 Mid & long-term loans	784 598	38 775
票据融资 Paper financing	106 540	8 024
融资租赁 Financial leases	29 543	922
各项垫款 Total advances	2 607	28
非银行业金融机构贷款 Loans to non-banking financial institutions	4 194	-81
境外贷款 Overseas loans	7 197	149

当月新增住户贷款
New loans to households by month

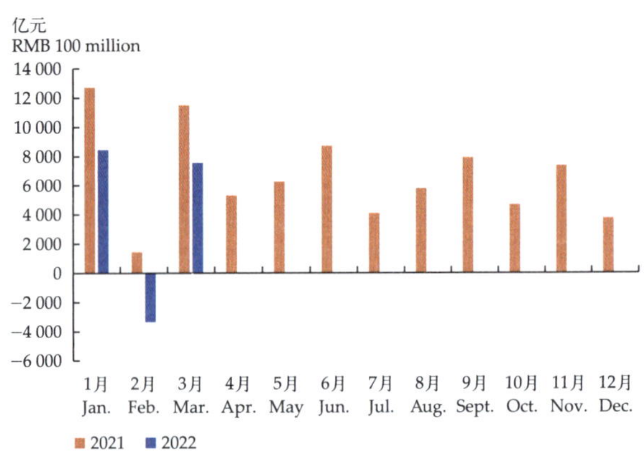

当月新增非金融企业及机关团体贷款
New loans to non-financial institutions and other sectors by month

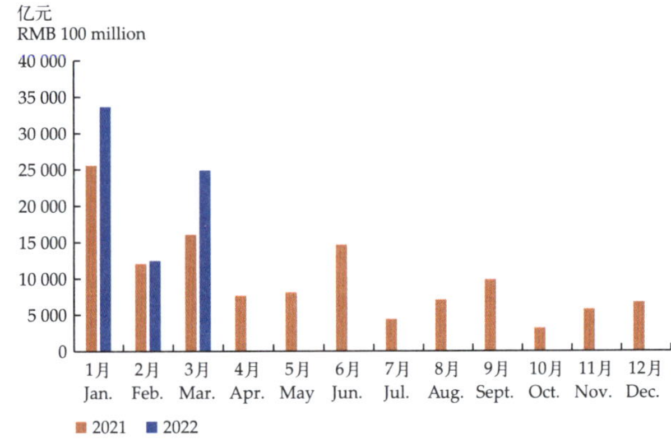

绿色贷款余额
Outstanding amount of green loans

单位：亿元
Unit: RMB 100 million

年 / 季度 Year/Quarter	绿色贷款余额 Outstanding amount of green loans
2018Q4	82 300
2019Q1	92 300
2019Q2	94 700
2019Q3	98 500
2019Q4	102 200
2020Q1	104 600
2020Q2	110 100
2020Q3	115 500
2020Q4	119 500
2021Q1	130 300
2021Q2	139 200
2021Q3	147 800
2021Q4	159 000
2022Q1	180 700

绿色贷款余额
Outstanding amounts of green loans

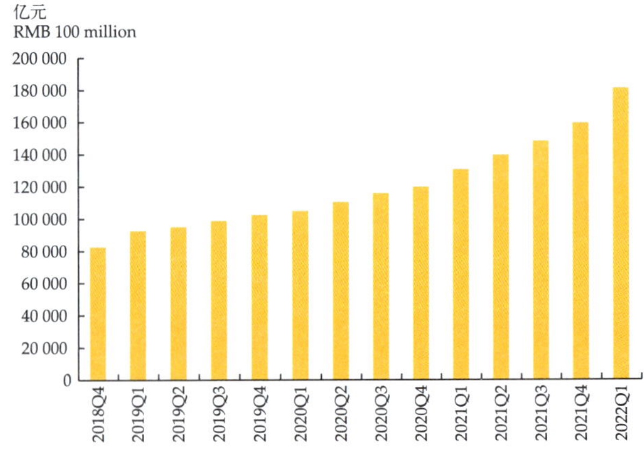

2.4 社会融资规模（Aggregate financing to the real economy, AFRE）

社会融资规模增量统计表
Aggregate financing to the real economy (Flow)

单位：亿元
Unit: RMB 100 million

时间 Time	社会融资规模增量 AFRE (flow)	其中 Of which									
		人民币贷款 RMB loans	外币贷款（折合人民币）Foreign currency-denominated loans (RMB equivalent)	委托贷款 Entrusted loans	信托贷款 Trust loans	未贴现银行承兑汇票 Undiscounted bankers' acceptances	企业债券 Net financing of corporate bonds	政府债券 Government bonds	非金融企业境内股票融资 Equity financing on the domestic stock market by non-financial enterprises	存款类金融机构资产支持证券 Asset-backed securities of depository financial institutions	贷款核销 Loans written off
2022.01	61 770	41 988	1 031	428	−680	4 733	5 849	6 026	1 439	−214	204
2022.02	12 289	9 084	480	−74	−751	−4 228	3 729	2 722	585	−53	257
2022.03	46 566	32 291	239	107	−259	287	3 752	7 074	958	−102	1 584

注：1. 社会融资规模增量是指一定时期内实体经济从金融体系获得的资金额。数据来源于中国人民银行、中国银行保险监督管理委员会、中国证券监督管理委员会、中央国债登记结算有限责任公司和银行间市场交易商协会等部门。
2. 从2019年12月起，中国人民银行进一步完善社会融资规模统计，将“国债”和“地方政府一般债券”纳入社会融资规模统计，与原有“地方政府专项债券”合并为“政府债券”指标。指标数值为托管机构的托管面值。
3. 从2019年9月起，中国人民银行完善“社会融资规模”中的“企业债券”统计，将“交易所企业资产支持证券”纳入“企业债券”指标。
4. 从2018年9月起，中国人民银行将“地方政府专项债券”纳入社会融资规模统计。
5. 从2018年7月起，中国人民银行完善社会融资规模统计方法，将“存款类金融机构资产支持证券”和“贷款核销”纳入社会融资规模统计，在“其他融资”项下单独列示。

Note: 1. AFRE (flow) refers to the total volume of financing provided by the financial system to the real economy during a certain period of time. In the calculation of AFRE, data are from the PBC, CBIRC, CSRC, CCDC and NAFMII.
2. Since December 2019, the PBC made further efforts to improve the statistical method of AFRE. "treasury bonds" and "local government general bonds" were newly introduced into AFRE and merged with "local government special bonds" into "government bonds " ,which is recorded at face value at depositories.
3. Since September 2019, the PBC improved the statistics of "net financing of corporate bonds" in AFRE, and incorporated "asset-backed securities of non-financial enterprises" into "net financing of corporate bonds".
4. Since September 2018, the PBC incorporated "local government special bonds" into AFRE.
5. Since July 2018, the PBC improved the statistical method of AFRE, and incorporated "asset-backed securities of depository financial institutions" and "loans written off" into AFRE, which is reflected as a sub-item of "other financing".

社会融资规模存量统计表
Aggregate financing to the real economy (Stock)

单位：万亿元
Unit: RMB 1 trillion

项目 Item	2022.01		2022.02		2022.03		2022.04		2022.05		2022.06	
	存量 Stock	增速(%) Growth Rate (%)	存量 Stock	增速(%) Growth Rate (%)	存量 Stock	增速(%) Growth Rate (%)	存量 Stock	增速(%) Growth Rate (%)	存量 Stock	增速(%) Growth Rate (%)	存量 Stock	增速(%) Growth Rate (%)
社会融资规模存量 AFRE (stock)	320.0	10.5	321.1	10.2	325.6	10.5	—	—	—	—	—	—
人民币贷款 RMB loans	195.7	11.6	196.6	11.2	199.9	11.3	—	—	—	—	—	—
外币贷款（折合人民币） Foreign currency-denominated loans (RMB equivalent)	2.3	2.9	2.3	2.0	2.3	0.7	—	—	—	—	—	—
委托贷款 Entrusted loans	10.9	-1.1	10.9	-1.1	10.9	-1.0	—	—	—	—	—	—
信托贷款 Trust loans	4.3	-31.9	4.2	-32.1	4.2	-30.5	—	—	—	—	—	—
未贴现银行承兑汇票 Undiscounted bankers' acceptances	3.5	-12.9	3.1	-24.7	3.1	-19.5	—	—	—	—	—	—
企业债券 Net financing of corporate bonds	30.5	9.4	30.8	10.1	31.1	10.2	—	—	—	—	—	—
政府债券 Government bonds	9.6	15.1	9.7	14.8	9.8	14.9	—	—	—	—	—	—
非金融企业境内股票 Equity financing on the domestic stock market by non-financial enterprises	53.7	15.9	53.9	16.3	54.7	17.0	—	—	—	—	—	—
存款类金融机构资产支持证券 Asset-backed securities of depository financial institutions	2.2	13.7	2.2	14.5	2.1	11.1	—	—	—	—	—	—
贷款核销 Loans written off	6.3	19.2	6.4	18.9	6.5	19.4	—	—	—	—	—	—

项目 Item	2022.07		2022.08		2022.09		2022.10		2022.11		2022.12	
	存量 Stock	增速(%) Growth Rate (%)	存量 Stock	增速(%) Growth Rate (%)	存量 Stock	增速(%) Growth Rate (%)	存量 Stock	增速(%) Growth Rate (%)	存量 Stock	增速(%) Growth Rate (%)	存量 Stock	增速(%) Growth Rate (%)
社会融资规模存量 AFRE (stock)	—	—	—	—	—	—	—	—	—	—	—	—
人民币贷款 RMB loans	—	—	—	—	—	—	—	—	—	—	—	—
外币贷款（折合人民币） Foreign currency-denominated loans (RMB equivalent)	—	—	—	—	—	—	—	—	—	—	—	—
委托贷款 Entrusted loans	—	—	—	—	—	—	—	—	—	—	—	—
信托贷款 Trust loans	—	—	—	—	—	—	—	—	—	—	—	—
未贴现银行承兑汇票 Undiscounted bankers' acceptances	—	—	—	—	—	—	—	—	—	—	—	—
企业债券 Net financing of corporate bonds	—	—	—	—	—	—	—	—	—	—	—	—
政府债券 Government bonds	—	—	—	—	—	—	—	—	—	—	—	—
非金融企业境内股票 Equity financing on the domestic stock market by non-financial enterprises	—	—	—	—	—	—	—	—	—	—	—	—
存款类金融机构资产支持证券 Asset-backed securities of depository financial institutions	—	—	—	—	—	—	—	—	—	—	—	—
贷款核销 Loans written off	—	—	—	—	—	—	—	—	—	—	—	—

注：1. 社会融资规模存量是指一定时期末（月末、季末或年末）实体经济从金融体系获得的资金余额。数据来源于中国人民银行、中国银行保险监督管理委员会、中国证券监督管理委员会、中央国债登记结算有限责任公司和银行间市场交易商协会等部门。
2. 从2019年12月起，中国人民银行进一步完善社会融资规模统计，将"国债"和"地方政府一般债券"纳入社会融资规模统计，与原有"地方政府专项债券"合并为"政府债券"指标。指标数值为托管机构的托管面值。
3. 从2019年9月起，中国人民银行完善"社会融资规模"中的"企业债券"统计，将"交易所企业资产支持证券"纳入"企业债券"指标。
4. 从2018年9月起，中国人民银行将"地方政府专项债券"纳入社会融资规模统计。
5. 从2018年7月起，中国人民银行完善社会融资规模统计方法，将"存款类金融机构资产支持证券"和"贷款核销"纳入社会融资规模统计，在"其他融资"项下单独列示。

Note: 1. AFRE (stock) refers to the outstanding of financing provided by the financial system to the real economy at the end of a period (monthly/quarterly/annual). In the calculation of AFRE, data are from the PBC, CBIRC, CSRC, CCDC and NAFMII.
2. Since December 2019, the PBC made further efforts to improve the statistical method of AFRE. "treasury bonds" and "local government general bonds" were newly introduced into AFRE and merged with "local government special bonds" into "government bonds" , which is recorded at face value at depositories.
3. Since September 2019, the PBC improved the statistics of "net financing of corporate bonds" in AFRE, and incorporated "asset-backed securities of non-financial enterprises" into "net financing of corporate bonds".
4. Since September 2018, the PBC incorporated "local government special bonds" into AFRE.
5. Since July 2018, the PBC improved the statistical method of AFRE, and incorporated "asset-backed securities of depository financial institutions" and "loans written off" into AFRE, which is reflected as a sub-item of "other financing".

2.5 宏观杠杆率（Macro leverage ratio）

中、美、欧、日宏观杠杆率
Leverage ratio of China, the U.S., Euro area and Japan

单位：%
Unit: %

年 / 月 Year/Month	中国 China	美国 The U.S.	欧元区 Euro area	日本 Japan
2018.09	255.5	248.6	258.5	366.2
2018.12	254.3	250.7	256.8	371.8
2019.03	259.5	250.8	258.5	375.8
2019.06	260.5	251.3	260.3	378.4
2019.09	262.1	255.3	262	378.5
2019.12	263.0	255.1	257.1	380.4
2020.03	278.3	265.5	261.1	382.6
2020.06	286.3	287.0	279.4	406.8
2020.09	290.0	291.8	285	416
2020.12	289.9	296.2	288.4	420.6
2021.03	287.7	293.9	291.3	420.4
2021.06	285.7	286.4	284.2	417.6
2021.09	284.7	281.1	282.1	416.8

数据来源：国际清算银行。
Source: BIS.

中国各部门宏观杠杆率
Leverage ratio of different sectors in China

单位：%
Unit: %

年 / 月 Year/Month	居民 Resident	企业 Corporation	政府 Government
2018.03	57.9	159.3	35.3
2018.06	58.8	157.3	35.0
2018.09	59.7	155.2	36.4
2018.12	60.5	152.2	36.4
2019.03	61.7	155.1	37.0
2019.06	62.8	154.3	37.8
2019.09	64.0	153.6	38.6
2019.12	65.1	152.2	38.6
2020.03	67.3	162	40.8
2020.06	69.5	165.2	42.7
2020.09	71.8	164.7	45.1
2020.12	72.6	161.7	45.9
2021.03	72.3	161.1	44.7
2021.06	72.2	158.6	45.0
2021.09	72.5	156.8	45.9
2021.12	72.2	153.7	46.6
2022.03	71.7	157.8	47.6

数据来源：中国人民银行。
Source: PBC.

中、美、欧、日宏观杠杆率
Leverage ratio of China, the U.S., Euro area and Japan

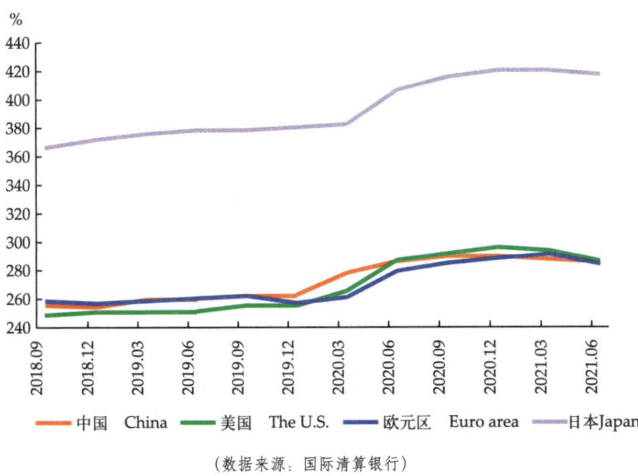

（数据来源：国际清算银行）
(Source: BIS)

中国各部门宏观杠杆率
Leverage ratio of different sectors in China

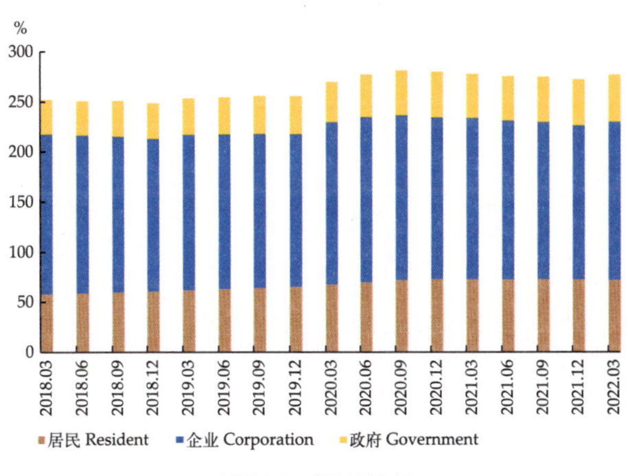

（数据来源：中国人民银行）
(Source: PBC)

三、利率与汇率（Interest rates and exchange rates）

3.1 中央银行政策利率体系（Central bank policy rates system）

中央银行政策利率
Central bank policy rates

单位：%
Unit: %

年 / 月 Year/Month	公开市场 7 天期逆回购利率 OMO 7-day repo rate	中期借贷便利 1 年期利率 1-year MLF rate
2020.01	2.50	3.25
2020.02	2.40	3.15
2020.03	2.20	3.15
2020.04	2.20	2.95
2020.05	2.20	2.95
2020.06	2.20	2.95
2020.07	2.20	2.95
2020.08	2.20	2.95
2020.09	2.20	2.95
2020.10	2.20	2.95
2020.11	2.20	2.95
2020.12	2.20	2.95
2021.01	2.20	2.95
2021.02	2.20	2.95
2021.03	2.20	2.95
2021.04	2.20	2.95
2021.05	2.20	2.95
2021.06	2.20	2.95
2021.07	2.20	2.95
2021.08	2.20	2.95
2021.09	2.20	2.95
2021.10	2.20	2.95
2021.11	2.20	2.95
2021.12	2.20	2.95
2022.01	2.10	2.85
2022.02	2.10	2.85
2022.03	2.10	2.85

注：上述利率均为当月最后一次操作的利率水平。
Note: Above data were the interest rates of last operation in each month.

中央银行短期政策利率与DR007
Central bank short-term policy rate and DR007

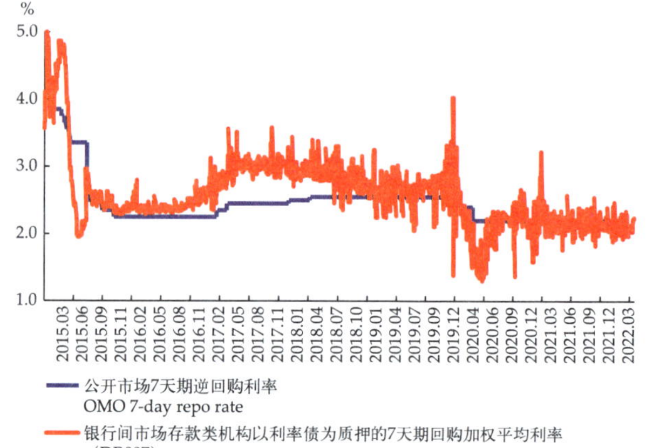

中央银行政策利率
Central bank policy rates

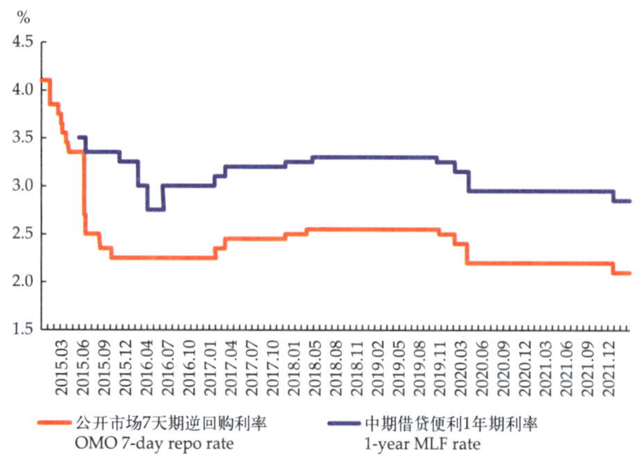

中央银行中期政策利率与贷款市场报价利率
Central bank median-term policy rate and LPR

%
LPR改革
LPR Reform

中期借贷便利1年期利率 1-year MLF rate
贷款市场报价利率（LPR）1年期 1-year LPR
贷款市场报价利率（LPR）5年期以上 Over-5-year LPR

3.2 中央银行公开市场操作（Central bank open market operations）

中央银行公开市场操作
Central bank open market operations

日期 Date		操作工具 Mode of transaction	招标方式 Mode of bidding	期限品种（天） Maturity (Day)	招标数量（亿元） Bidding amount (RMB 100 million)	中标量（亿元） Transaction volume (RMB 100 million)	中标利率（%） Interest rate of successful bidding (%)
2022.01.04	周二 Tuesday	逆回购 Reverse Repo	利率招标 Interest rate bidding	7天 7-day	100	100	2.20
2022.01.05	周三 Wednesday	逆回购 Reverse Repo	利率招标 Interest rate bidding	7天 7-day	100	100	2.20
2022.01.06	周四 Thursday	逆回购 Reverse Repo	利率招标 Interest rate bidding	7天 7-day	100	100	2.20
2022.01.07	周五 Friday	逆回购 Reverse Repo	利率招标 Interest rate bidding	7天 7-day	100	100	2.20
2022.01.10	周一 Monday	逆回购 Reverse Repo	利率招标 Interest rate bidding	7天 7-day	100	100	2.20
2022.01.11	周二 Tuesday	逆回购 Reverse Repo	利率招标 Interest rate bidding	7天 7-day	100	100	2.20
2022.01.12	周三 Wednesday	逆回购 Reverse Repo	利率招标 Interest rate bidding	7天 7-day	100	100	2.20
2022.01.13	周四 Thursday	逆回购 Reverse Repo	利率招标 Interest rate bidding	7天 7-day	100	100	2.20
2022.01.14	周五 Friday	逆回购 Reverse Repo	利率招标 Interest rate bidding	7天 7-day	100	100	2.20
2022.01.17	周一 Monday	逆回购 Reverse Repo	利率招标 Interest rate bidding	7天 7-day	1 000	1 000	2.10
2022.01.18	周二 Tuesday	逆回购 Reverse Repo	利率招标 Interest rate bidding	7天 7-day	1 000	1 000	2.10
2022.01.19	周三 Wednesday	逆回购 Reverse Repo	利率招标 Interest rate bidding	7天 7-day	1 000	1 000	2.10
2022.01.20	周四 Thursday	逆回购 Reverse Repo	利率招标 Interest rate bidding	7天 7-day	1 000	1 000	2.10
2022.01.21	周五 Friday	逆回购 Reverse Repo	利率招标 Interest rate bidding	7天 7-day	1 000	1 000	2.10
2022.01.24	周一 Monday	逆回购 Reverse Repo	利率招标 Interest rate bidding	14天 14-day	1 500	1 500	2.25
2022.01.25	周二 Tuesday	逆回购 Reverse Repo	利率招标 Interest rate bidding	14天 14-day	1 500	1 500	2.25
2022.01.26	周三 Wednesday	中央银行票据 Central bank bills	利率招标 Interest rate bidding	14天 14-day	2 000	2 000	2.25
2022.01.27	周四 Thursday	逆回购 Reverse Repo	利率招标 Interest rate bidding	14天 14-day	2 000	2 000	2.25
2022.01.28	周五 Friday	逆回购 Reverse Repo	利率招标 Interest rate bidding	14天 14-day	2 000	2 000	2.25
2022.01.29	周六 Saturday	中央银行票据 Central bank bills	利率招标 Interest rate bidding	3个月 3-month	50	50	2.35
2022.01.29	周六 Saturday	逆回购 Reverse Repo	利率招标 Interest rate bidding	14天 14-day	1 000	1 000	2.25
2022.01.30	周日 Sunday	逆回购 Reverse Repo	利率招标 Interest rate bidding	14天 14-day	1 000	1 000	2.25
2022.02.07	周一 Monday	逆回购 Reverse Repo	利率招标 Interest rate bidding	7天 7-day	200	200	2.10
2022.02.08	周二 Tuesday	逆回购 Reverse Repo	利率招标 Interest rate bidding	7天 7-day	200	200	2.10
2022.02.09	周三 Wednesday	逆回购 Reverse Repo	利率招标 Interest rate bidding	7天 7-day	200	200	2.10
2022.02.10	周四 Thursday	逆回购 Reverse Repo	利率招标 Interest rate bidding	7天 7-day	200	200	2.10

续表

日期 Date		操作工具 Mode of transaction	招标方式 Mode of bidding	期限品种（天） Maturity (Day)	招标数量（亿元） Bidding amount (RMB 100 million)	中标量（亿元） Transaction volume (RMB 100 million)	中标利率（%） Interest rate of successful bidding (%)
2022.02.11	周五 Friday	逆回购 Reverse Repo	利率招标 Interest rate bidding	7 天 7-day	200	200	2.10
2022.02.14	周一 Monday	逆回购 Reverse Repo	利率招标 Interest rate bidding	7 天 7-day	100	100	2.10
2022.02.15	周二 Tuesday	逆回购 Reverse Repo	利率招标 Interest rate bidding	7 天 7-day	100	100	2.10
2022.02.16	周三 Wednesday	逆回购 Reverse Repo	利率招标 Interest rate bidding	7 天 7-day	100	100	2.10
2022.02.17	周四 Thursday	逆回购 Reverse Repo	利率招标 Interest rate bidding	7 天 7-day	100	100	2.10
2022.02.18	周五 Friday	逆回购 Reverse Repo	利率招标 Interest rate bidding	7 天 7-day	100	100	2.10
2022.02.21	周一 Monday	逆回购 Reverse Repo	利率招标 Interest rate bidding	7 天 7-day	100	100	2.10
2022.02.22	周二 Tuesday	逆回购 Reverse Repo	利率招标 Interest rate bidding	7 天 7-day	1 000	1 000	2.10
2022.02.23	周三 Wednesday	逆回购 Reverse Repo	利率招标 Interest rate bidding	7 天 7-day	2 000	2 000	2.10
2022.02.24	周四 Thursday	逆回购 Reverse Repo	利率招标 Interest rate bidding	7 天 7-day	2 000	2 000	2.10
2022.02.25	周五 Friday	逆回购 Reverse Repo	利率招标 Interest rate bidding	7 天 7-day	3 000	3 000	2.10
2022.02.28	周一 Monday	逆回购 Reverse Repo	利率招标 Interest rate bidding	7 天 7-day	3 000	3 000	2.10
2022.02.28	周一 Monday	中央银行票据 Central bank bills	利率招标 Interest rate bidding	3 个月 3-month	50	50	2.35
2022.03.01	周二 Tuesday	逆回购 Reverse Repo	利率招标 Interest rate bidding	7 天 7-day	500	500	2.10
2022.03.02	周三 Wednesday	逆回购 Reverse Repo	利率招标 Interest rate bidding	7 天 7-day	100	100	2.10
2022.03.03	周四 Thursday	逆回购 Reverse Repo	利率招标 Interest rate bidding	7 天 7-day	100	100	2.10
2022.03.04	周五 Friday	逆回购 Reverse Repo	利率招标 Interest rate bidding	7 天 7-day	100	100	2.10
2022.03.07	周一 Monday	逆回购 Reverse Repo	利率招标 Interest rate bidding	7 天 7-day	100	100	2.10
2022.03.08	周二 Tuesday	逆回购 Reverse Repo	利率招标 Interest rate bidding	7 天 7-day	100	100	2.10
2022.03.09	周三 Wednesday	逆回购 Reverse Repo	利率招标 Interest rate bidding	7 天 7-day	100	100	2.10
2022.03.10	周四 Thursday	逆回购 Reverse Repo	利率招标 Interest rate bidding	7 天 7-day	100	100	2.10
2022.03.11	周五 Friday	逆回购 Reverse Repo	利率招标 Interest rate bidding	7 天 7-day	100	100	2.10
2022.03.14	周一 Monday	逆回购 Reverse Repo	利率招标 Interest rate bidding	7 天 7-day	100	100	2.10
2022.03.15	周二 Tuesday	逆回购 Reverse Repo	利率招标 Interest rate bidding	7 天 7-day	100	100	2.10
2022.03.16	周三 Wednesday	逆回购 Reverse Repo	利率招标 Interest rate bidding	7 天 7-day	100	100	2.10
2022.03.17	周四 Thursday	逆回购 Reverse Repo	利率招标 Interest rate bidding	7 天 7-day	800	800	2.10
2022.03.18	周五 Friday	逆回购 Reverse Repo	利率招标 Interest rate bidding	7 天 7-day	300	300	2.10
2022.03.21	周一 Monday	逆回购 Reverse Repo	利率招标 Interest rate bidding	7 天 7-day	300	300	2.10

续表

日期 Date		操作工具 Mode of transaction	招标方式 Mode of bidding	期限品种（天） Maturity (Day)	招标数量（亿元） Bidding amount (RMB 100 million)	中标量（亿元） Transaction volume (RMB 100 million)	中标利率（%） Interest rate of successful bidding (%)
2022.03.22	周二 Tuesday	逆回购 Reverse Repo	利率招标 Interest rate bidding	7天 7-day	200	200	2.10
2022.03.23	周三 Wednesday	逆回购 Reverse Repo	利率招标 Interest rate bidding	7天 7-day	200	200	2.10
2022.03.24	周四 Thursday	逆回购 Reverse Repo	利率招标 Interest rate bidding	7天 7-day	200	200	2.10
2022.03.25	周五 Friday	逆回购 Reverse Repo	利率招标 Interest rate bidding	7天 7-day	1 000	1 000	2.10
2022.03.28	周一 Monday	逆回购 Reverse Repo	利率招标 Interest rate bidding	7天 7-day	1 500	1 500	2.10
2022.03.29	周二 Tuesday	中央银行票据 Central bank bills	利率招标 Interest rate bidding	3个月 3-month	50	50	2.35
2022.03.29	周二 Tuesday	逆回购 Reverse Repo	利率招标 Interest rate bidding	7天 7-day	1 500	1 500	2.10
2022.03.30	周三 Wednesday	逆回购 Reverse Repo	利率招标 Interest rate bidding	7天 7-day	1 500	1 500	2.10
2022.03.31	周四 Thursday	逆回购 Reverse Repo	利率招标 Interest rate bidding	7天 7-day	1 500	1 500	2.10

3.3 中央银行对金融机构存贷款利率（Central bank's interest rates to financial institutions）

中央银行对金融机构存贷款利率
Central bank interest rates

单位：%（年利率）
Unit: % (annual interest rate)

日期 Date	法定存款准备金 Required reserves	超额存款准备金 Excess reserves	常备借贷便利 SLF			再贴现 Rediscount
			隔夜 Overnight	7 天期 7-day	1 个月期 1-month	
1996.05.01	8.82	8.82	—	—	—	*
1996.08.23	8.28	7.92	—	—	—	*
1997.10.23	7.56	7.02	—	—	—	*
1998.03.25	5.22	—	—	—	—	6.03
1998.07.01	3.51	—	—	—	—	4.32
1998.12.07	3.24	—	—	—	—	3.96
1999.06.10	2.07	—	—	—	—	2.16
2001.09.11	—	—	—	—	—	2.97
2002.02.21	1.89	—	—	—	—	2.97
2003.12.20	—	1.62	—	—	—	—
2004.03.25	—	—	—	—	—	3.24
2005.03.17	—	0.99	—	—	—	—
2008.01.01	—	—	—	—	—	4.32
2008.11.27	1.62	0.72	—	—	—	2.97
2008.12.23	—	—	—	—	—	1.80
2010.12.26	—	—	—	—	—	2.25
2014.01.20	—	—	5.00	7.00	—	—
2015.03.04	—	—	4.50	5.50	—	—
2015.11.05	—	—	—	—	—	2.25
2015.11.20	—	—	2.75	3.25	—	—
2016.02.01	—	—	—	—	3.60	—
2017.02.03	—	—	3.10	3.35	3.70	—
2017.03.16	—	—	3.30	3.45	3.80	—
2017.12.14	—	—	3.35	3.50	3.85	—
2018.03.22	—	—	3.40	3.55	3.90	—
2019.12.31	—	—	3.35	3.50	3.85	—
2020.04.07	—	0.35	—	—	—	—
2020.04.10	—	—	3.05	3.20	3.55	—
2020.07.01	—	—	—	—	—	2.00
2022.01.17	—	—	2.95	3.10	3.45	—

注：1. 1998年3月法定准备金和超额准备金两个账户合并为准备金账户。
2. *按同档次中央银行贷款利率下浮5%～10%。

Notes: 1. The required reserves account and excess reserves account were merged into the reserves account in March 1998.
2. *The interest rate is 5%~10% below that of the central bank lending rate of the same tranche.

法定和超额存款准备金利率
Required reserves interest rates and rediscount interest rates

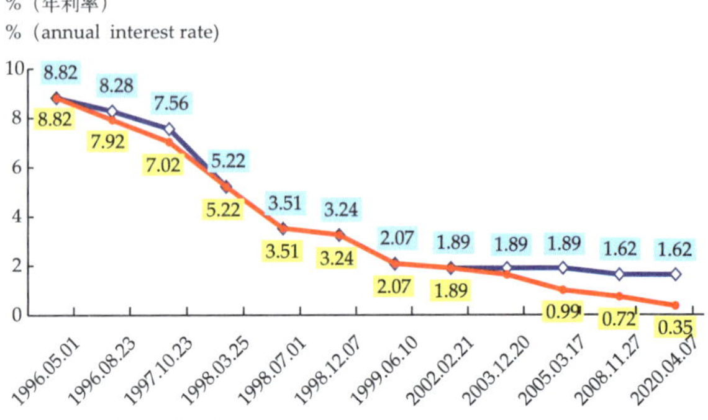

常备借贷便利利率
SLF interest rates

3.4 金融机构对客户存贷款利率（Interest rates in financial institutions）

金融机构人民币存款基准利率
RMB deposit benchmark interest rates in financial institutions

单位：%
Unit: %

日期 Date	活期 Demand deposits	定期 Time deposits					
		3个月 3-month	6个月 6-month	1年 1-year	2年 2-year	3年 3-year	5年 5-year
1990.04.15	2.88	6.30	7.74	10.08	10.98	11.88	13.68
1990.08.21	2.16	4.32	6.48	8.64	9.36	10.08	11.52
1991.04.21	1.80	3.24	5.40	7.56	7.92	8.28	9.00
1993.05.15	2.16	4.86	7.20	9.18	9.90	10.80	12.06
1993.07.11	3.15	6.66	9.00	10.98	11.70	12.24	13.86
1996.05.01	2.97	4.86	7.20	9.18	9.90	10.80	12.06
1996.08.23	1.98	3.33	5.40	7.47	7.92	8.28	9.00
1997.10.23	1.71	2.88	4.14	5.67	5.94	6.21	6.66
1998.03.25	1.71	2.88	4.14	5.22	5.58	6.21	6.66
1998.07.01	1.44	2.79	3.96	4.77	4.86	4.95	5.22
1998.12.07	1.44	2.79	3.33	3.78	3.96	4.14	4.50
1999.06.10	0.99	1.98	2.16	2.25	2.43	2.70	2.88
2002.02.21	0.72	1.71	1.89	1.98	2.25	2.52	2.79
2004.10.29	0.72	1.71	2.07	2.25	2.70	3.24	3.60
2006.08.19	0.72	1.80	2.25	2.52	3.06	3.69	4.14
2007.03.18	0.72	1.98	2.43	2.79	3.33	3.96	4.41
2007.05.19	0.72	2.07	2.61	3.06	3.69	4.41	4.95
2007.07.21	0.81	2.34	2.88	3.33	3.96	4.68	5.22
2007.08.22	0.81	2.61	3.15	3.60	4.23	4.95	5.49
2007.09.15	0.81	2.88	3.42	3.87	4.50	5.22	5.76
2007.12.21	0.72	3.33	3.78	4.14	4.68	5.40	5.85
2008.10.09	0.72	3.15	3.51	3.87	4.41	5.13	5.58
2008.10.30	0.72	2.88	3.24	3.60	4.14	4.77	5.13
2008.11.27	0.36	1.98	2.25	2.52	3.06	3.60	3.87
2008.12.23	0.36	1.71	1.98	2.25	2.79	3.33	3.60
2010.10.20	0.36	1.91	2.20	2.50	3.25	3.85	4.20
2010.12.26	0.36	2.25	2.50	2.75	3.55	4.15	4.55
2011.02.09	0.40	2.60	2.80	3.00	3.90	4.50	5.00
2011.04.06	0.50	2.85	3.05	3.25	4.15	4.75	5.25
2011.07.07	0.50	3.10	3.30	3.50	4.40	5.00	5.50
2012.06.08	0.40	2.85	3.05	3.25	4.10	4.65	5.10
2012.07.06	0.35	2.60	2.80	3.00	3.75	4.25	4.75
2014.11.22	0.35	2.35	2.55	2.75	3.35	4.00	—
2015.03.01	0.35	2.10	2.30	2.50	3.10	3.75	—
2015.05.11	0.35	1.85	2.05	2.25	2.85	3.50	—
2015.06.28	0.35	1.60	1.80	2.00	2.60	3.25	—
2015.08.26	0.35	1.35	1.55	1.75	2.35	3.00	—
2015.10.24	0.35	1.10	1.30	1.50	2.10	2.75	—

注：从2014年11月起，中国人民银行不再公布人民币5年期定期存款基准利率。
Note: Since November 2014, the PBC stopped publishing the benchmark interest rate for 5-year RMB deposits.

金融机构人民币存款基准利率
RMB deposit benchmark interest rates

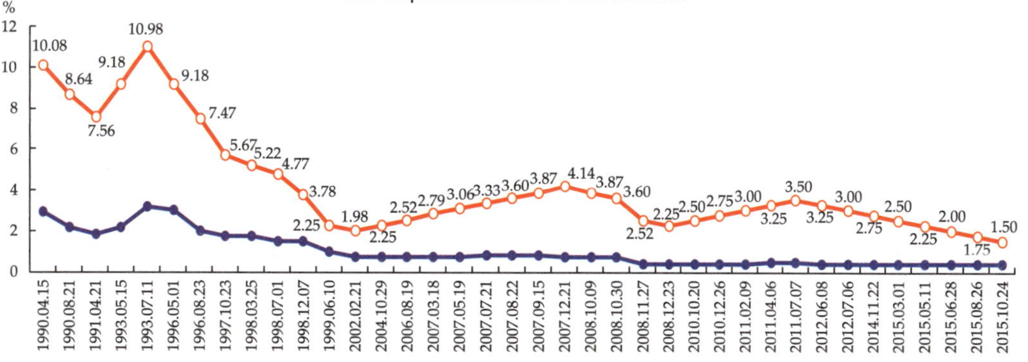

贷款市场报价利率
Loan prime rate

单位：%（年利率）
Unit: % (annual interest rate)

日期 Date	1 年期 1-year	5 年期以上 Over-5-year
2020.01.20	4.15	4.80
2020.02.20	4.05	4.75
2020.03.20	4.05	4.75
2020.04.20	3.85	4.65
2020.05.20	3.85	4.65
2020.06.20	3.85	4.65
2020.07.20	3.85	4.65
2020.08.20	3.85	4.65
2020.09.20	3.85	4.65
2020.10.20	3.85	4.65
2020.11.20	3.85	4.65
2020.12.21	3.85	4.65
2021.01.20	3.85	4.65
2021.02.20	3.85	4.65
2021.03.22	3.85	4.65
2021.04.20	3.85	4.65
2021.05.20	3.85	4.65
2021.06.21	3.85	4.65
2021.07.20	3.85	4.65
2021.08.20	3.85	4.65
2021.09.22	3.85	4.65
2021.10.20	3.85	4.65
2021.11.22	3.85	4.65
2021.12.20	3.80	4.65
2022.01.20	3.70	4.60
2022.02.21	3.70	4.60
2022.03.21	3.70	4.60

贷款市场报价利率
Loan prime rate

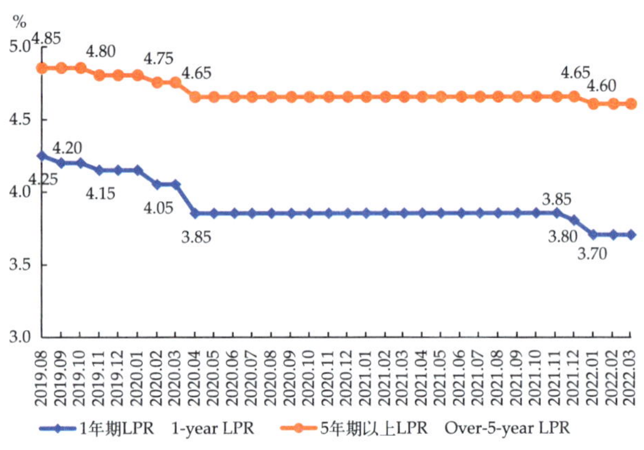

金融机构新发放贷款加权平均利率
Weighted interest rates on new loans

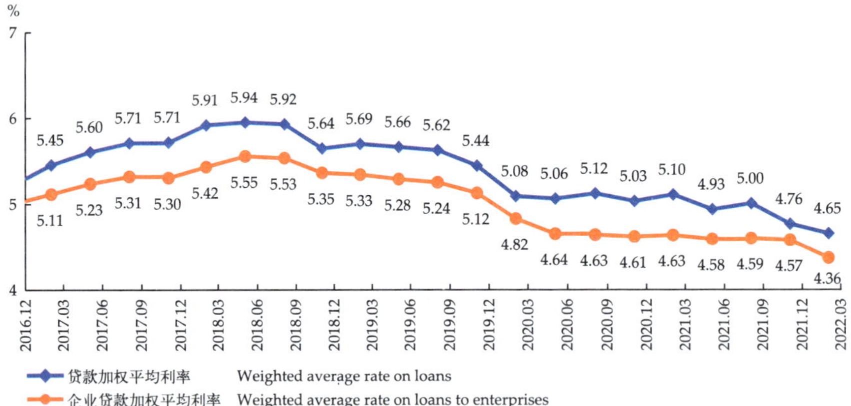

金融机构人民币贷款各利率区间占比
Share of loans with floating rates in various ranges

单位：%　Unit:%

年 / 月 Year/Month	LPR 减点 LPR-bps	LPR	LPR 加点 LPR+bps					
			小计 Subtotal	(LPR, LPR+0.5%)	[LPR+0.5%, LPR+1.5%)	[LPR+1.5%, LPR+3%)	[LPR+3%, LPR+5%)	LPR+5% 及以上 Above LPR+5%
2020.01	20.63	1.75	77.62	19.95	24.70	16.83	8.95	7.17
2020.02	31.41	2.12	66.47	17.72	21.02	12.29	6.91	8.53
2020.03	24.42	2.75	72.83	19.39	22.81	14.35	8.87	7.42
2020.04	20.72	3.72	75.56	17.40	25.35	14.91	9.88	8.01
2020.05	22.36	5.24	72.41	14.76	25.31	14.10	9.88	8.36
2020.06	24.00	5.97	70.03	14.95	25.63	13.21	8.84	7.40
2020.07	21.69	5.86	72.45	13.63	26.19	14.17	9.48	8.97
2020.08	24.48	6.29	69.23	13.26	23.77	13.62	9.41	9.15
2020.09	24.89	7.41	67.70	13.31	23.74	14.09	8.78	7.79
2020.10	23.63	7.08	69.28	13.76	22.63	13.40	9.67	9.82
2020.11	25.89	5.99	68.12	13.33	23.41	13.47	9.02	8.88
2020.12	26.93	7.02	66.04	13.56	22.62	13.17	8.83	7.86
2021.01	23.93	7.51	68.56	15.45	24.38	13.24	8.09	7.39
2021.02	26.24	7.02	66.74	14.26	23.59	12.28	8.25	8.36
2021.03	22.03	8.42	69.54	14.98	24.79	13.56	8.76	7.45
2021.04	21.08	7.46	71.46	14.45	23.88	14.78	9.69	8.68
2021.05	22.89	7.38	69.73	14.27	23.60	14.00	9.04	8.82
2021.06	24.25	8.07	67.67	15.46	23.79	13.36	8.10	6.97
2021.07	22.37	7.15	70.48	14.20	24.18	13.76	9.25	9.10
2021.08	22.48	7.42	70.10	14.20	23.25	13.91	9.37	9.37
2021.09	23.52	8.36	68.13	14.94	23.42	13.24	8.59	7.93
2021.10	24.62	7.38	68.00	13.22	22.05	13.45	9.35	9.93
2021.11	25.48	7.36	67.17	14.40	22.33	13.31	8.77	8.36
2021.12	25.27	6.98	67.75	16.17	22.98	13.25	8.49	6.86
2022.01	24.15	6.72	69.14	18.20	23.88	12.90	7.74	6.41
2022.02	27.19	6.79	66.02	16.55	21.39	11.76	7.72	8.61
2022.03	25.42	7.63	66.95	17.18	22.95	13.24	7.40	6.18

注：1. 2019年8月17日，中国人民银行宣布改革完善LPR形成机制，金融机构主要参考LPR进行贷款定价，贷款利率区间占比情况也相应调整为按LPR加减点方式统计。
2. 2019年7月及之前的下浮和上浮是指在贷款基准利率的基础上浮动一定倍数，2019年8月及之后的加点和减点是指贷款利率在LPR的基础上加减一定的百分点。

Notes: 1. On August 17, 2019, the People's Bank of China announced the reform and improvement of the LPR formation mechanism. Financial institutions mainly refer to LPR for loan pricing, and the proportion of the loan interest rate range is also adjusted as LPR plus or minus points.
2. The floating down and floating up in July 2019 and before refer to the floating of a certain multiple on the basis of the benchmark lending rate, while the floating up and down in August 2019 and after refer to the addition and subtraction of a certain percentage point on the basis of LPR.

2022年第一季度金融机构人民币贷款各利率区间占比表
Share of loans with rates floating at various ranges in the first quarter of 2022

单位：%　Unit: %

机构类别 Institutional Category	低于 LPR	等于 LPR	高于 LPR LPR+bps					
			小计 Subtotal	(LPR, LPR+0.5%)	[LPR+0.5%, LPR+1.5%)	[LPR+1.5%, LPR+3%)	[LPR+3%, LPR+5%)	LPR+5% 及以上 Above LPR+5%
四大国有商业银行 Four state-owned commercial banks	35.86	14.24	49.90	27.84	20.43	1.52	0.08	0.04
股份制商业银行 Joint-stock commercial banks	29.28	4.21	66.51	19.28	29.50	12.46	2.71	2.56
外资商业银行 Foreign commercial banks	45.68	3.83	50.49	18.00	18.70	4.76	1.51	7.52
城市商业银行 City commercial banks	8.29	2.27	89.44	8.53	24.19	21.72	12.98	22.02
农村合作金融机构 Rural cooperative financial institutions	3.68	1.50	94.82	5.48	25.21	29.33	23.87	10.94
政策性银行 Policy banks	43.78	14.05	42.17	26.60	14.87	0.41	0.22	0.06
合计 Total	25.25	7.09	67.66	17.47	23.03	12.81	7.60	6.76

大额美元存款与美元贷款平均利率
Average interest rates of large-value dollar deposits and loans

单位：% Unit: %

年 / 月 Year/Month	大额存款 Large-value deposits						贷款 Loans				
	活期 Demand	3 个月以内 Within 3 months	3（含）~6 个月 3~6 months (including 3 months)	6（含）~12 个月 6~12 months (including 6 months)	1 年 1 year	1 年以上 Above 1 year	3 个月以内 Within 3 months	3（含）~6 个月 3~6 months (including 3 months)	6（含）~12 个月 6~12 months (including 6 months)	1 年 1 year	1 年以上 Above 1 year
2019.01	0.42	2.74	3.40	3.64	3.77	3.77	3.94	4.06	3.72	3.99	4.90
2019.02	0.45	2.70	3.29	3.44	3.63	3.53	3.62	3.90	3.58	3.79	4.32
2019.03	0.44	2.67	3.26	3.38	3.39	3.58	3.63	3.59	3.87	3.66	4.65
2019.04	0.46	2.61	3.12	3.28	3.37	3.48	3.73	3.71	3.40	3.68	4.43
2019.05	0.42	2.55	3.13	3.50	3.11	3.33	3.68	3.54	3.34	3.70	4.31
2019.06	0.32	2.60	3.04	2.93	3.04	3.04	3.65	3.36	3.21	3.22	4.38
2019.07	0.35	2.55	2.93	2.78	3.02	2.86	3.59	3.29	3.13	2.94	4.37
2019.08	0.38	2.39	2.78	2.91	2.88	3.46	3.40	3.12	2.82	3.00	4.24
2019.09	0.39	2.25	2.66	2.83	2.64	2.87	3.31	3.04	2.83	3.22	3.76
2019.10	0.34	2.08	2.44	2.76	2.64	2.50	3.22	3.05	2.92	3.28	3.67
2019.11	0.34	1.84	2.51	2.97	2.66	3.03	3.03	2.99	2.79	3.01	3.94
2019.12	0.30	1.93	2.37	2.55	2.70	2.64	3.01	3.01	2.73	2.93	3.88
2020.01	0.31	1.94	2.46	2.61	2.61	2.62	2.88	2.78	2.58	2.52	3.71
2020.02	0.28	1.97	2.47	2.48	2.52	2.47	2.76	2.76	2.43	2.58	3.49
2020.03	0.21	1.43	1.84	1.72	1.77	1.68	2.19	1.92	1.80	1.57	2.85
2020.04	0.21	1.06	1.90	2.02	2.08	1.88	2.15	2.26	1.97	1.82	2.43
2020.05	0.21	0.95	1.32	1.38	1.61	1.74	1.71	1.73	1.59	1.62	2.27
2020.06	0.20	0.75	1.32	1.30	1.41	1.45	1.57	1.47	1.41	1.46	2.42
2020.07	0.21	0.70	1.07	1.16	1.39	1.46	1.53	1.43	1.32	1.32	2.17
2020.08	0.23	0.73	0.96	1.24	1.36	1.43	1.46	1.40	1.28	1.30	1.95
2020.09	0.21	0.72	0.92	1.16	1.18	1.39	1.37	1.24	1.35	1.29	2.46
2020.10	0.19	0.65	0.94	1.08	1.11	1.27	1.37	1.26	1.22	1.31	1.87
2020.11	0.20	0.61	0.89	0.96	1.13	1.08	1.35	1.21	1.35	1.33	2.21
2020.12	0.16	0.59	0.79	0.86	1.09	1.19	1.22	1.36	1.25	1.30	2.10
2021.01	0.14	0.65	0.88	0.92	1.10	1.17	1.25	1.12	1.06	1.04	1.94
2021.02	0.14	0.61	0.72	0.90	1.05	1.04	1.23	1.17	1.05	1.16	2.37
2021.03	0.14	0.55	0.77	0.91	1.09	0.99	1.23	1.09	1.01	0.90	2.14
2021.04	0.12	0.51	0.77	0.81	0.99	1.07	1.32	1.15	1.16	1.03	1.93
2021.05	0.11	0.46	0.69	0.73	0.92	0.84	1.31	1.11	0.86	0.90	2.20
2021.06	0.10	0.43	0.62	0.77	0.91	0.90	1.15	0.99	0.90	0.78	2.22
2021.07	0.11	0.43	0.65	0.70	0.93	0.59	1.14	1.03	0.93	0.86	1.93
2021.08	0.09	0.41	0.64	0.69	0.99	0.88	1.25	1.05	0.94	0.90	2.24
2021.09	0.10	0.40	0.55	0.71	0.85	0.80	1.11	1.05	1.10	0.93	2.16
2021.10	0.11	0.41	0.55	0.76	0.85	1.02	1.16	1.15	1.11	0.96	1.32
2021.11	0.11	0.42	0.68	0.72	0.85	1.00	1.20	1.01	1.02	1.06	2.03
2021.12	0.10	0.31	0.65	0.78	0.97	0.96	1.11	1.11	0.98	1.09	2.00
2022.01	0.12	0.31	0.59	0.91	1.01	1.28	1.04	1.11	1.04	1.14	2.09
2022.02	0.11	0.31	0.67	0.97	1.31	1.62	1.17	1.29	1.37	1.47	2.10
2022.03	0.12	0.53	1.00	1.41	1.52	1.44	1.40	1.54	1.70	1.60	2.20

3.5 人民币汇率（RMB exchange rates）

世界主要货币兑人民币期末汇率
Exchange rate of the RMB against major foreign currencies at the end of the period

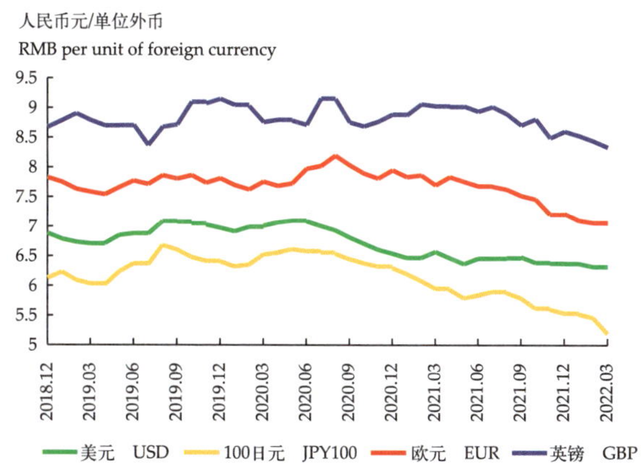

CFETS人民币汇率指数
CFETS RMB exchange rate index

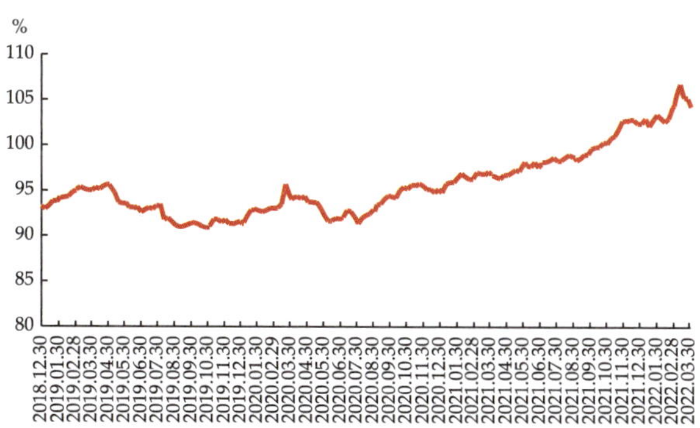

注：数据为周度数，数据来源为中国外汇交易中心。
Note: Weekly data from CFETS.

人民币/美元中间价
（2005年至2022年3月）

Central parity of the RMB against the USD

(From 2005 to Mar., 2022)

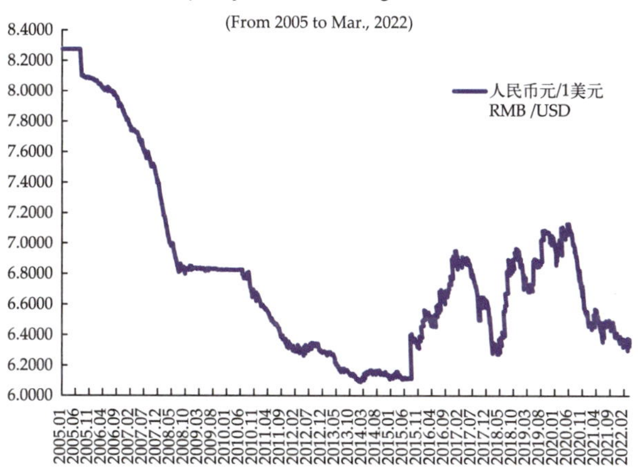

人民币/欧元中间价
（2005年至2022年3月）

Central parity of the RMB against the EUR

(From 2005 to Mar., 2022)

人民币/日元中间价
（2005年至2022年3月）

Central parity of the RMB against the JPY

(From 2005 to Mar., 2022)

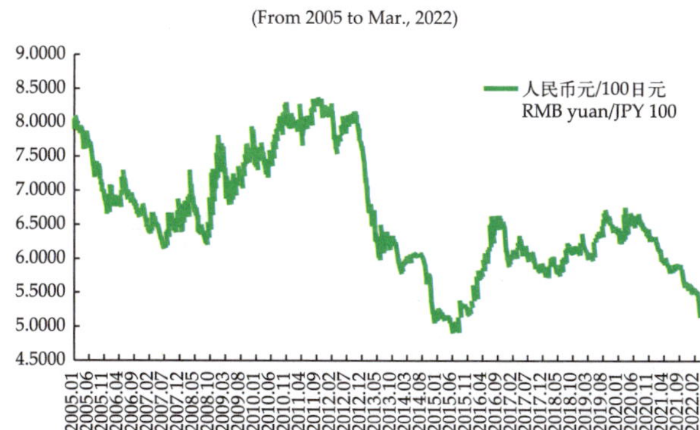

人民币/英镑中间价
（2005年至2022年3月）

Central parity of the RMB against the GBP

(From 2005 to Mar., 2022)

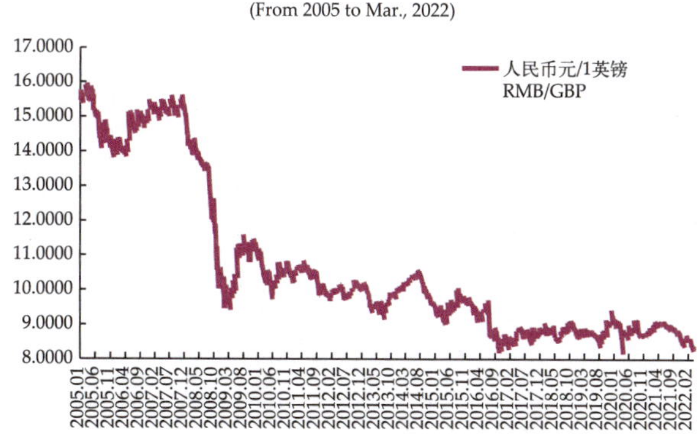

世界主要货币兑人民币月平均汇率

Monthly average exchange rate of the RMB against major foreign currencies

年 / 月 Year/Month	人民币 / 美元 RMB/USD	人民币 / 欧元 RMB/EUR	人民币 / 英镑 RMB/GBP	人民币 /100 日元 RMB/JPY 100
2020.01	6.9172	7.7022	9.0441	6.3255
2020.02	6.9923	7.6272	9.0750	6.3548
2020.03	7.0119	7.7596	8.6821	6.5244
2020.04	7.0686	7.6885	8.7806	6.5586
2020.05	7.0986	7.7313	8.7318	6.6167
2020.06	7.0867	7.9772	8.8903	6.5841
2020.07	7.0088	8.0260	8.8753	6.5605
2020.08	6.9346	8.1986	9.1017	6.5387
2020.09	6.8148	8.0378	8.8401	6.4508
2020.10	6.7111	7.9009	8.7137	6.3823
2020.11	6.6088	7.8152	8.7193	6.3280
2020.12	6.5423	7.9547	8.7949	6.3019
2021.01	6.4771	7.8853	8.8330	6.2457
2021.02	6.4602	7.8096	8.9503	6.1324
2021.03	6.5066	7.7516	9.0225	5.9927
2021.04	6.5204	7.8025	9.0255	5.9809
2021.05	6.4316	7.8174	9.0699	5.8924
2021.06	6.4228	7.7416	9.0129	5.8325
2021.07	6.4741	7.6542	8.9402	5.8697
2021.08	6.4772	7.6235	8.9395	5.8972
2021.09	6.4599	7.6102	8.8790	5.8641
2021.10	6.4192	7.4470	8.8035	5.6484
2021.11	6.3953	7.3004	8.6118	5.6016
2021.12	6.3700	7.1991	8.4737	5.5926
2022.01	6.3588	7.2042	8.6277	5.5362
2022.02	6.347	7.1990	8.5890	5.5024
2022.03	6.3457	6.9900	8.3575	5.3561

CFETS人民币汇率指数月末值

Month end value of CFETS RMB exchange rate index

年 / 月 Year/Month	CFETS 人民币汇率指数 CFETS RMB exchange rate index
2020.01.31	93.03
2020.02.29	93.10
2020.03.31	94.06
2020.04.30	93.78
2020.05.31	92.34
2020.06.30	92.05
2020.07.31	91.42
2020.08.31	92.79
2020.09.30	94.40
2020.10.31	95.23
2020.11.30	95.41
2020.12.31	94.84
2021.01.31	96.50
2021.02.28	96.40
2021.03.31	96.88
2021.04.30	96.78
2021.05.31	98.21
2021.06.30	98.00
2021.07.31	98.33
2021.08.30	98.65
2021.09.30	99.64
2021.10.31	100.22
2021.11.30	102.76
2021.12.31	102.47
2022.01.28	103.43
2022.02.28	104.41
2022.03.31	104.28

2022年1月4日以来人民币汇率中间价
Central parity of RMB against major foreign currencies
Since January 4, 2022

日期 Date	人民币 / 美元 RMB/USD	人民币/欧元 RMB/EUR	人民币 /100 日元 RMB/JPY 100	人民币 / 英镑 RMB/GBP
2022.01.04	6.3794	7.2099	5.5313	8.6006
2022.01.05	6.3779	7.1962	5.4885	8.6284
2022.01.06	6.3728	7.2087	5.4882	8.6382
2022.01.07	6.3742	7.2002	5.5002	8.6274
2022.01.10	6.3653	7.2251	5.5037	8.6467
2022.01.11	6.3684	7.2171	5.5264	8.6491
2022.01.12	6.3658	7.2376	5.5198	8.6804
2022.01.13	6.3542	7.2624	5.5344	8.6997
2022.01.14	6.3677	7.2932	5.5780	8.7295
2022.01.17	6.3599	7.2554	5.5636	8.6918
2022.01.18	6.3521	7.2464	5.5423	8.6669
2022.01.19	6.3624	7.2060	5.5524	8.6510
2022.01.20	6.3485	7.1994	5.5486	8.6371
2022.01.21	6.3492	7.1804	5.5722	8.6314
2022.01.24	6.3411	7.1905	5.5745	8.5928
2022.01.25	6.3418	7.1801	5.5605	8.5504
2022.01.26	6.3246	7.1476	5.5519	8.5424
2022.01.27	6.3382	7.1210	5.5258	8.5305
2022.01.28	6.3746	7.1030	5.5247	8.5328
2022.02.07	6.3580	7.2471	5.4921	8.5626
2022.02.08	6.3569	7.2693	5.5230	8.6011
2022.02.09	6.3653	7.2674	5.5065	8.6235
2022.02.10	6.3599	7.2642	5.5015	8.6072
2022.02.11	6.3681	7.2614	5.4869	8.6267
2022.02.14	6.3664	7.2339	5.5132	8.6372
2022.02.15	6.3605	7.1917	5.5052	8.6078
2022.02.16	6.3463	7.2074	5.4885	8.5935
2022.02.17	6.3321	7.2073	5.4855	8.6045
2022.02.18	6.3343	7.1989	5.5146	8.6252
2022.02.21	6.3401	7.1745	5.5191	8.6154
2022.02.22	6.3487	7.1763	5.5425	8.6271
2022.02.23	6.3313	7.1744	5.5014	8.6046
2022.02.24	6.3280	7.1514	5.5079	8.5699
2022.02.25	6.3346	7.0931	5.4835	8.4742
2022.02.28	6.3222	7.0659	5.4663	8.4432
2022.03.01	6.3014	7.0592	5.4697	8.4466
2022.03.02	6.3351	7.0491	5.5194	8.4428
2022.03.03	6.3016	6.9973	5.4514	8.4346
2022.03.04	6.3288	6.9884	5.4732	8.4385
2022.03.07	6.3478	6.9020	5.5238	8.3839
2022.03.08	6.3185	6.8634	5.4811	8.2854
2022.03.09	6.3178	6.8806	5.4587	8.2695
2022.03.10	6.3105	6.9773	5.4397	8.3077
2022.03.11	6.3306	6.9611	5.4502	8.2877
2022.03.14	6.3506	6.9250	5.3903	8.2636
2022.03.15	6.3760	6.9604	5.3830	8.2804
2022.03.16	6.3800	6.9921	5.3919	8.3193
2022.03.17	6.3406	6.9829	5.3267	8.3240
2022.03.18	6.3425	7.0337	5.3463	8.3405
2022.03.21	6.3677	7.0304	5.3360	8.3812
2022.03.22	6.3664	7.0111	5.3214	8.3807
2022.03.23	6.3558	7.0072	5.2423	8.4297
2022.03.24	6.3640	7.0038	5.2534	8.4035
2022.03.25	6.3739	7.0155	5.2104	8.4103
2022.03.28	6.3732	6.9993	5.2138	8.3942
2022.03.29	6.3640	6.9971	5.1441	8.3385
2022.03.30	6.3566	7.0480	5.1660	8.3223
2022.03.31	6.3482	7.0847	5.1965	8.3378

四、金融市场（Financial market）

4.1 货币市场与债券市场（Money market and bond market）

银行间市场交易量
Transaction volume in the inter-bank market

单位：万亿元
Unit: RMB 1 trillion

年 Year	债券回购 Repurchasing	同业拆借 Inter-bank borrowing	现券买卖 Outright transactions
2000	1.6	0.7	0.1
2001	4.0	0.8	0.1
2002	10.2	1.2	0.4
2003	11.7	2.4	3.1
2004	9.4	1.5	2.5
2005	15.9	1.3	6.0
2006	26.6	2.2	10.2
2007	44.8	10.6	15.6
2008	58.1	15.0	37.1
2009	70.3	19.4	47.3
2010	87.6	27.9	64.0
2011	99.5	33.4	63.6
2012	141.7	46.7	75.2
2013	158.2	35.5	41.6
2014	224.4	37.7	40.4
2015	457.8	64.2	86.7
2016	601.3	95.9	127.1
2017	616.4	79.0	102.8
2018	722.7	139.3	150.7
2019	819.6	151.6	213.7
2020	959.8	147.1	232.8
2021	1 045.2	118.8	214.4

债券回购交易成交金额
Turnover of repurchasing

单位：亿元
Unit: RMB 100 million

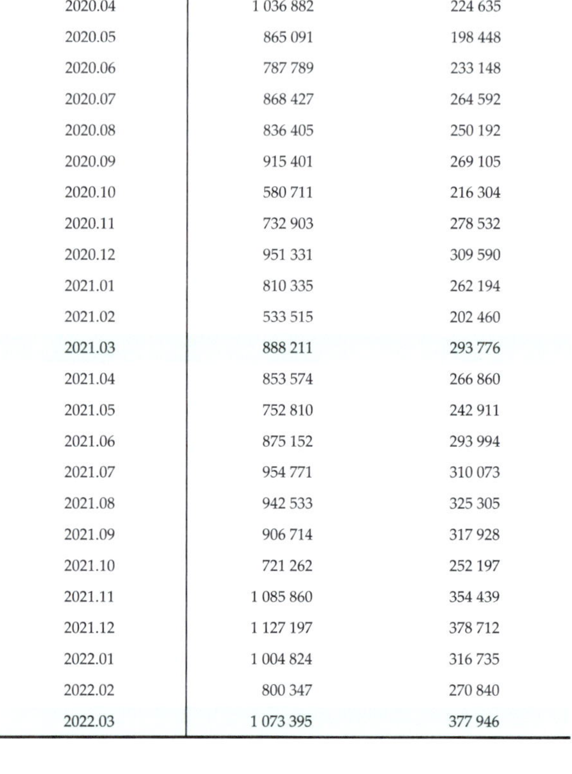

年/月 Year/Month	银行间债券市场 Inter-bank bond market	交易所 Stock exchanges
2020.04	1 036 882	224 635
2020.05	865 091	198 448
2020.06	787 789	233 148
2020.07	868 427	264 592
2020.08	836 405	250 192
2020.09	915 401	269 105
2020.10	580 711	216 304
2020.11	732 903	278 532
2020.12	951 331	309 590
2021.01	810 335	262 194
2021.02	533 515	202 460
2021.03	888 211	293 776
2021.04	853 574	266 860
2021.05	752 810	242 911
2021.06	875 152	293 994
2021.07	954 771	310 073
2021.08	942 533	325 305
2021.09	906 714	317 928
2021.10	721 262	252 197
2021.11	1 085 860	354 439
2021.12	1 127 197	378 712
2022.01	1 004 824	316 735
2022.02	800 347	270 840
2022.03	1 073 395	377 946

银行间市场交易量
Transaction volume in the inter-bank market

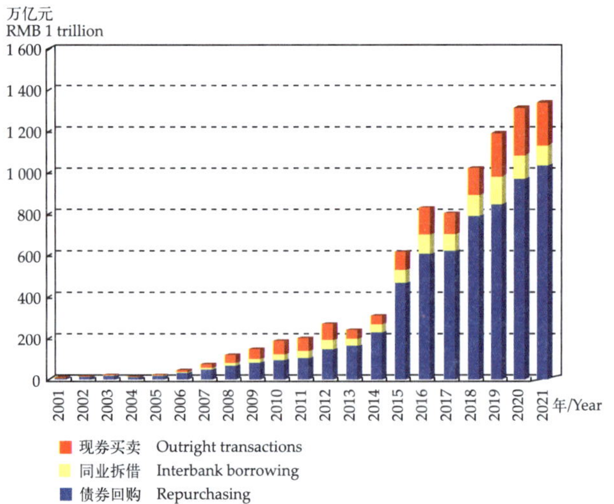

债券回购交易成交金额
Turnover of repurchasing

银行间市场月加权平均利率
Monthly weighted average interest rates in the inter-bank market

单位：% Unit:%

年 / 月 Year/Month	同业拆借市场 Inter-bank borrowing market	质押式债券回购 Bond-pledged repurchasing
2020.04	1.11	1.11
2020.05	1.25	1.29
2020.06	1.85	1.89
2020.07	1.90	1.91
2020.08	2.04	2.06
2020.09	1.80	1.93
2020.10	2.13	2.22
2020.11	1.98	2.05
2020.12	1.30	1.36
2021.01	1.78	2.07
2021.02	2.06	2.10
2021.03	2.00	2.01
2021.04	2.01	1.96
2021.05	2.09	2.07
2021.06	2.13	2.17
2021.07	2.08	2.08
2021.08	2.08	2.08
2021.09	2.16	2.19
2021.10	2.04	2.04
2021.11	2.03	2.06
2021.12	2.02	2.09
2022.01	2.01	2.04
2022.02	2.06	2.06
2022.03	2.07	2.08

债券现券交易成交金额
Turnover of outright transactions

单位：亿元
Unit: RMB 100 million

年 / 月 Year/Month	银行间债券市场 Inter-bank bond market	交易所 Stock exchanges
2020.04	254 495	19 881
2020.05	217 046	13 022
2020.06	234 846	13 551
2020.07	263 676	20 184
2020.08	227 211	18 936
2020.09	235 053	15 264
2020.10	105 395	21 102
2020.11	141 733	21 020
2020.12	160 270	23 091
2021.01	161 859	20 607
2021.02	108 829	12 352
2021.03	190 249	19 499
2021.04	171 074	18 734
2021.05	149 903	22 552
2021.06	185 179	21 412
2021.07	202 365	28 207
2021.08	200 524	29 587
2021.09	180 232	28 955
2021.10	144 369	20 504
2021.11	222 579	35 459
2021.12	226 541	29 226
2022.01	208 810	23 144
2022.02	173 195	20 389
2022.03	226 541	36 201

银行间市场月加权平均利率
Monthly weighted average interest rates in the inter-bank market

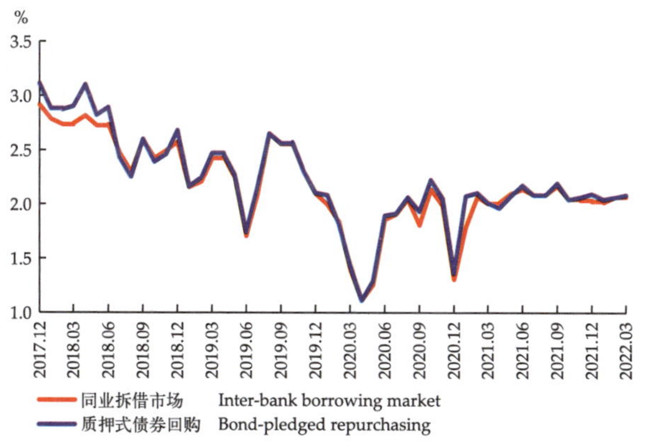

债券现券交易成交金额
Turnover of outright transactions

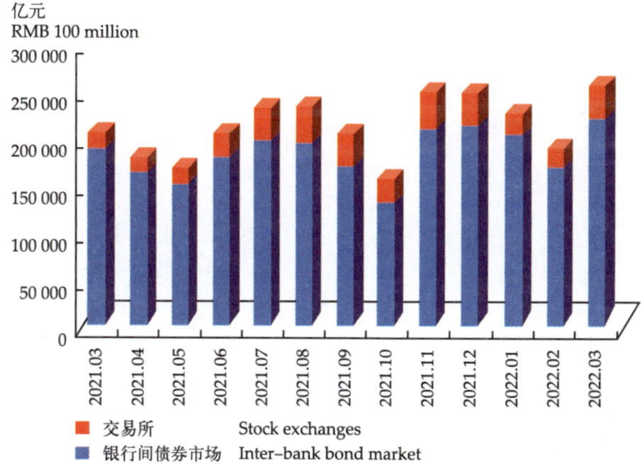

主要货币市场利率品种走势
Trend chart of major money market interest rates

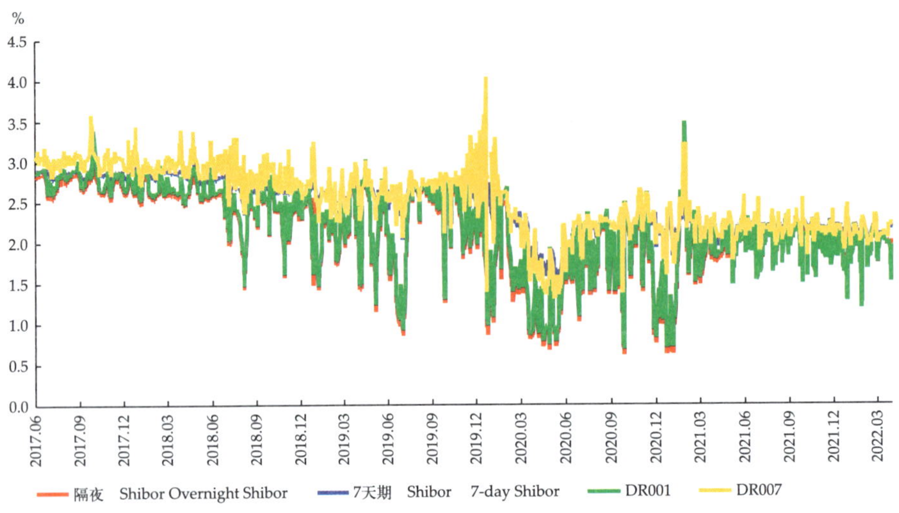

全国银行间同业拆借各期限当月交易量及月加权平均利率
Monthly transaction volume and monthly weighted average interest rates of inter-bank borrowing with different maturities

单位：亿元、%
Unit: RMB 100 million, %

年 / 月 Year/Month	1 天 1 day		7 天 7 days		14 天 14 days		21 天 21 days		1 个月 1 month		2 个月 2 months		3 个月 3 months		4 个月 4 months		6 个月 6 months		9 个月 9 months		1 年 1 year	
	交易量 Volume	利率 Rate	交易量 Volume	利率 Rate	交易量 Volume	利率 Rate	交易量 Volume	利率 Rate	交易量 Volume	利率 Rate	交易量 Volume	利率 Rate	交易量 Volume	利率 Rate	交易量 Volume	利率 Rate	交易量 Volume	利率 Rate	交易量 Volume	利率 Rate	交易量 Volume	利率 Rate
2020.04	175 936	1.05	11 278	1.93	1 471	1.54	163	1.78	470	1.71	240	1.91	438	2.93	16	2.91	154	1.85	163	2.09	188	2.02
2020.05	135 179	1.19	9 882	1.98	557	1.60	87	1.54	597	1.64	94	2.02	519	2.41	7	2.18	71	1.82	17	2.51	31	2.90
2020.06	111 455	1.79	9 771	2.36	787	2.26	115	2.48	502	2.23	198	2.60	293	3.22	15	2.82	48	3.16	18	2.60	39	3.04
2020.07	121 028	1.83	10 391	2.46	1 041	2.26	63	2.43	756	2.37	168	2.49	473	3.37	10	2.85	53	2.93	7	2.82	17	3.36
2020.08	104 086	1.98	8 243	2.55	827	2.45	109	2.50	1229	2.45	90	2.98	368	3.49	15	2.96	9	3.20	8	3.32	13	3.70
2020.09	118 055	1.70	8 618	2.60	2 315	2.89	412	2.93	567	2.92	174	3.35	292	3.75	12	3.47	65	3.46	3	3.35	20	3.55
2020.10	66 318	2.05	7 541	2.68	497	2.76	78	2.84	373	2.94	192	3.30	379	3.89	6	3.34	89	3.85	8	3.40	16	3.75
2020.11	86 663	1.88	8 833	2.67	482	2.77	103	3.11	421	2.93	677	3.22	418	3.76	18	3.71	43	3.52	13	3.47	23	3.89
2020.12	120 371	1.15	10 993	2.50	954	2.61	79	2.89	405	3.31	705	2.99	520	3.84	114	3.51	57	3.92	10	4.03	41	4.03
2021.01	86 058	1.66	8 458	2.71	935	2.70	47	2.88	346	2.82	241	3.54	394	3.80	43	3.66	62	3.56	17	3.48	31	3.65
2021.02	63 944	1.94	7 930	2.64	1 603	2.69	303	2.96	198	3.06	165	3.58	367	3.64	106	3.84	139	3.13	29	3.23	33	3.73
2021.03	109 142	1.95	8 989	2.51	491	2.41	126	2.59	238	3.27	95	3.45	421	4.04	112	3.35	72	3.40	26	3.50	25	3.73
2021.04	90 299	1.94	9 389	2.44	681	2.30	92	2.64	254	3.23	119	3.32	485	3.69	13	3.80	94	3.74	26	3.90	35	3.65
2021.05	82 386	2.04	8 201	2.38	476	2.32	92	2.66	226	3.03	79	3.58	413	3.71	9	2.95	24	3.28	19	3.75	42	3.74
2021.06	86 677	2.07	7 915	2.57	609	2.68	87	2.63	285	3.19	145	3.30	477	3.83	13	3.21	55	3.47	22	3.25	33	3.43
2021.07	97 460	2.03	8 934	2.45	578	2.39	70	2.53	253	3.00	191	2.93	638	3.45	15	3.13	28	3.43	8	2.85	17	3.66
2021.08	90 450	2.03	7 957	2.44	1 162	2.31	94	2.40	261	2.91	131	2.95	512	3.42	21	3.43	44	2.97	2	3.51	16	3.53
2021.09	78 213	2.09	9 061	2.54	1 297	2.76	228	2.68	284	2.94	255	3.12	504	3.55	15	4.15	19	3.32	3	3.39	27	3.69
2021.10	66 579	1.98	7 000	2.45	466	2.47	65	2.75	242	3.14	122	3.27	613	3.34	13	3.21	37	3.28	10	3.27	8	3.79
2021.11	100 606	1.98	8 563	2.44	515	2.40	210	2.37	198	3.05	122	3.18	602	3.48	16	3.47	54	3.33	10	3.37	38	3.67
2021.12	108 439	1.95	11 552	2.43	850	2.77	261	2.59	264	3.18	198	3.15	752	3.43	44	3.99	81	3.53	13	3.48	68	3.78
2022.01	97 045	1.94	9 439	2.42	2 527	2.43	192	2.52	496	2.63	481	2.59	519	3.32	34	3.70	64	3.50	22	3.44	54	3.72
2022.02	77 621	2.01	7 770	2.39	437	2.25	102	2.28	337	2.54	147	2.85	485	3.20	65	3.72	30	3.17	16	3.42	24	3.49
2022.03	91 871	2.01	11 631	2.37	970	2.35	112	2.38	566	2.51	142	2.90	714	3.17	9	3.07	40	3.26	20	3.31	40	3.39

政府债券发行、兑付、期末余额
Issue and redemption values and end-period balance of government bonds

单位：亿元
Unit: RMB 100 million

年 / 月 Year/Month	发行额 Issue value	兑付额 Redemption value	期末余额 End-period balance
2020.04	7 234	4 313	396 410
2020.05	19 798	4 757	407 772
2020.06	9 715	4 719	415 223
2020.07	11 728	6 666	420 682
2020.08	17 657	4 015	434 470
2020.09	15 071	5 855	444 586
2020.10	12 260	6 090	449 517
2020.11	8 773	5 730	453 517
2020.12	9 601	2 371	460 911
2021.01	9 363	6 466	463 432
2021.02	4 287	3 814	464 449
2021.03	9 658	6 580	467 694
2021.04	12 717	9 001	471 432
2021.05	12 511	4 581	478 234
2021.06	12 961	6 414	485 915
2021.07	12 900	10 480	487 735
2021.08	15 444	5 899	497 767
2021.09	13 238	3 659	506 709
2021.10	14 956	6 519	512 912
2021.11	13 798	6 467	521 070
2021.12	10 828	1 379	532 744
2022.01	11 649	4 670	538 770
2022.02	9 871	6 332	541 492
2022.03	12 786	6 817	548 566

5年期与10年期国债收益率
5-year and 10-year government bond yield

年 / 月 Year/Month	5 年期国债收益率 5-year government bond yield	10 年期国债收益率 10-year government bond yield
2020.04	1.79	2.54
2020.05	2.22	2.71
2020.06	2.55	2.82
2020.07	2.70	2.97
2020.08	2.95	3.02
2020.09	3.05	3.15
2020.10	2.98	3.18
2020.11	3.07	3.25
2020.12	2.95	3.14
2021.01	3.00	3.18
2021.02	3.10	3.28
2021.03	2.98	3.19
2021.04	2.96	3.16
2021.05	2.92	3.05
2021.06	2.95	3.08
2021.07	2.69	2.84
2021.08	2.68	2.85
2021.09	2.71	2.88
2021.10	2.84	2.97
2021.11	2.69	2.83
2021.12	2.61	2.78
2022.01	2.36	2.70
2022.02	2.51	2.78
2022.03	2.57	2.79

政府债券发行与兑付
Issue and redemption values of government bonds

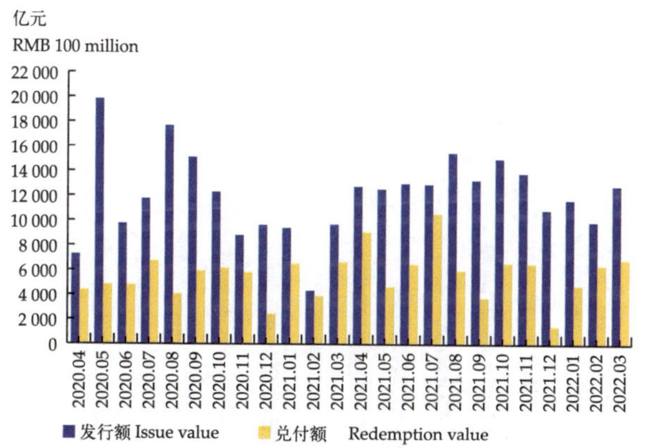

国债收益率曲线
Government bond yiled curve

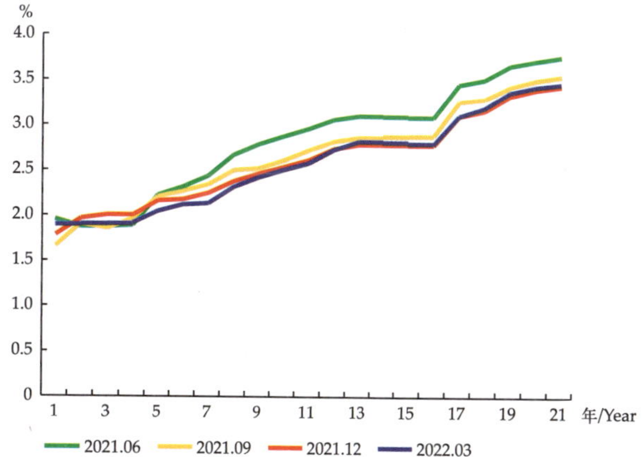

4.2 票据市场（Commercial paper market）

票据市场交易额与期末余额
Transactions and outstanding balance of commercial paper market

单位：亿元
Unit: RMB 100 million

年/月 Year/Month	商业汇票 Drafts	贴现 Discount bills	再贴现 Rediscount bills
	发生额 Transactions during the period		
2020.04	19 786	45 171	1 198
2020.05	17 421	33 871	723
2020.06	19 189	32 770	838
2020.07	15 935	30 857	1 156
2020.08	14 752	25 659	1 177
2020.09	17 662	28 197	1 750
2020.10	13 578	23 643	1 241
2020.11	16 889	29 692	1 335
2020.12	25 323	44 315	1 422
2021.01	23 734	40 878	1 315
2021.02	14 509	25 785	1 165
2021.03	22 972	46 946	1 688
2021.04	19 714	44 981	1 542
2021.05	18 865	39 411	1 395
2021.06	23 233	40 150	1 446
2021.07	17 695	38 644	1 371
2021.08	18 374	37 198	1 211
2021.09	20 569	35 067	1 505
2021.10	15 230	25 743	1 197
2021.11	18 845	34 354	1 312
2021.12	27 777	49 661	1 612
2022.01	29 190	46 043	1 517
2022.02	13 819	33 542	1 374
2022.03	26 627	54 678	1 664
	期末余额 Outstanding balance at the end of the period		
2020.04	138 991	86 380	5 098
2020.05	141 326	87 967	4 755
2020.06	141 928	85 862	4 336
2020.07	139 508	84 841	4 370
2020.08	139 673	83 165	4 443
2020.09	139 143	80 533	4 822
2020.10	137 042	79 409	5 093
2020.11	137 810	80 214	5 436
2020.12	140 905	83 555	5 784
2021.01	144 433	82 152	5 767
2021.02	143 138	80 296	5 680
2021.03	140 880	78 771	5 744
2021.04	141 511	81 483	5 869
2021.05	141 758	83 021	5 978
2021.06	143 409	85 768	5 922
2021.07	142 035	87 539	5 874
2021.08	144 574	90 352	5 864
2021.09	145 905	91 705	5 842
2021.10	145 229	92 865	5 704
2021.11	146 508	94 470	5 609
2021.12	149 758	98 516	5 903
2022.01	156 564	100 301	5 790
2022.02	154 791	103 353	6 039
2022.03	157 504	106 540	6 247

注：中国人民银行于2019年第三季度调整了商业汇票、贴现口径，与以前数据不可比。

Note: Since Q3 2019, PBC has improved the statistics of drafts and discount bills, the data is not comparable to previous.

商业汇票交易情况
Draft transactions

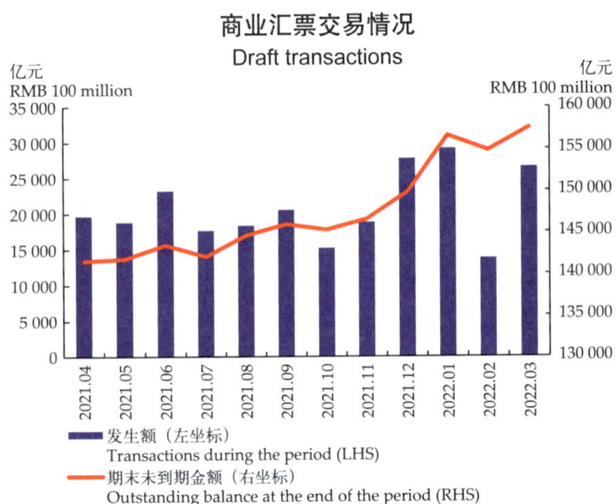

贴现情况
Discount bills

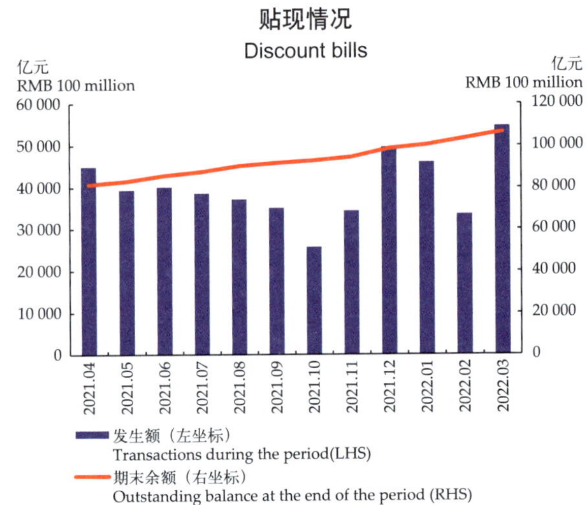

再贴现情况
Rediscount bills

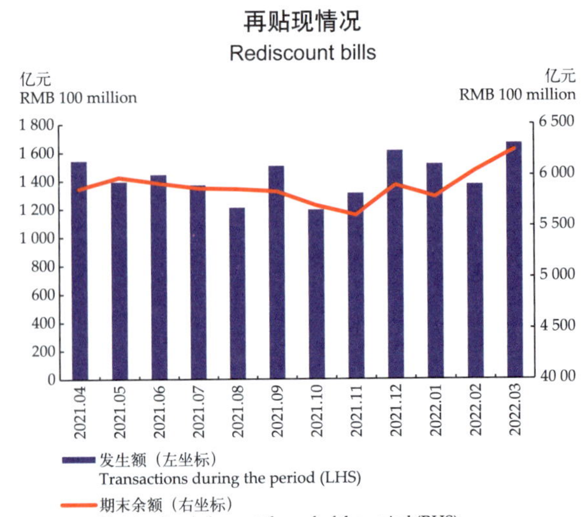

4.3 股票市场（Stock market）

股票成交、发行筹资额
Turnover of stock trading and funds raised in the stock market

单位：亿元
Unit: RMB 100 million

年 Year	成交金额 Turnover of stock trading		A 股筹资 A-shares capital raised			H 股筹资 H-shares capital raised	
	上海证券交易所 A 股 A-shares on the Shanghai Stock Exchange	深圳证券交易所 A 股 A-shares on the Shenzhen Stock Exchange	首次发行金额 Initial public offering	增发 Additional offering	配股 Rights issues	首次发行金额 Initial public offering	再筹资金额 Refinancing
2010	303 216	240 250	4 883	2 550	1 438	178	176
2011	236 809	183 530	2 825	1 797	422	78	33
2012	164 047	149 668	1 034	1 972	121	80	35
2013	228 919	237 713	0	2 327	669	113	84
2014	375 150	366 228	669	4 050	138	129	213
2015	1 323 231	1 223 607	1 767	6 709	42	236	227
2016	496 880	775 478	1 634	16 978	299	1 079	529
2017	507 215	616 433	2 186	12 871	157	487	1 342
2018	401 575	499 528	1 375	8 421	228	902	305
2019	543 464	730 108	2 490	7 365	134	956	182
2020	839 470	1 228 162	4 742	5 234	513	739	248
2021	1 139 595	1 439 455	5 351	7 690	493	306	872

月末加权平均市盈率
Weighted average price-earnings ratio at month-end

年 / 月 Year/Month	上海证券交易所 A 股 A-shares on the Shanghai Stock Exchange	深圳证券交易所 A 股 A-shares on the Shenzhen Stock Exchange	科创板 SSE STAR Market
2020.04	14.1	25.3	86.1
2020.05	13.1	25.7	77.3
2020.06	13.9	28.6	82.6
2020.07	15.6	32.8	98.4
2020.08	16.1	33.5	99.7
2020.09	15.3	31.5	91.1
2020.10	15.4	32.4	92.6
2020.11	16.3	33.2	93.0
2020.12	16.8	34.6	93.4
2021.01	16.9	34.9	94.9
2021.02	17.0	34.3	89.9
2021.03	16.7	31.5	82.3
2021.04	16.8	29.8	83.8
2021.05	17.3	31.3	60.2
2021.06	17.4	31.9	67.6
2021.07	16.9	30.7	72.3
2021.08	17.4	31.3	76.4
2021.09	17.5	31.0	70.8
2021.10	17.4	31.1	67.3
2021.11	17.6	32.8	71.0
2021.12	18.0	33.1	71.2
2022.01	16.6	29.7	66.7
2022.02	17.2	30.3	61.2
2022.03	16.1	26.0	59.1

月末加权平均市盈率
Weighted average price-earnings ratio at month-end

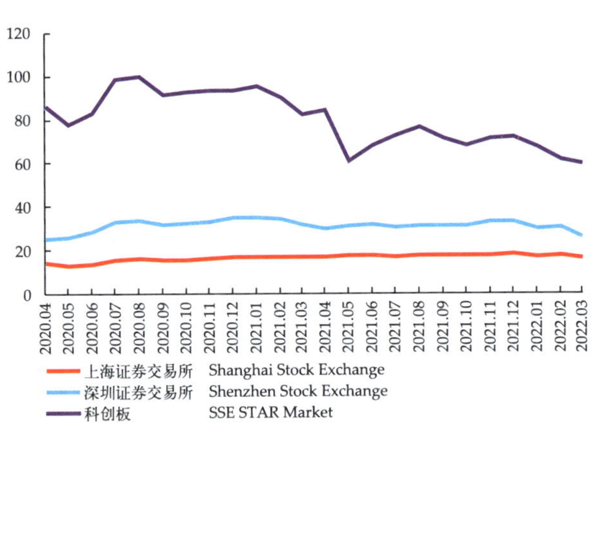

五、国际收支（Balance of payments）

2021年第四季度国际收支平衡表简表
BOP sheet in The fourth quarter of 2021

单位：亿美元
Unit: USD 100 million

项目 Items		金额 Amounts
一、经常账户 Current account		1 184
	贷方 credit	10 907
	借方 debit	−9 723
1.1 货物和服务 Goods and services		1 676
	贷方 credit	10 277
	借方 debit	−8 601
1.1.1 货物 Goods		1 828
	贷方 credit	9 252
	借方 debit	−7 424
1.1.2 服务 Services		−152
	贷方 credit	1 025
	借方 debit	−1 177
1.2 初次收入 Primary income		−555
	贷方 credit	482
	借方 debit	−1 036
1.3 二次收入 Secondary income		62
	贷方 credit	148
	借方 debit	−85
二、资本和金融账户 Capital and financial account		−321
2.1 资本账户 Capital account		0
	贷方 credit	0
	借方 debit	−1
2.2 金融账户 Financial account		−321
资产 Assets		−1 812
负债 Liabilities		1 491
2.2.1 非储备性质的金融账户 Financial account excluding reserve assets		101
2.2.1.1 直接投资 Direct investment		463
资产 Assets		−408
负债 Liabilities		871
2.2.1.2 证券投资 Portfolio investment		366
资产 Assets		−254
负债 Liabilities		620
2.2.1.3 金融衍生工具 Financial derivatives		44
资产 Assets		59
负债 Liabilities		−14
2.2.1.4 其他投资 Other investment		−772
资产 Assets		−787
负债 Liabilities		15
2.2.2 储备资产 Reserve assets		−422
三、净误差与遗漏 Net errors and omissions		−863

注：根据《国际收支和国际投资头寸手册》（第六版）编制，为初步数。
Note: Compiled in accordance with the sixth edition of *Balance of Payments and International Investment Postion Manual* (BPM6). The Data are preliminary.

中国国际收支变化趋势
Movement of China's balance of payments

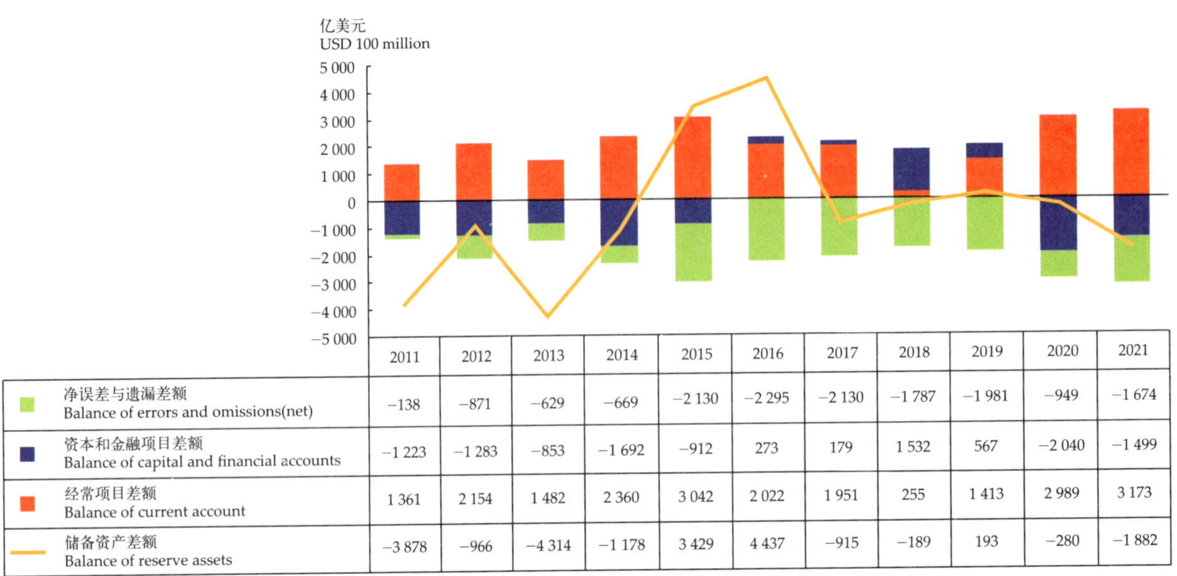

	2011	2012	2013	2014	2015	2016	2017	2018	2019	2020	2021
净误差与遗漏差额 Balance of errors and omissions(net)	−138	−871	−629	−669	−2 130	−2 295	−2 130	−1 787	−1 981	−949	−1 674
资本和金融项目差额 Balance of capital and financial accounts	−1 223	−1 283	−853	−1 692	−912	273	179	1 532	567	−2 040	−1 499
经常项目差额 Balance of current account	1 361	2 154	1 482	2 360	3 042	2 022	1 951	255	1 413	2 989	3 173
储备资产差额 Balance of reserve assets	−3 878	−966	−4 314	−1 178	3 429	4 437	−915	−189	193	−280	−1 882

2021年12月末外债结构
External debt structure at the end of 2021 Q4

（2021年12月末，中国外债余额为27 466亿美元，其中，中长期外债余额为13 004亿美元，占外债余额的47%；短期外债余额为14 462亿美元，占外债余额的53%）

(China's outstanding balance of external debt was USD 2,746.6 billion at the end of 2021 Q4, among which USD 1,300.4 billion or 47 percent was medium- and long-term debt, and USD 1,446.2 billion or 53 percent was short-term debt)

2021年12月末外债数据
External debt balance at the end of 2021 Q4

项目 Item	外债余额 Outstanding external debt	广义政府债务 General government debt	中央银行债务 Monetary authority debt	其他接受存款公司 Other deposit receiving companies debt	其他部门债务 Other sectors debt	直接投资：公司间贷款 Direct investment: intercompany lending
债务余额（亿美元） Debt balance (USD 100 billion)	27 466	4 970	789	11 900	6 733	3 074
比重 (%) Share (%)	100.00	18.10	2.87	43.33	24.51	11.19

注：2014年末，国家外汇管理局按照国际货币基金组织“数据公布特殊标准”（SDDS）的分类标准公布我国外币外债数据，机构部门的分类相应进行了调整。
Note: At the end of 2014, State Administration of Foreign Exchange (SAFE) started to publish the data of China's external debts denominated in foreign currencies according to IMF's SDDS classification standards. The classification of sectors and departments were also adjusted accordingly.

外币外债余额与负债率
Balance and ratio of external debt to GDP

(图中数据根据国家外汇管理局最新数据修订)
(Data are revised by State Administration of Foreign Exchange)

外汇储备及其增长率
Foreign exchange reserves and growth rates

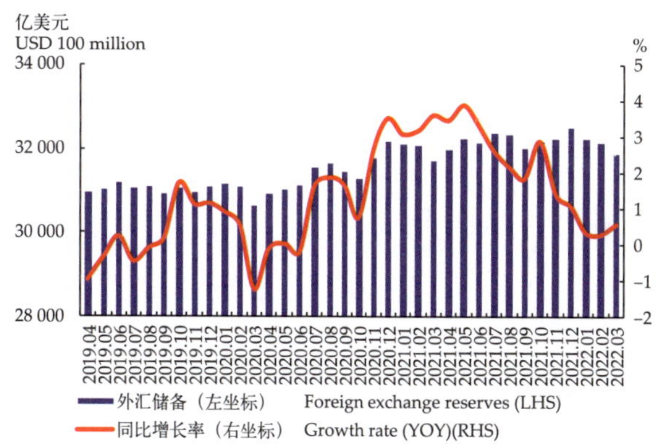

六、财政收支
（Fiscal revenue and expenditure）

年度财政收入、财政支出及其增长趋势
Annual budgetary revenue, budgetary expenditure, and their growth

年 Year	财政收入（亿元） Budgetary revenue (RMB 100 million)	财政支出（亿元） Budgetary expenditure (RMB 100 million)	财政收入同比增长率 (%) Growth rate of budgetary revenue (YOY) (%)	财政支出同比增长率 (%) Growth rate of budgetary expenditure (YOY) (%)
2001	16 386	18 903	22.3	19.0
2002	18 904	22 053	15.4	16.7
2003	21 715	24 650	14.9	11.8
2004	26 396	28 487	21.6	15.6
2005	31 649	33 930	19.9	19.1
2006	38 760	40 423	22.5	19.1
2007	51 322	49 781	32.4	23.2
2008	61 330	62 593	19.5	25.4
2009	68 518	76 300	11.7	21.9
2010	83 080	89 575	21.3	17.4
2011	103 740	108 930	24.8	21.2
2012	117 210	125 712	12.8	15.1
2013	129 143	139 744	10.2	11.2
2014	140 350	151 662	8.6	8.2
2015	152 217	175 768	8.4	15.8
2016	159 552	187 841	4.5	6.4
2017	172 567	203 330	7.4	7.7
2018	183 352	220 906	6.2	8.7
2019	190 382	238 874	3.8	8.1
2020	182 895	245 588	-3.9	2.8
2021	246 322	202 539	10.7	0.3

注：表中数据根据财政部最新数据修订。
Note: Data are revised by Ministry of Finance.

月度累计财政收支增长率与收支差额
Monthly growth rates and balance of accumulated fiscal revenue and expenditure

年 / 月 Year/Month	财政收入累计同比增长率（%） Growth rate of accumulated fiscal revenue (YOY) (%)	财政支出累计同比增长率（%） Growth rate of accumulated fiscal expenditure (YOY) (%)	累计财政收支总量差额（亿元） Balance of accumulated fiscal revenue and expenditure (RMB 100 million)
2019.04	5.3	15.2	-3 016
2019.05	3.8	12.5	-3 104
2019.06	3.4	10.7	-15 692
2019.07	3.1	9.9	-12 340
2019.08	3.2	8.8	-16 008
2019.09	3.3	9.4	-27 934
2019.10	3.8	8.7	-22 883
2019.11	3.8	7.7	-27 496
2019.12	3.8	8.1	-48 492
2020.01	—	—	—
2020.02	-9.9	-2.9	2 882
2020.03	-14.3	-5.7	-9 300
2020.04	-14.5	-2.7	-11 463
2020.05	-13.6	-2.9	-12 609
2020.06	-10.8	-5.8	-20 235
2020.07	-8.7	-3.2	-18 774
2020.08	-7.5	-2.1	-23 157
2020.09	-6.4	-1.9	-34 183
2020.10	-5.5	-0.6	-30 906
2020.11	-5.3	0.7	-38 357
2020.12	-3.9	2.8	-62 693
2021.01	—	—	—
2021.02	18.7	10.5	6 072
2021.03	24.2	6.2	-1 588
2021.04	25.5	3.8	1 612
2021.05	24.2	3.6	2 901
2021.06	21.8	4.5	-4 560
2021.07	20.0	3.3	-212
2021.08	18.4	3.6	-5 283
2021.09	16.3	2.3	-15 273
2021.10	14.5	2.4	-12 435
2021.11	12.8	2.9	-22 672
2021.12	10.7	0.3	-43 783
2022.01	—	—	—
2022.02	10.5	7.0	7 976
2022.03	8.6	8.3	-1 550

注：表中数据根据财政部最新数据修订。
Note: Data are revised by Ministry of Finance.

年度财政收入、财政支出及其增长趋势
Annual budgetary revenue, budgetary expenditure, and their growth

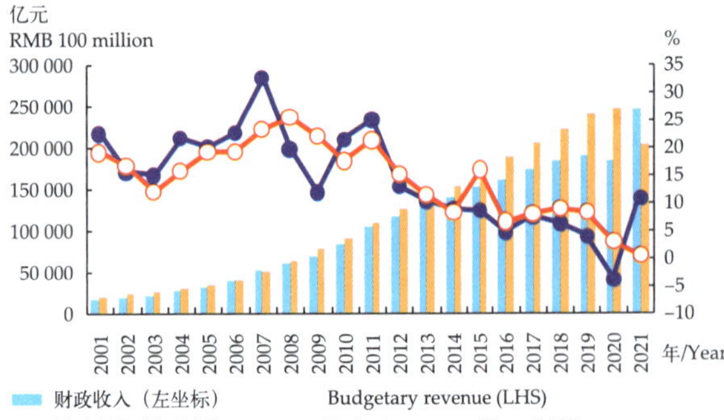

月度累计财政收支增长率与收支差额
Monthly growth rates and balance of accumulated fiscal revenue and expenditure

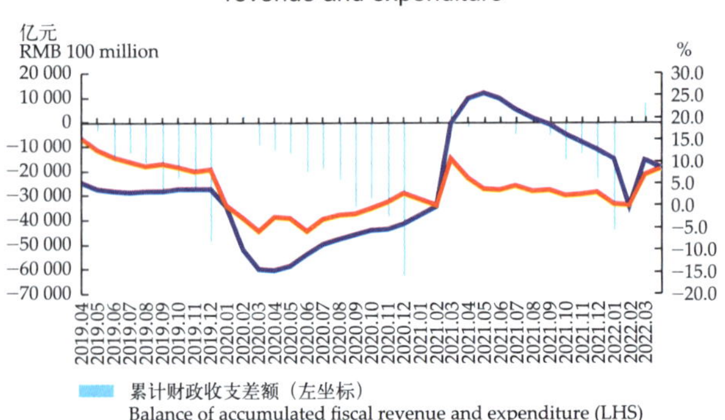

附录四　世界主要经济体经济和金融指标
Appendix 4 Economic and Financial Indicators of Major Economies

一、经济增长率（Economic growth rate）

世界经济增长率
World economic growth rate

单位：%　Unit: %

年 Year	国际货币基金组织按购买力平价方法计算的实际 GDP 增长率 Real GDP growth rate based on PPP (IMF)	世界银行按市场汇率法计算的实际 GDP 增长率 Real GDP growth rate based on market exchange rate（WB）
2000	4.8	4.4
2001	2.5	1.9
2002	2.9	2.2
2003	4.3	3.0
2004	5.4	4.4
2005	4.9	3.9
2006	5.4	4.4
2007	5.5	4.3
2008	3.0	1.9
2009	−0.1	−1.7
2010	5.4	4.3
2011	4.3	3.1
2012	3.5	2.5
2013	3.5	2.5
2014	3.6	2.6
2015	3.5	2.8
2016	3.3	2.4
2017	3.8	3.0
2018	3.6	3.1
2019	2.9	2.6
2020	−3.1	−3.4
2021	6.1	5.5
2022*	3.6	4.1

注：*为预测数。
数据来源：国际货币基金组织，世界银行，Wind。
Note: *Projection.
Source: IMF, The World Bank (WB), Wind.

主要经济体GDP增长率
Annual GDP growth rate of major economies

单位：%　Unit: %

年 Year	美国 U.S.	日本 Japan	欧元区 Euro Area	英国 UK
2002	1.7	0.0	0.9	2.2
2003	2.9	1.5	0.6	3.3
2004	3.8	2.2	2.3	2.3
2005	3.5	1.8	1.7	3.0
2006	2.9	1.4	3.2	2.7
2007	1.9	1.5	3.0	2.4
2008	−0.1	−1.2	0.4	−0.3
2009	−2.5	−5.7	−4.5	−4.1
2010	2.6	4.1	2.1	2.1
2011	1.6	0.0	1.7	1.3
2012	2.2	1.4	−0.9	1.4
2013	1.8	2.0	−0.2	2.2
2014	2.5	0.3	1.4	2.9
2015	2.7	1.6	2.0	2.6
2016	1.7	0.8	1.9	2.3
2017	2.3	1.7	2.6	2.1
2018	2.9	0.6	1.8	1.7
2019	2.3	−0.2	1.6	1.7
2020	−3.4	−4.5	−6.4	−9.3
2021	5.7	1.6	5.3	7.4
2022*	3.7	2.4	2.8	3.7

注：*为预测数。
数据来源：国际货币基金组织，世界银行，Wind。
Note: *Projection.
Source: IMF, The World Bank, Wind.

世界经济增长
World economic growth

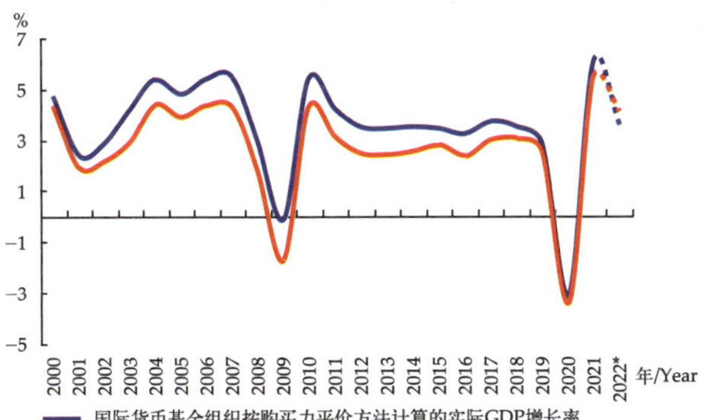

主要经济体GDP增长率
Annual GDP growth rate of major economies

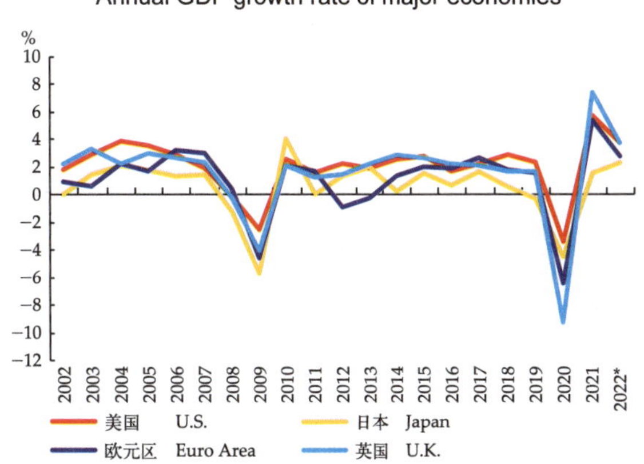

GDP季度同比增长率
Year-on-year growth rate of GDP

单位：% Unit: %

年 / 季度 Year/Quarter	美国 U.S.	日本 Japan	欧元区 Euro Area	英国 U.K.
2018Q2	3.3	1.2	2.2	1.2
2018Q3	3.1	−0.2	1.6	1.4
2018Q4	2.5	−0.2	1.2	1.2
2019Q1	2.2	0.0	1.6	1.7
2019Q2	2.1	0.4	1.4	1.5
2019Q3	2.3	1.1	1.5	1.4
2019Q4	2.6	−1.4	1.0	1.2
2020Q1	0.6	−1.9	−3.0	−2.0
2020Q2	−9.1	−10.2	−14.7	−21.1
2020Q3	−2.9	−5.4	−4.0	−7.7
2020Q4	−2.3	−0.8	−3.8	−6.3
2021Q1	0.5	−1.7	−0.9	−5.0
2021Q2	12.2	7.3	14.9	24.5
2021Q3	4.9	1.2	4.1	6.9
2021Q4	5.5	0.4	4.5	6.6
2022Q1	3.5	0.2		8.7

数据来源：各经济体官方统计网站，Wind。
Sources: Official statistical websites of the economies, Wind.

GDP季度环比折年率
Quarter-on-quarter annualized growth rate of GDP

单位：% Unit: %

年 / 季 Year/Quarter	美国 U.S.	日本 Japan	欧元区 Euro Area	英国 U.K.
2018Q2	2.7	0.0	1.9	2.2
2018Q3	2.1	−2.7	0.5	2.6
2018Q4	1.3	1.8	2.0	1.3
2019Q1	2.9	1.4	1.8	2.6
2019Q2	1.5	0.5	1.0	0.5
2019Q3	2.6	0.5	0.8	1.8
2019Q4	2.4	−7.4	0.3	−0.2
2020Q1	−5.1	2.1	−13.4	−9.7
2020Q2	−31.2	−28.2	−39.0	−57.9
2020Q3	33.8	22.9	61.0	91.2
2020Q4	4.5	7.2	−1.3	6.1
2021Q1	6.3	−1.3	−0.4	−4.6
2021Q2	6.7	2.1	9.1	24.1
2021Q3	2.3	−2.9	9.3	3.8
2021Q4	6.9	3.8	1.2	5.2
2022Q1	−1.5	−1.0	1.1	3.0

数据来源：各经济体官方统计网站，Wind。
Sources: Official statistical websites of the economies, Wind.

GDP季度同比增长率
Year-on-year quarterly growth rate of GDP

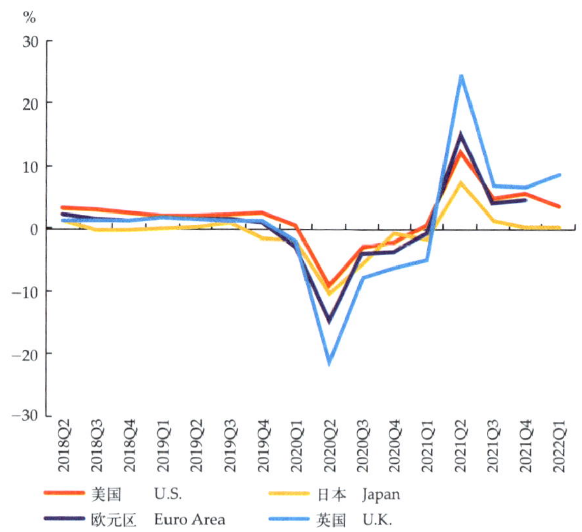

GDP季度环比折年率
Quarter-on-quarter annualized growth rate of GDP

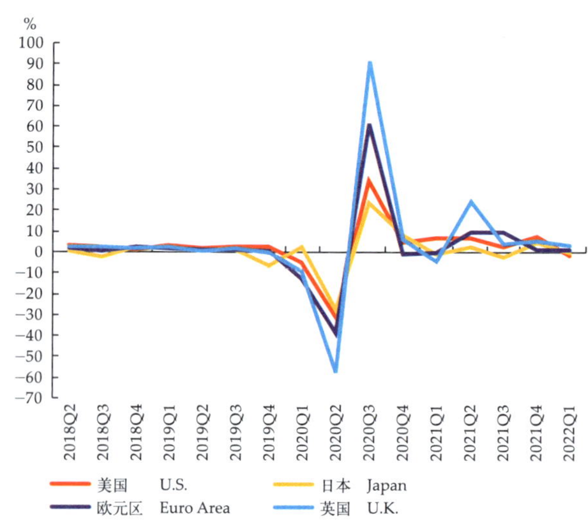

二、消费价格指数（CPI）

消费价格当月同比指数
Monthly CPI (YOY)

单位：%　Unit: %

年 / 月 Year/Month	美国 U.S.	日本 Japan	欧元区 Euro Area	英国 UK
2020.04	0.3	0.1	0.3	0.8
2020.05	0.1	0.1	0.1	0.5
2020.06	0.6	0.1	0.3	0.6
2020.07	1.0	0.3	0.4	1.0
2020.08	1.3	0.2	−0.2	0.2
2020.09	1.4	0.0	−0.3	0.5
2020.10	1.2	−0.4	−0.3	0.7
2020.11	1.2	−0.9	−0.3	0.3
2020.12	1.4	−1.2	−0.3	0.6
2021.01	1.4	−0.7	0.9	0.7
2021.02	1.7	−0.5	0.9	0.4
2021.03	2.6	−0.4	1.3	0.7
2021.04	4.2	−1.1	1.6	1.5
2021.05	5.0	−0.8	2.0	2.1
2021.06	5.4	−0.5	1.9	2.5
2021.07	5.4	−0.3	2.2	2.0
2021.08	5.3	−0.4	3.0	3.2
2021.09	5.4	0.2	3.4	3.1
2021.10	6.2	0.1	4.1	4.2
2021.11	6.8	0.6	4.9	5.1
2021.12	7.0	0.8	5.0	5.4
2022.01	7.5	0.5	5.1	5.5
2022.02	7.9	0.9	5.9	6.2
2022.03	8.5	1.2	7.4	7.0

数据来源：各经济体官方统计网站，Wind。
Sources: Official statistical websites of the economies, Wind.

消费价格当月同比增速
Monthly CPI (YOY)

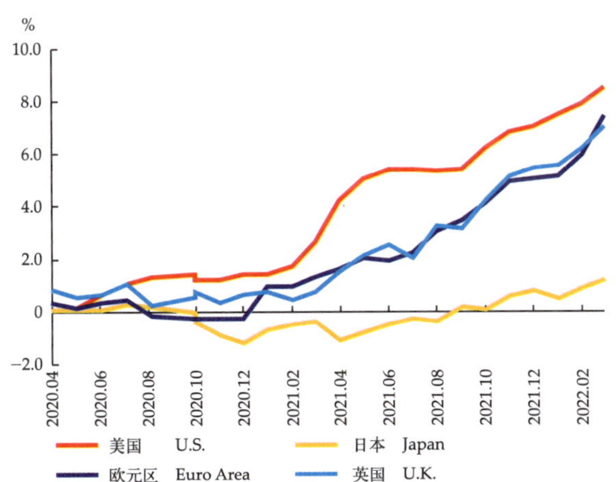

三、失业率（Unemployment rate）

失业率（季节调整后）
Unemployment rate (after seasonal adjustment)

单位：%　Unit: %

年 / 月 Year/Month	美国 U.S.	日本 Japan	欧元区 Euro Area	英国 U.K.
2020.04	14.7	2.8	7.5	5.8
2020.05	13.3	2.9	7.7	7.4
2020.06	11.1	2.8	7.8	7.3
2020.07	10.2	2.9	8.1	7.4
2020.08	8.4	3.0	8.3	7.5
2020.09	7.9	3.0	8.3	7.4
2020.10	6.9	3.1	8.4	7.2
2020.11	6.7	2.8	8.3	7.3
2020.12	6.7	2.8	8.3	7.3
2021.01	6.4	2.9	8.2	6.4
2021.02	6.2	2.9	8.2	6.6
2021.03	6.0	2.6	8.1	6.6
2021.04	6.0	2.8	8.2	6.4
2021.05	5.8	3.0	8.0	6.0
2021.06	5.9	2.9	7.9	5.7
2021.07	5.4	2.8	7.7	5.6
2021.08	5.2	2.8	7.5	5.4
2021.09	4.7	2.8	7.3	5.2
2021.10	4.6	2.7	7.2	5.0
2021.11	4.2	2.8	7.1	4.9
2021.12	3.9	2.7	7.0	4.7
2022.01	4.0	2.8	6.9	4.6
2022.02	3.8	2.7	6.9	4.4
2022.03	3.6	2.6	6.8	4.2

数据来源：各经济体官方统计网站，Wind。
Sources: Official statistical websites of the economies, Wind.

失业率（季节调整后）
Unemployment rate
(after seasonal adjustment)

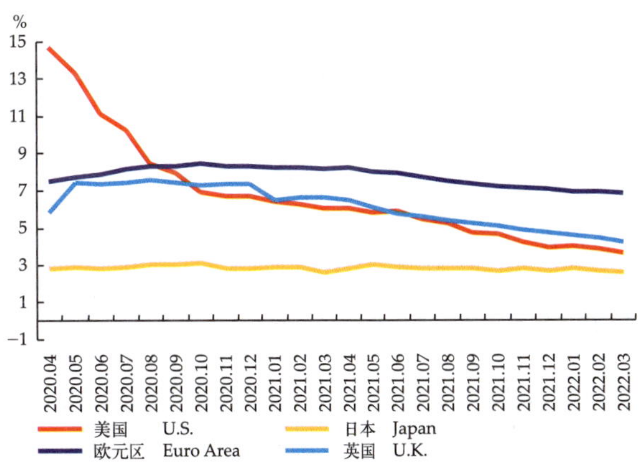

四、国际收支（BOP）

单位：10亿
Unit: billion

年 / 季度 Year/Quarter	美国 / 美元 US/USD			日本 / 日元 Japan/JPY			欧元区 / 欧元 Euro Area/EUR			英国 / 英镑 UK/GBP		
	经常项目 Current account	资本与金融项目 Capital and financial accounts	净误差与遗漏 Net errors and omissions	经常项目 Current account	资本与金融项目 Capital and financial accounts	净误差与遗漏 Net errors and omissions	经常项目 Current account	资本与金融项目 Capital and financial accounts	净误差与遗漏 Net errors and omissions	经常项目 Current account	资本与金融项目 Capital and financial accounts	净误差与遗漏 Net errors and omissions
2018Q2	−95.41	101.06	−5.64	5 025.80	−5 342.20	316.40	30.17	−44.97	—	−17.87	18.51	−4.53
2018Q3	−125.24	16.34	108.90	5 813.10	−4 534.90	−1 278.20	25.98	−72.52	—	−17.57	19.46	4.43
2018Q4	−132.45	203.27	−70.82	2 670.90	−2 812.00	141.20	24.96	−35.75	—	−25.52	23.22	−0.48
2019Q1	−126.62	92.63	33.98	5 888.20	−9 111.30	3 223.10	26.61	−49.58	—	−34.54	27.57	6.02
2019Q2	−123.92	208.69	−84.77	4 370.50	−6 162.10	1 791.60	11.89	−21.27	—	−17.80	29.50	−13.87
2019Q3	−117.49	103.23	14.25	5 485.60	−7 707.10	2 221.60	31.46	−23.56	—	−17.92	36.74	−13.65
2019Q4	−103.64	75.46	28.18	3 528.90	−2 316.90	−1 212.00	22.72	−1.86	—	1.63	−12.05	8.37
2020Q1	−114.79	151.26	−36.47	5 349.90	−4 857.40	−492.50	24.37	9.05	—	−14.91	−9.33	3.57
2020Q2	−153.87	83.31	70.56	935.40	−1 121.30	185.80	23.95	−3.63	—	−6.25	−7.40	−2.69
2020Q3	−172.36	142.86	29.50	4 796.50	−4 703.20	−93.30	73.76	−118.56	—	−9.46	−15.78	−3.19
2020Q4	−175.08	270.08	−95.00	4 797.00	−3 241.80	−1 555.20	90.78	−129.53	—	−25.27	−47.19	−16.28
2021Q1	−187.53	167.97	19.56	5 844.70	−4 718.20	−1 126.50	101.61	−103.96	—	−12.43	−3.17	7.99
2021Q2	−196.35	210.40	−14.05	3 663.10	−1 204.20	−2 458.90	87.93	−96.46	—	−11.31	−4.69	5.37
2021Q3	−219.87	174.52	45.35	4 233.80	−5 640.30	1 406.50	73.18	−66.10	—	−28.92	−25.30	8.53
2021Q4	−217.88	131.77	86.11	1 746.10	390.30	−2 136.40	22.30	−9.41	—	−7.30	−13.83	−3.52
2022Q1				3 001.20	−3 808.00	806.80	35.77	12.94	—	—	—	—

数据来源：各经济体官方统计网站，Wind。
Source: Official statistical websites of the economies, Wind.

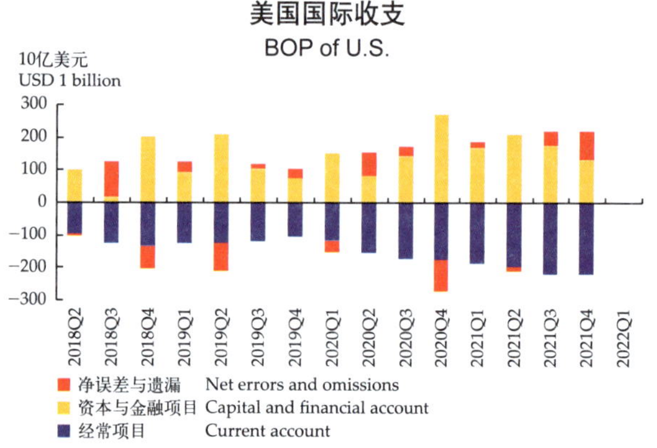

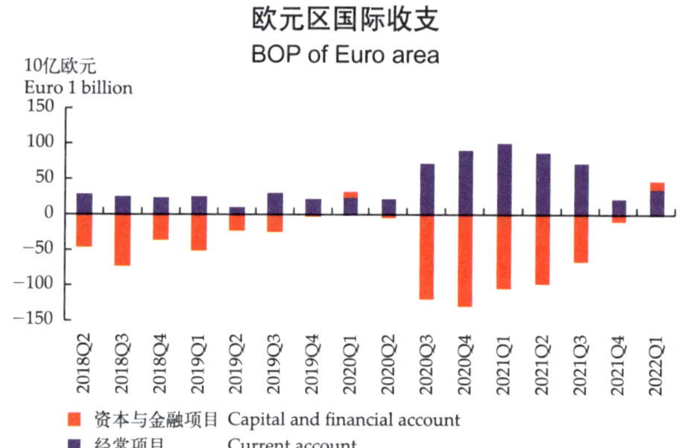

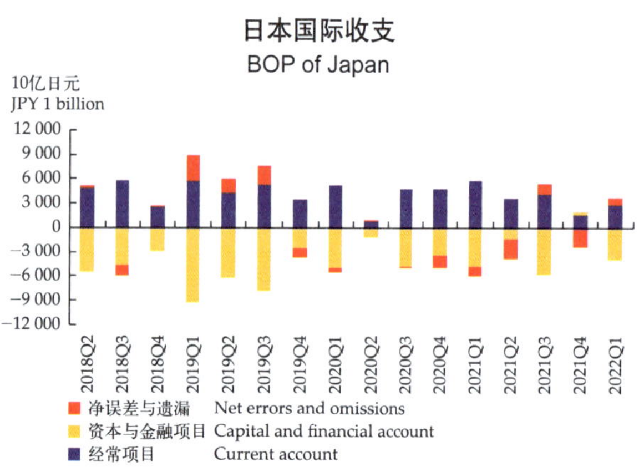

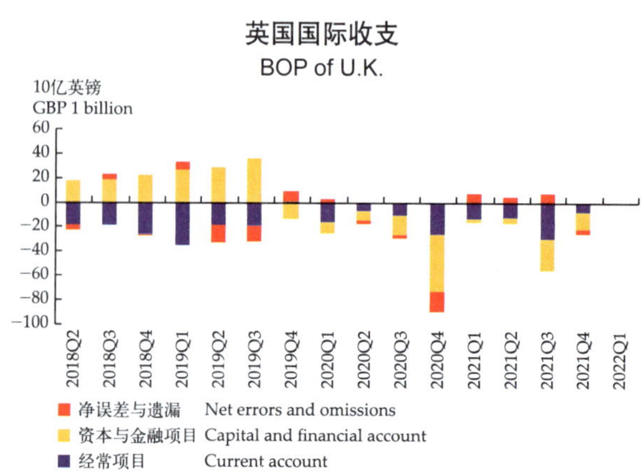

五、利率（Interest rate）

5.1　中央银行政策利率（Central bank policy rate）

中央银行政策利率
Central bank policy rate

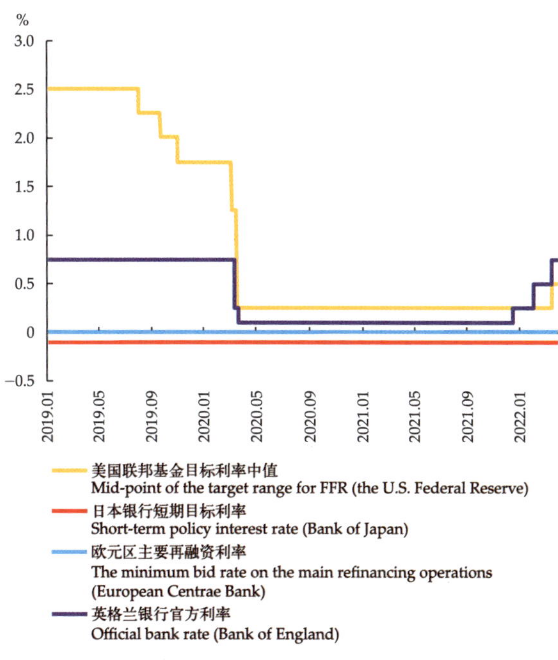

10年期国债收益率
（年率，月平均）
10-year government bond yield
(annualized, monthly average)

单位：%　Unit: %

年 / 月 Year/Month	美元 USD	日元 JPY	欧元 EUR	英镑 GBP
2020.04	0.66	0.00	−0.35	0.36
2020.05	0.67	0.00	−0.40	0.27
2020.06	0.73	0.03	−0.35	0.28
2020.07	0.62	0.03	−0.43	0.21
2020.08	0.65	0.04	−0.45	0.27
2020.09	0.68	0.03	−0.46	0.27
2020.10	0.79	0.03	−0.54	0.31
2020.11	0.87	0.03	−0.55	0.38
2020.12	0.93	0.02	−0.56	0.32
2021.01	1.08	0.04	−0.54	0.37
2021.02	1.26	0.09	−0.38	0.62
2021.03	1.61	0.11	−0.30	0.85
2021.04	1.64	0.09	−0.25	0.85
2021.05	1.62	0.08	−0.13	0.91
2021.06	1.52	0.07	−0.19	0.85
2021.07	1.32	0.03	−0.35	0.70
2021.08	1.28	0.02	−0.46	0.64
2021.09	1.37	0.05	−0.29	0.80
2021.10	1.58	0.09	−0.13	1.08
2021.11	1.56	0.08	−0.24	0.94
2021.12	1.47	0.07	−0.30	0.84
2022.01	1.76	0.14	−0.06	1.21
2022.02	1.93	0.21	0.24	1.52
2022.03	2.13	0.21	0.36	1.55

数据来源：各经济体官方统计网站，Wind。
Sources: Official statistical websites of the economies, Wind.

5.2　市场利率（Market interest rate）

隔夜基准利率
Overnight benchmark rate

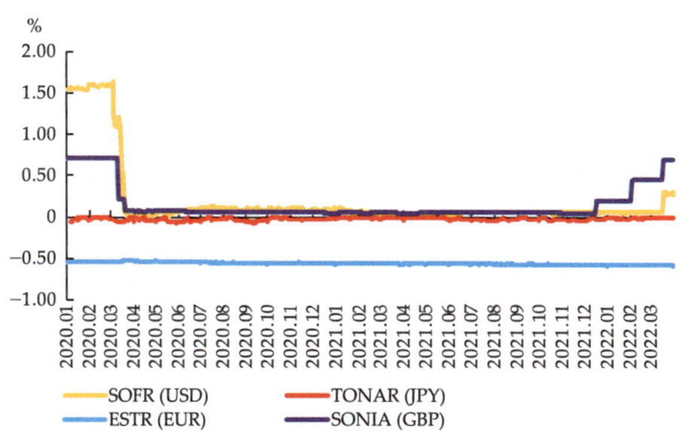

（数据来源：各经济体官方统计网站，Wind）
(Sources: Official statistical websites of the economies, Wind)

10年期国债收益率（年率，月平均）
10-year government bond yield (annualized, monthly average)

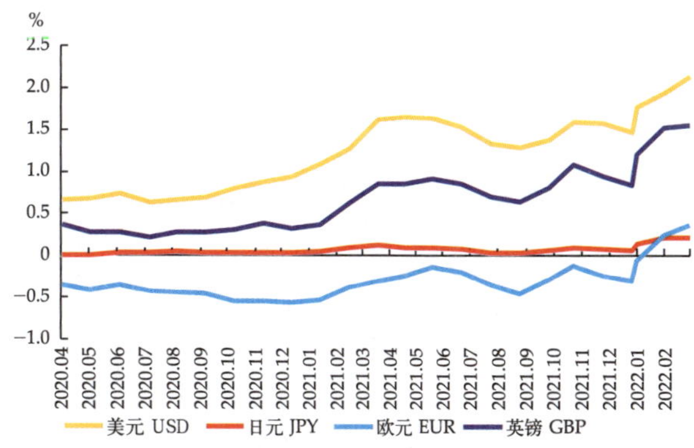

六、汇率（Exchange rates）

汇率（月平均）
Exchange rates (monthly average)

年 / 月 Year/Month	美元 / 欧元 USD/EUR	美元 / 英镑 USD/GBP	日元 / 美元 JPY/USD
2020.04	1.0871	1.2420	107.74
2020.05	1.0907	1.2302	107.20
2020.06	1.1259	1.2523	107.58
2020.07	1.1488	1.2701	106.68
2020.08	1.1831	1.3143	106.01
2020.09	1.1785	1.2947	105.59
2020.10	1.1768	1.2980	105.21
2020.11	1.1826	1.3198	104.41
2020.12	1.2168	1.3434	103.80
2021.01	1.2178	1.3641	103.79
2021.02	1.2094	1.3867	105.38
2021.03	1.1902	1.3863	108.70
2021.04	1.1965	1.3845	109.04
2021.05	1.2146	1.4084	109.11
2021.06	1.2048	1.4025	110.11
2021.07	1.1821	1.3808	110.21
2021.08	1.1767	1.3797	109.85
2021.09	1.1765	1.3732	110.16
2021.10	1.1600	1.3701	113.12
2021.11	1.1416	1.3463	113.97
2021.12	1.1301	1.3303	113.83
2022.01	1.1317	1.3555	114.83
2022.02	1.1349	1.3540	115.28
2022.03	1.1019	1.3168	118.58

数据来源：各经济体官方统计网站，Wind。
Sources: Official statistical websites of the economies, Wind.

实际有效汇率（月平均，2010年=100）
Real effective exchange rates (monthly average, year 2010=100)

年 / 月 Year/Month	美元 USD	欧元 EUR	日元 JPY	英镑 GBP
2020.04	123.9	94.5	80.0	100.1
2020.05	123.4	94.6	80.3	99.0
2020.06	120.9	95.8	78.5	98.3
2020.07	120.2	96.0	78.4	98.6
2020.08	118.7	97.2	78.0	99.8
2020.09	117.8	97.1	77.8	99.0
2020.10	117.0	97.0	77.4	98.9
2020.11	115.2	96.0	76.8	99.8
2020.12	112.9	97.1	75.8	99.4
2021.01	112.4	96.3	75.5	100.1
2021.02	112.8	95.3	73.9	101.7
2021.03	114.9	95.9	72.5	103.0
2021.04	114.9	96.5	71.8	102.9
2021.05	114.2	96.8	70.8	103.8
2021.06	115.4	96.1	70.2	104.1
2021.07	117.0	95.1	70.8	103.7
2021.08	117.3	94.8	71.1	104.3
2021.09	117.2	94.9	70.9	103.7
2021.10	118.1	94.3	68.6	104.7
2021.11	119.1	93.7	68.1	104.5
2021.12	119.9	93.7	68.2	104.4
2022.01	119.8	92.7	67.4	105.2
2022.02	119.7	93.0	66.8	104.8
2022.03	121.6	93.7	65.3	103.7

数据来源：各经济体官方统计网站，Wind。
Sources: Official statistical websites of the economies, Wind.

汇率（月平均）
Exchange rates (monthly average)

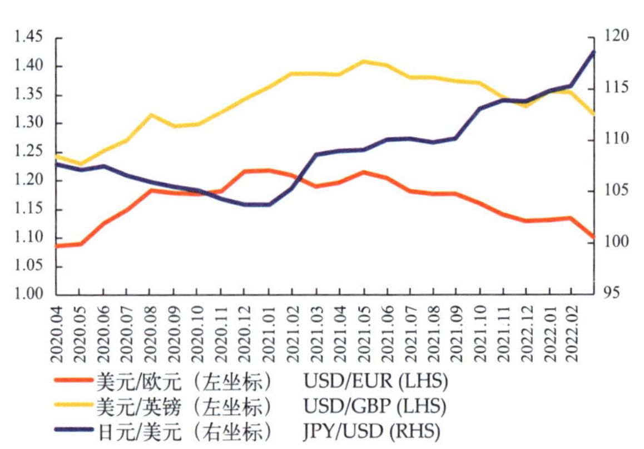

实际有效汇率（月平均，2010年=100）
Real effective exchange rates (monthly average, year 2010=100)

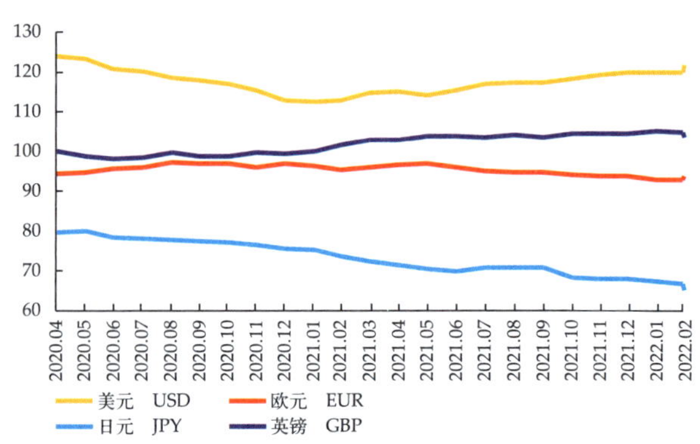

七、股票市场指数（Stock market indices）

主要股票市场指数（期末）
Major stock market indices (end-period)

年 / 月 Year/Month	美国道琼斯工业平均指数 Dow Jones 30	纳斯达克综合指数 NASDAQ	日本日经 225 种股票平均价格指数 Nikkei 225	道琼斯欧元区 STOXX 50 股票指数 Dow Jones EURO STOXX 50
2020.10	26 502	10 912	22 977	2 701
2020.11	29 639	12 199	26 434	3 054
2020.12	30 606	12 888	27 444	3 108
2021.01	29 983	13 071	27 663	3 481
2021.02	30 932	13 192	28 966	3 636
2021.03	33 875	13 247	29 179	3 919
2021.04	34 529	13 963	28 813	3 975
2021.05	34 503	13 749	28 860	4 037
2021.06	34 935	14 504	28 792	4 064
2021.07	35 361	14 673	27 284	4 089
2021.08	33 844	15 259	28 090	4 196
2021.09	35 820	14 449	29 453	4 048
2021.10	35 136	15 498	28 893	4 251
2021.11	34 484	15 538	27 822	4 063
2021.12	36 338	15 645	28 792	4 298
2022.01	35 132	14 240	27 002	4 175
2022.02	33 893	13 751	26 527	3 924
2022.03	34 678	14 221	27 821	3 903

数据来源：Wind。
Source: Wind.

主要股票市场指数（期末）
Major stock market indices (end-period)

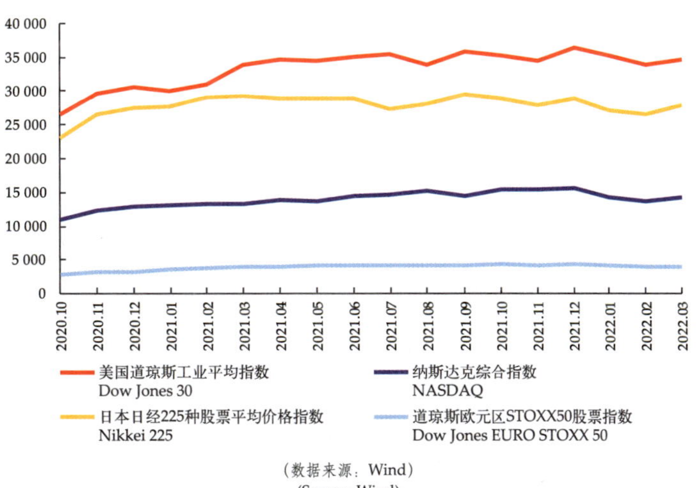

（数据来源：Wind）
(Source: Wind)